Claudia Rieger

Zauberhafte Traumfänger und Mandalas

CLAUDIA RIEGER

Zauberhafte TRAUMFÄNGER und Mandalas

MEHR ALS 30 HÄKEL-IDEEN FÜR ZUHAUSE

Leopold Stocker Verlag
Graz – Stuttgart

Umschlaggestaltung, Repro und Layout:
Werbeagentur Rypka GmbH, 8143 Dobl/Graz, www.rypka.at

Umschlagabb. Vorderseite: Isabella Deutscher @ Werbeagentur Rypka GmbH
Rückseite: Claudia Rieger
Bildnachweis: Isabella Deutscher @ Werbeagentur Rypka GmbH: S. 19, 39 oben, 44, 67, 68, 76, 78, 93.
Alle anderen Abbildungen sowie die Häkeldiagramme stammen dankenswerterweise von der Autorin.

Bibliografische Information der Deutschen Nationalbibliothek:
Die Deutsche Nationalbibliothek verzeichnet diese Publikation in der Deutschen Nationalbibliografie; detaillierte bibliografische Daten sind im Internet unter http://dnb.d-nb.de abrufbar.

Hinweis: Dieses Buch wurde auf chlorfrei gebleichtem Papier gedruckt. Die zum Schutz vor Verschmutzung verwendete Einschweißfolie ist aus Polyethylen chlor- und schwefelfrei hergestellt. Diese umweltfreundliche Folie verhält sich grundwasserneutral, ist voll recyclingfähig und verbrennt in Müllverbrennungsanlagen völlig ungiftig.

Auf Wunsch senden wir Ihnen gerne kostenlos unser Verlagsverzeichnis zu:
Leopold Stocker Verlag GmbH
Hofgasse 5/Postfach 438
A-8011 Graz
Tel.: +43 (0)316/82 16 36
Fax: +43 (0)316/83 56 12
E-Mail: stocker-verlag@stocker-verlag.com
www.stocker-verlag.com

ISBN 978-3-7020-2085-9

INHALT

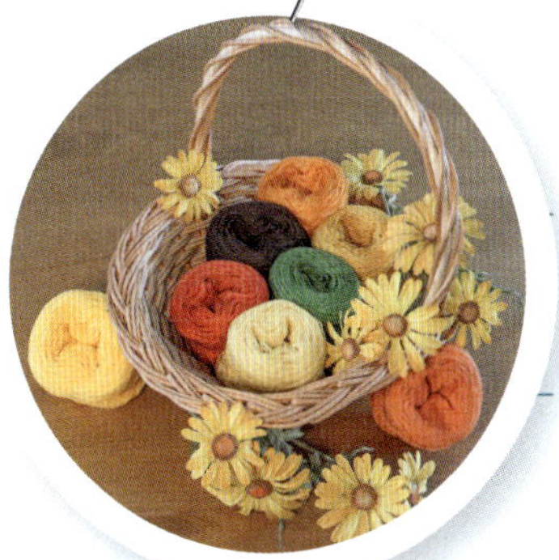

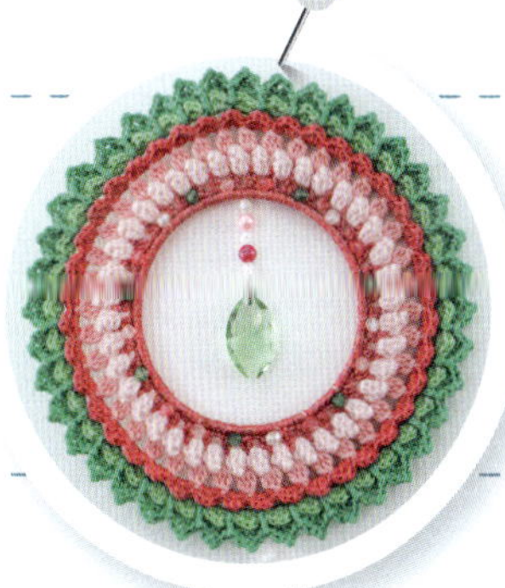

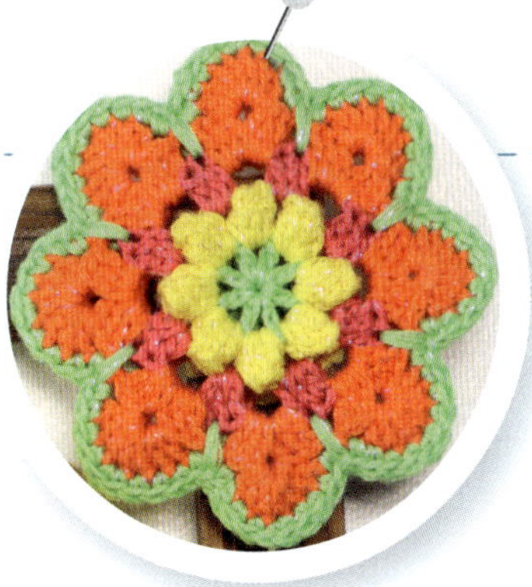

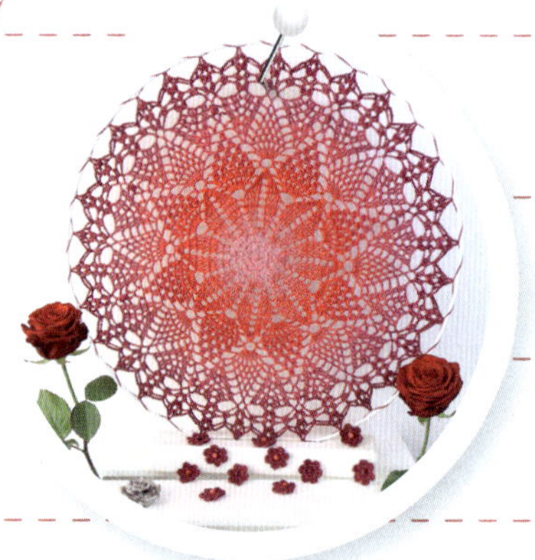

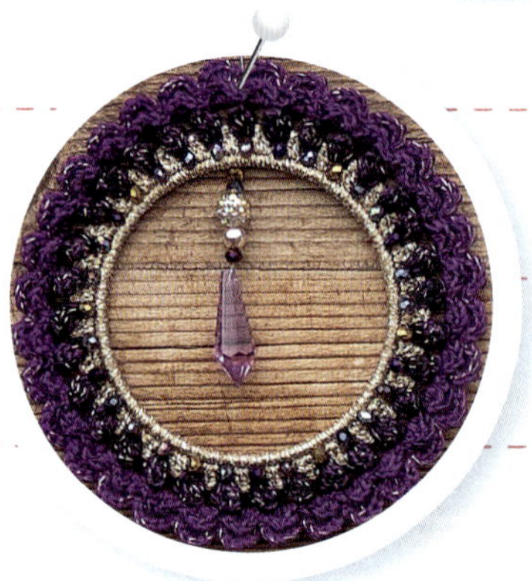

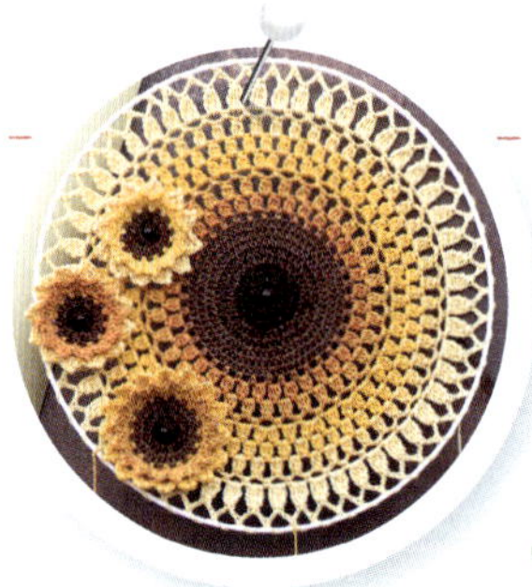

Schritt für Schritt,
Runde um Runde,
Masche für Masche,
zu jeder freien Stunde.

Farbe für Farbe,
Stück für Stück,
mit Quaste und Perle
zum Mandala- und Traumfängerglück!

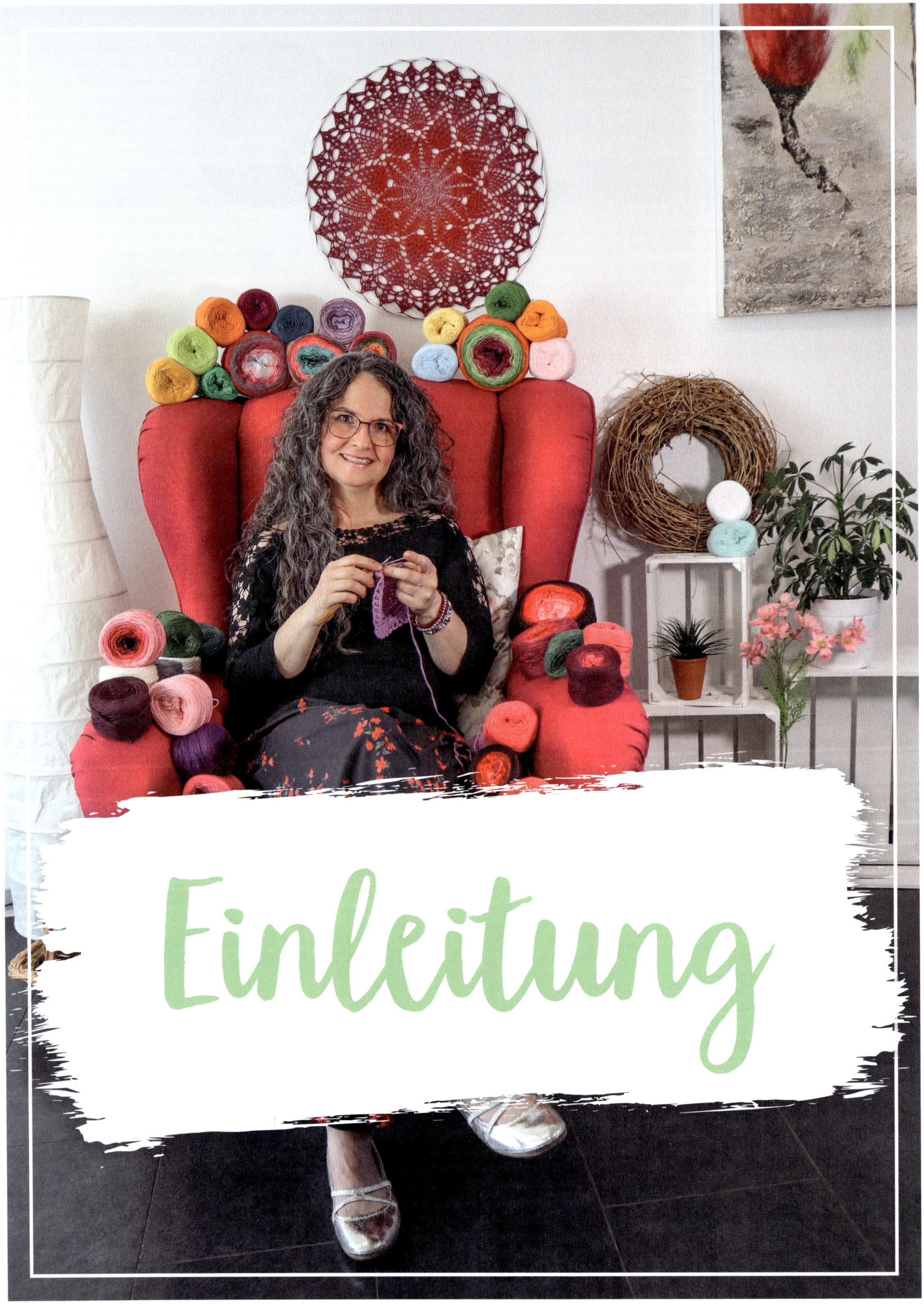

Einleitung

Vorwort

Liebe Leserin, lieber Leser!

Mein Name ist Claudia Rieger und Häkeln ist meine große Leidenschaft. Viele Jahre habe ich die unterschiedlichsten Dinge gestrickt. Dann hatte ich vor ca. fünf Jahren einen Unfall, bei dem ich mir meinen linken Ellenbogen gebrochen habe. Um meinen Arm während der Heilung zu schonen, fing ich mit dem Häkeln an. Mein erstes Tuch entstand drei Wochen nach dem Unfall, dann folgten irgendwann Granny Squares in den verschiedensten Ausführungen, wie Jacken, Decken, Taschen und Röcke. Irgendwann habe ich meinen ersten kleinen Traumfänger gehäkelt. Traumfänger faszinieren mich bis heute und ich kann sie nicht mehr zählen. Da es nur wenige Anleitungen dazu gibt, habe ich angefangen, sie selbst zu entwerfen, und möchte sie Ihnen in diesem Buch weitergeben.

Irgendwann kam mir die Idee, Mandalas zu entwerfen, bei denen einfach mit dem Ring in der Mitte begonnen wird. So etwas Ähnliches hatte ich zwar schon mal gesehen, aber es gab keine Anleitung dafür. Also habe ich ein Ringmandala probiert und mittlerweile sind schon sehr viele entstanden, es ist einfach mal etwas anderes.

Es macht mir auch viel Spaß, Windlichter erstrahlen zu lassen. Oder, wie wäre es mit einem charmanten Spiegel aus einem Ringmandala?

Mit Farben zu spielen, ist einfach spannend und toll. Es gibt ein Muster und durch die Wahl der Farbe und die entsprechende Dekoration, mit Gehänge oder ohne, entstehen die unterschiedlichsten Projekte. Für die eigene Wohn-Deko oder auch als superschönes Geschenk.

Gerne möchte ich Ihnen zeigen, wie einfach es ist, einen Traumfänger, ein Ringmandala oder ein Windlicht herzustellen. Sie benötigen grundlegende Häkelkenntnisse, das passende Garn, etwas Deko-Zubehör und schon kann es losgehen.

Zeigen Sie mir doch Ihre entstandenen Projekte. Sie finden mich auf Instagram unter: herzfleck. Ich würde mich sehr darüber freuen.

Herzlichst,

Ihre Claudia Rieger

Garnauswahl

ODER WELCHES GARN VERWENDE ICH?

Das Garn, das ich in diesem Buch verwende, ist 4-fädig und setzt sich entweder aus 50 % Baumwolle und 50 % Polyacryl oder aus 100 % Baumwolle zusammen. Das Garn ist gefacht, das bedeutet, dass die Fäden nebeneinander herlaufen und nicht verzwirnt sind.
Diese Bobbel gibt es in verschiedenen Ausführungen:

- Als Uni-Knäule, die alle mit Namen versehen sind.
- Als Farbverlaufsknäuel, alle Farben sind in einem Knäuel.
- Als Boxen mit Farbverläufen. Jeder Knäuel besteht aus einem Farbabschnitt und ist durchnummeriert, sodass damit gezielt gearbeitet werden kann.
- Als Charms, die es in verschiedenen Ausführungen gibt. In diesem Buch verwende ich Charms Duo. Sie bestehen aus zwei Farben im Verlauf und sind durchnummeriert.

Am Anfang ist es vielleicht ungewohnt, mit diesem Garn zu häkeln, aber Sie werden sich schnell daran gewöhnen und es macht viel Spaß. Ich liebe diese Art von Wolle.
Weiter verwende ich einen sehr dünnen Glitzerfaden als Beilaufgarn. Für Glitzerfans wie mich ist das toll. Es gibt dem Gehäkelten noch das gewisse Etwas.
Natürlich können die Werkstücke auch ohne Glitzerfaden gehäkelt werden. Dann lassen Sie den Glitzerfaden einfach weg.
Das weiters verwendete Glitzergarn ist etwas dicker als der Glitzerfaden und damit wird alleine gehäkelt. Dieses könnten Sie auch durch ein beliebiges 4-fädiges Garn ersetzen, wenn Glitzer nicht gewünscht ist.

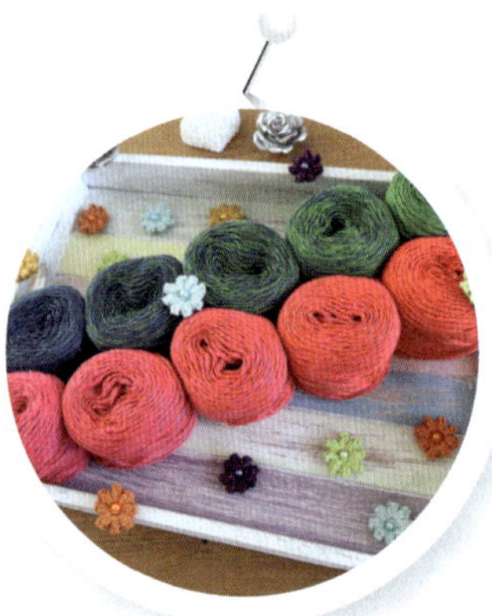

AUS DIESEN FARBVERLAUFSKNÄUELN SIND DER SPIEGEL „ZAUBERHAFT" (S. 70) UND DIE TRAUMFÄNGER „TWO IN LOVE" (S. 46) ENTSTANDEN.

DIESES EINFARBIGE GARN HABE ICH FÜR DAS WINDLICHT „SONNENBLUME" (SIEHE S. 84) VERWENDET.

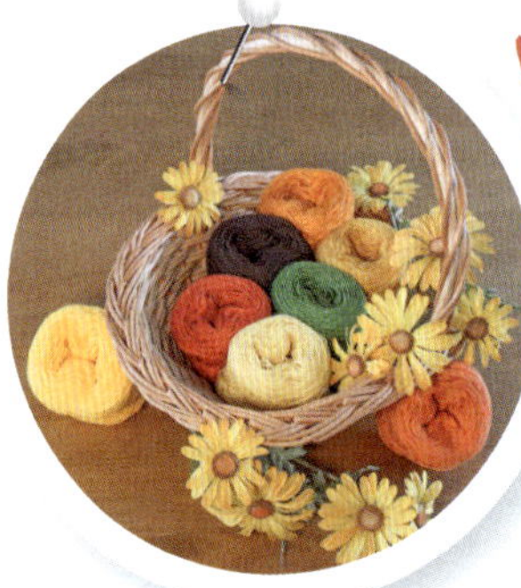

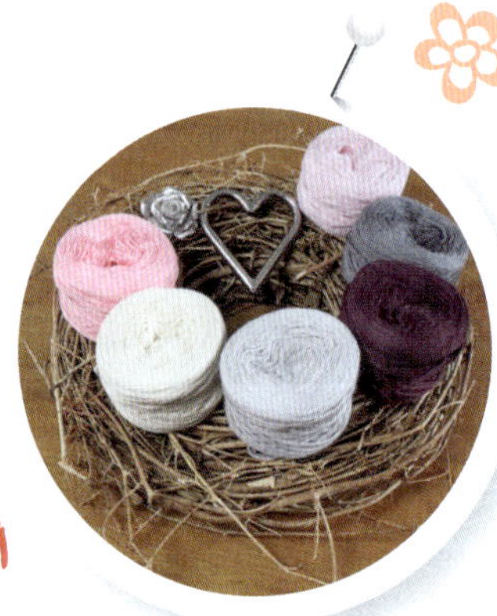

AUS DIESEN 6 BOBBELN IST DAS RINGMANDALA „VOLLER ANMUT" (SIEHE S. 54) ENTSTANDEN

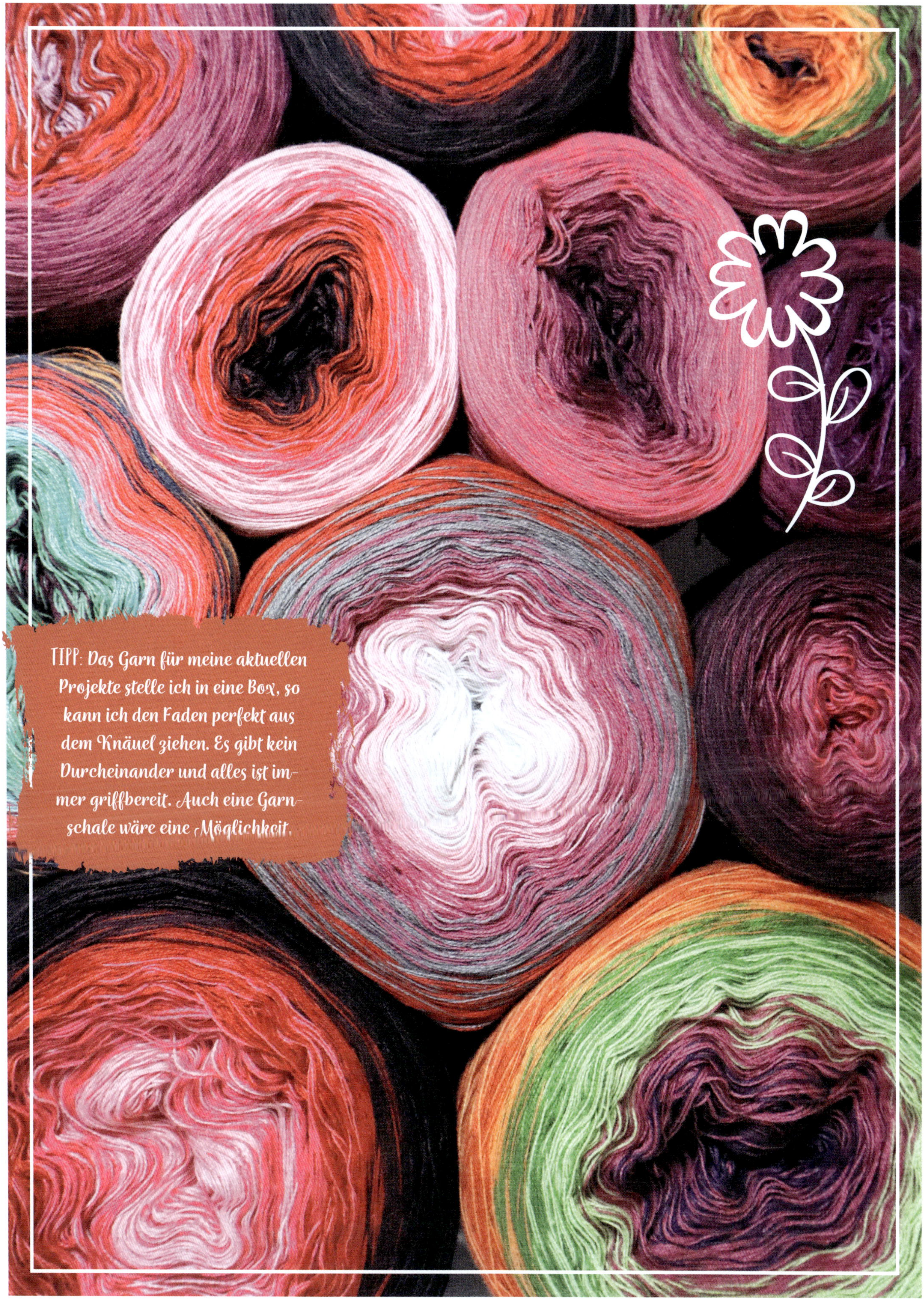

TIPP: Das Garn für meine aktuellen Projekte stelle ich in eine Box, so kann ich den Faden perfekt aus dem Knäuel ziehen. Es gibt kein Durcheinander und alles ist immer griffbereit. Auch eine Garnschale wäre eine Möglichkeit.

WIE GESTALTE ICH EIN Ringmandala?

Die Ringmandalas habe ich so genannt, weil sie alle einen Ring in der Mitte haben und von hier aus mit Häkeln begonnen wird. Dafür nehme ich den Ring in die linke Hand, führe die Häkelnadel von vorne unter dem Ring hindurch, hole den Faden, ziehe ihn um den Ring und häkle eine Luftmasche. Das nenne ich anschlingen. Dann werden die Maschen direkt in den Ring gehäkelt.
Dabei halte ich den Anfangsfaden bei der ersten Masche noch fest, arbeite ihn mit ein und ziehe ihn nach hinten, hierbei helfe ich mit einer stumpfen Nadel nach. So sitzt der Anfangsfaden fest und die angegebenen Maschen können gehäkelt werden. Das Muster bis zum Ende häkeln und alle Fäden vernähen.

TIPP: Wenn die festen Maschen der 1. Runde zu fest sind, in der 2. Runde die festen Maschen von hinten zuerst lockern und dann die Masche häkeln.

Zur besseren Übersicht sind die Runden abwechselnd in Schwarz und Rot im Häkeldiagramm gezeichnet. Da sich die einzelnen gehäkelten Runden immer wiederholen, ist nur ein Teil vom Muster dargestellt.
Zuletzt wird das Ringmandala mit Perlen, Glastropfen und anderen Dingen verziert. Dafür nehme ich am liebsten einen Nylonfaden mit 0,25 mm Stärke und eine dünne Nadel.
Wenn ich Perlen und anderes in die Mitte hängen möchte, befestige ich zuerst an einer Stelle auf der Rückseite den Nylonfaden, indem ich ihn festnähe. Dann fädle ich die gewünschten Objekte auf den Faden auf und nach der letzten Perle oder dem letzten Glastropfen fädle ich alles wieder zurück.
Am Schluss den Nylonfaden auf der Rückseite vernähen.
Damit das Ringmandala mehr Standfestigkeit bekommt, tragen Sie auf die Rückseite verdünnten Deko-Festiger mit einem weichen Pinsel auf, drehen Sie das Mandala um und ziehen das Gehäkelte in Form oder streichen es mit den Fingern glatt. Mit der Vorderseite nach oben, am besten über Nacht, trocknen lassen, damit der Festiger nicht in die schöne Seite fließt. Damit es nicht festklebt, eine nichtsaugende Unterlage benutzen. Falls es dann noch nicht standfest genug ist, wiederholen Sie den Vorgang.
Den verdünnten Deko-Festiger am besten in einem Glas mit Schraubverschluss aufbewahren, so kann er immer wieder verwendet werden. Damit sich das Glas beim nächsten Mal besser öffnen lässt, den Rand und den Deckel mit einem nassen Tuch abwischen und trocken reiben.

TIPP: Die gehäkelten Runden immer wieder kontrollieren. Es schleichen sich schnell Fehler ein.

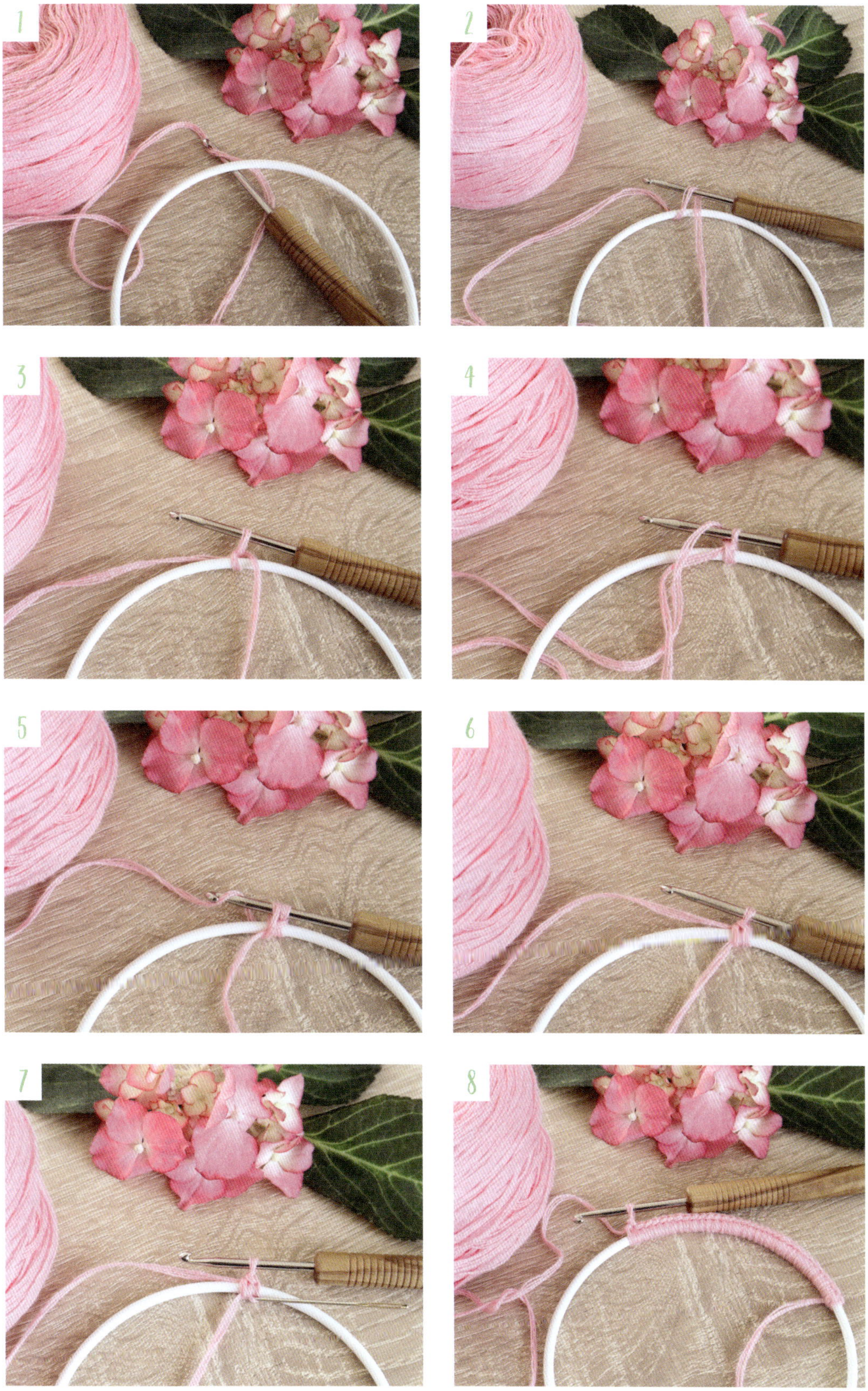

(1) (2) Den Faden holen und um den Ring ziehen. (3) Eine Luftmasche häkeln. (4) (5) (6) Eine feste Masche häkeln. (7) Mit einer stumpfen Nadel den Anfangsfaden nach hinten holen. (8) Den Ring mit festen Maschen weiter umhäkeln.

WIE GESTALTE ICH EINEN Traumfänger?

Am liebsten beginne ich meine Traumfänger mit einem Magischen Ring oder Fadenring. Viele tolle Video-Erklärungen finden Sie dazu im Internet auf YouTube. Der Magische Ring kann schön auf die gewünschte Größe zusammengezogen werden. Eine weitere Möglichkeit ist auch der Anfang mit ein paar Luftmaschen, die dann mit einer Kettmasche in die erste Luftmasche zum Ring geschlossen werden.
In diesen Faden- oder Luftmaschenring kann nun die erste Runde in den Ring gehäkelt werden. Die Runden werden immer mit einer Kettmasche geschlossen. Nun im angegebenen Muster arbeiten. Zur besseren Übersicht sind die Runden abwechselnd in Schwarz und Rot im Häkeldiagramm gezeichnet.

Da sich die einzelnen gehäkelten Runden immer wiederholen, ist nur ein Teil vom Muster dargestellt. Es gibt keinen ausgeschriebenen Text.
Das Muster bis zur letzten Runde häkeln, 1 Kettmasche in die erste Masche der letzten Runde arbeiten, 1 Luftmasche häkeln, den Faden abschneiden, durch die Luftmasche ziehen und anschließend vernähen oder den Faden einiges länger hängen lassen und mit diesem den Traumfänger in den Ring spannen. Dazu den Faden an die gewünschte Stelle bringen und an den markierten grünen Punkten in den Ring spannen. Für eine leichtere Positionierung spanne ich den Traumfänger gerne mit Maschenmarkierern in den Ring, so erleichtere ich mir die Befestigung am Ring.

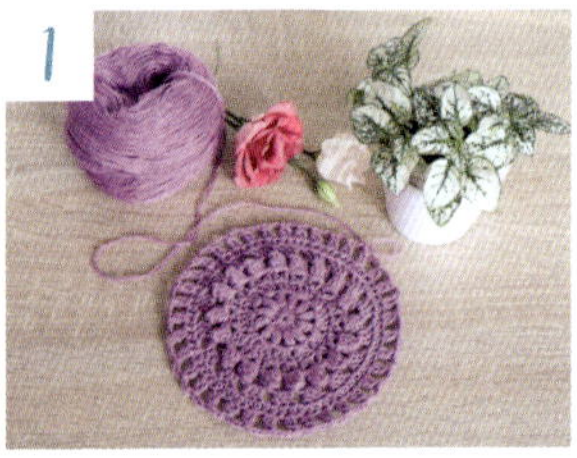

Die letzte Runde mit 1 Kettmasche in die erste Masche beenden, 1 Luftmasche häkeln, den Faden abschneiden und durch die Luftmasche ziehen.

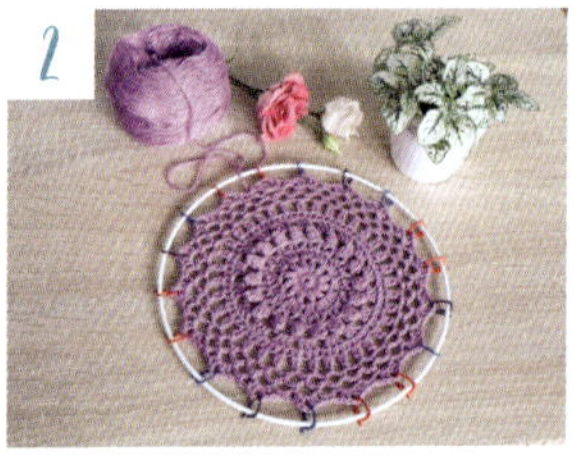

Um den Traumfänger leichter im Ring positionieren zu können, fixiere ich ihn zuerst mit Maschenmarkierern.

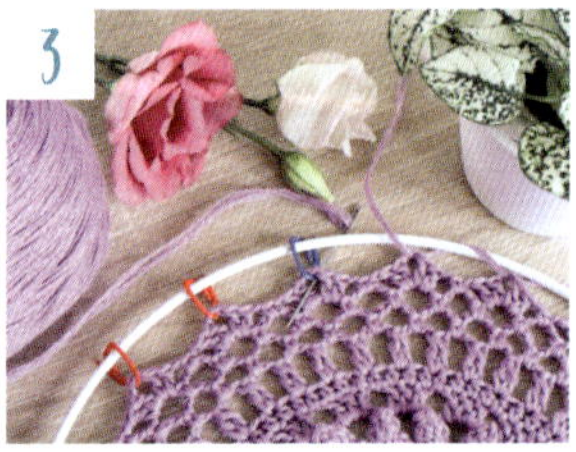

Den Faden von hinten nach vorne durch die Stelle, die im Diagramm mit einem grünen Punkt markiert ist, durchziehen und im Anschluss einmal um den Ring wickeln.

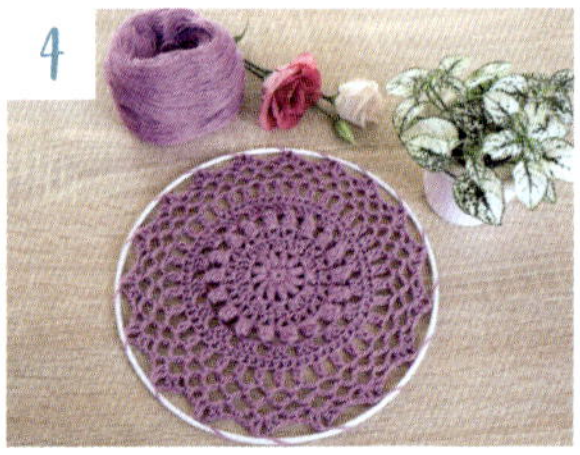

Fertig! Jetzt kann der Traumfänger noch mit Perlen, Bändern oder Federn verziert werden.

Das Gehäkelte muss kleiner als der Metallring sein, erst durch das Spannen erhält der Traumfänger dann seine perfekte Form.

Bei manchen Traumfängern wird der gesamte Metallring umhäkelt und an den mit einem grünen Punkt markierten Stellen mit eingehäkelt.

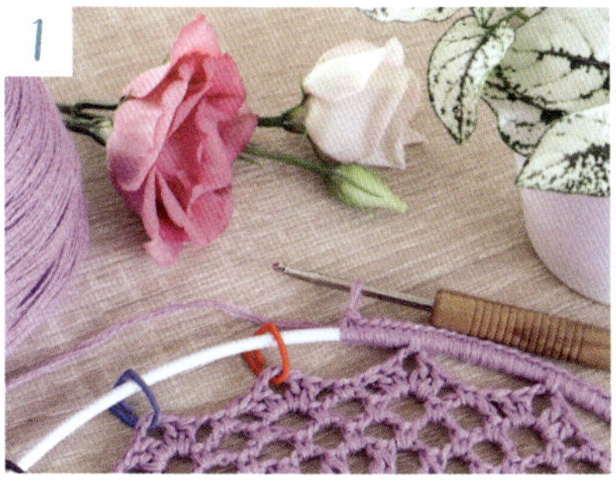

Ausgangspunkt für die nächste feste Masche.

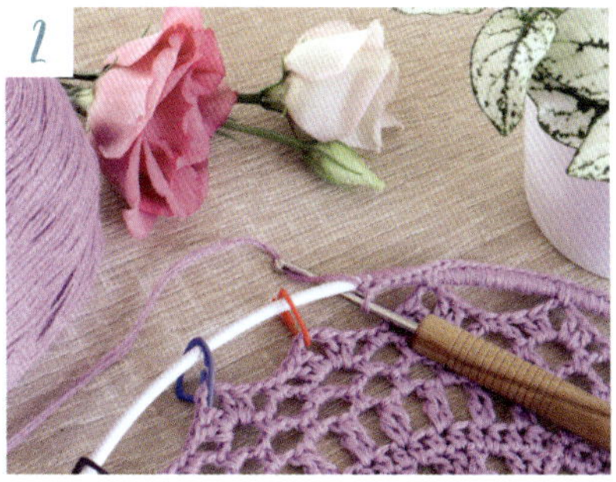

Den Faden für die nächste feste Masche holen ...

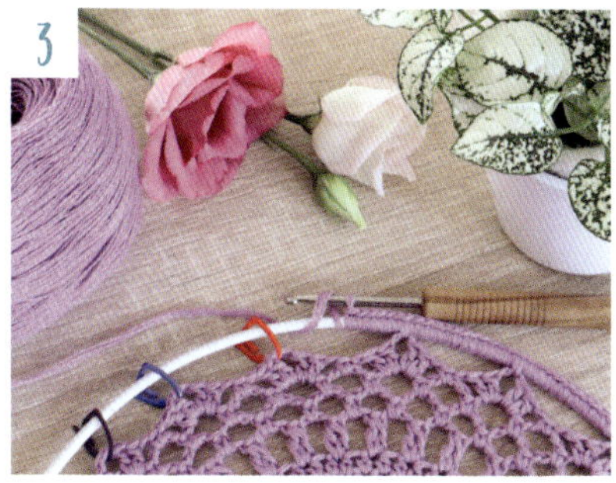

... und unter dem Ring durchziehen.

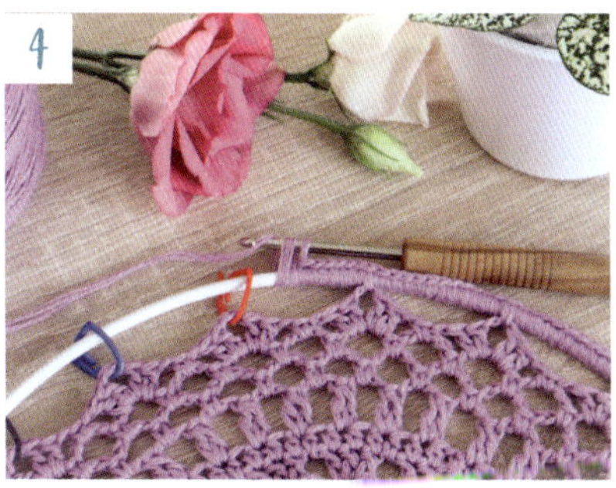

Den Umschlag durch die 2 Schlingen auf der Nadel ziehen.

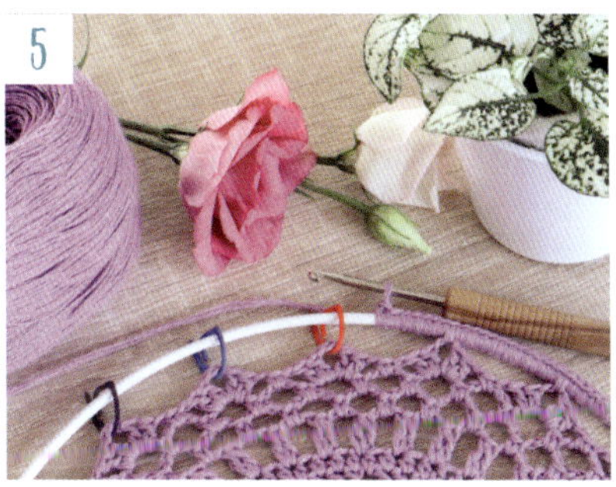

Fertig ist die nächste feste Masche.

WICHTIG: *Bevor der Traumfänger gespannt wird, alle Fäden auf der Rückseite vernähen und mit Maschenmarkierern provisorisch in den Ring spannen. So sitzt er später an der richtigen Stelle.*

In meinen Häkelmustern finden Sie einige Kettmaschen, um zur nächsten Runde zu gelangen, da ich jede neue Farbe einer Runde an einer anderen Stelle einhäkle und den Faden dabei neu anschlinge.
Wenn die Muster in derselben Farbe gehäkelt werden, häkeln Sie je 1 Kettmasche an die markierte Stelle.

TIPP: *Die gehäkelten Runden immer wieder kontrollieren. Es schleichen sich schnell Fehler ein.*

DEKO-TIPPS FÜR EINEN Traumfänger

Wenn der Traumfänger fertig gespannt ist, finde ich es sehr schön, ihn mit verschiedenen Dingen zu schmücken. Meistens lasse ich ihn ein paar Tage hängen und überlege, was am besten zu ihm passen könnte. Bei manchen Traumfängern spüre ich, dass sie kein „Gehänge“ möchten. So nenne ich das gerne. Und ich erfreue mich dann ohne schmückendes Beiwerk an ihnen.
Wenn ich aber merke, dass der Traumfänger ausgeschmückt werden möchte, mache ich mich auf Materialsuche. Was kann ich alles dazu nehmen? Toll dazu sind Perlen, Glastropfen, Federn, Bänder, Pompons, Knöpfe, Perlmuttscheiben und Quasten, die schnell aus dem Garn hergestellt sind. Es gibt sie alle in verschiedenen Farben und Größen. Der Kreativität sind keine Grenzen gesetzt.

WIE BEFESTIGE ICH ALL DIESE MATERIALIEN?

Die Bänder auf die Hälfte zusammenlegen, mit der geschlossenen Seite durch den Ring führen und die offene Seite dann durch die geschlossene Seite durchziehen. So fallen die Bänder schön gleichmäßig.
Federn hänge ich gerne in Kombination mit Perlen an den Traumfänger. Dazu einen Faden in der passenden Länge nehmen, eine Perle an die gewünschte Position setzen, ein paar Tropfen Flüssigkleber in die Perle hineingeben und die Federn samt Faden in die Perlen hineinkleben. Wenn die Kiele zu dick sind, schneiden Sie sie am Anfang dünner, dann passen mehr Federn rein.
Damit nun die Perlen an der richtigen Stelle sitzen, einen Knoten oder zwei darunter machen. Wenn der Faden zu dünn ist, mit einem Flüssigkleber nachhelfen oder bei einem Nylonfaden zwei- oder dreimal den Faden durchziehen.
Die Perlen auf einen Nylonfaden oder die Wolle des Traumfängers auffädeln und aufhängen.

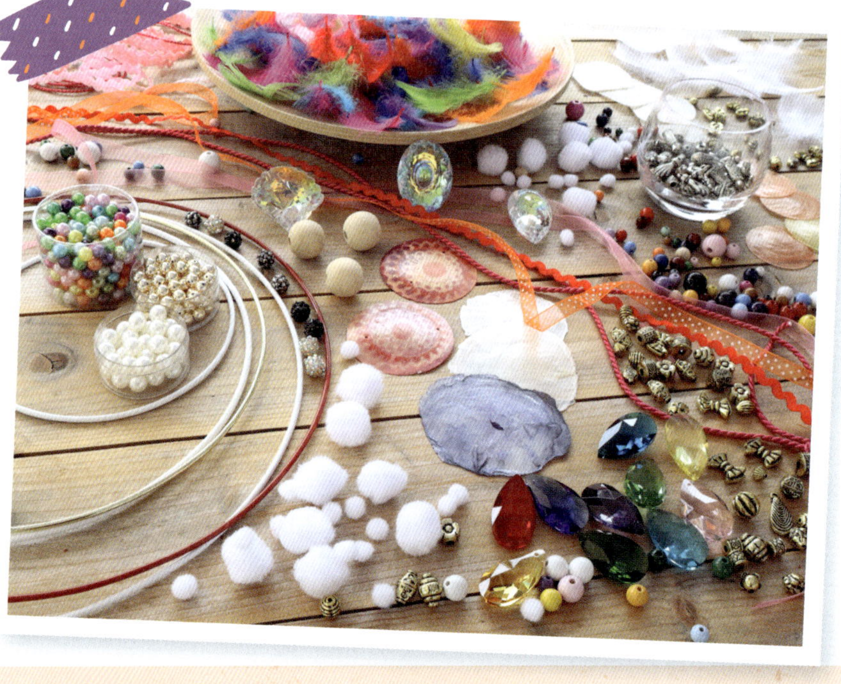

WIE BEFESTIGE ICH DIE FÄDEN AM METALLRING?

Die Fäden um den Metallring ziehen und einen festen Knoten auf der Rückseite machen. Das Ende kurz schneiden und mit Klebstoff fixieren, damit es nicht mehr aufgeht.

HERSTELLUNG EINER QUASTE

(1) Ein Pappstück so groß wie die Quaste lang werden soll und ca. 5 cm breit zuschneiden.
Die Wolle am langen Stück so oft um die Pappe wickeln, bis die Quaste die geeignete Stärke hat. Den Faden abschneiden.

(2) Einen neuen ca. 50 cm langen Faden abschneiden. Diesen Faden an der oberen Kante unter der gewickelten Quaste durchziehen, fest zuziehen und einen Doppelknoten machen.

(3) Die Quaste am unteren Ende aufschneiden und die Pappe entfernen.

(4) Einen weiteren ca. 40 cm langen Faden abschneiden und mit diesem die Quaste ca. 1 cm vom oberen Ende entfernt ein paar Mal umwickeln, diesen verknoten und die Enden durch das Gewickelte ziehen. Zum Schluss die unteren Fäden gerade abschneiden.

1

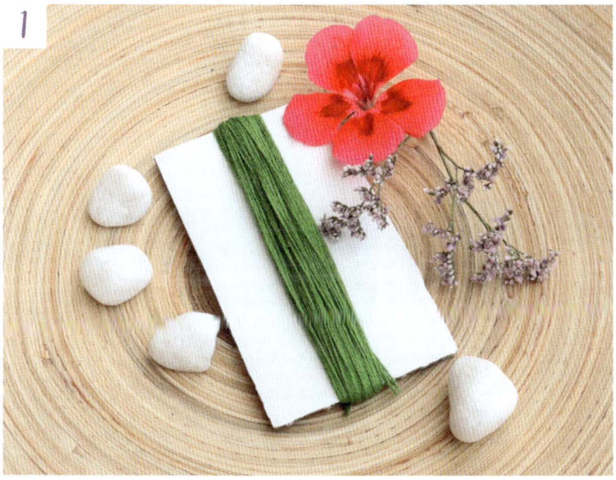

2

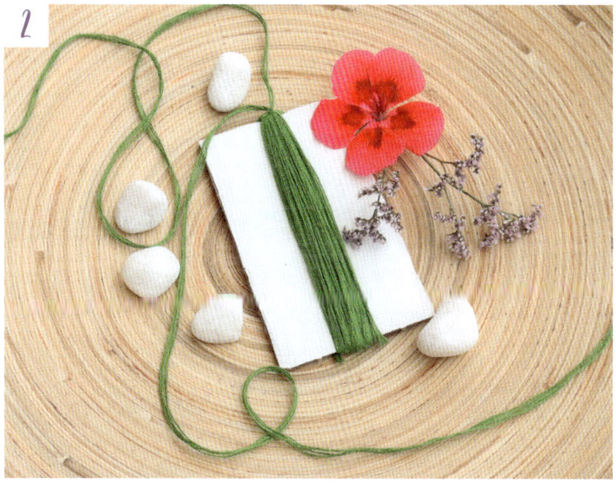

3

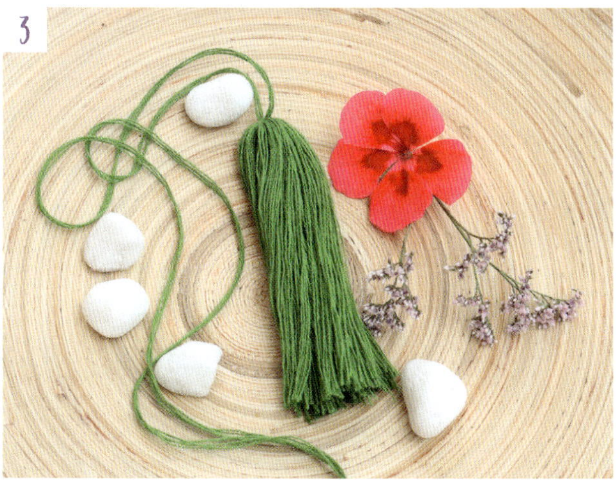

4

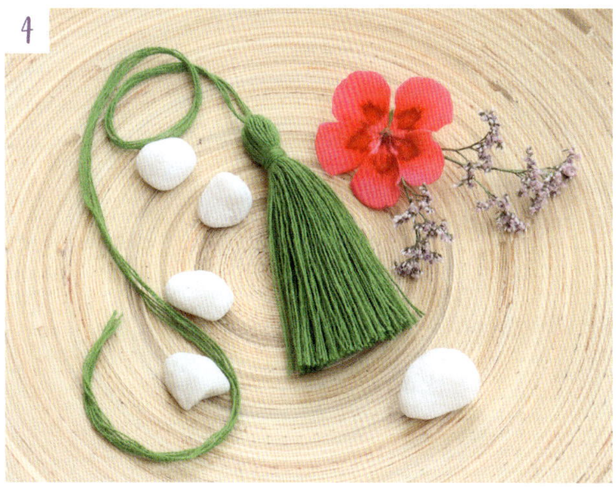

Häkelschriften

Magischer Ring

Luftmasche

Kettmasche

Feste Masche

Halbes Stäbchen

Stäbchen

Doppelstäbchen

Dreifachstäbchen

2 zusammen abgemaschte halbe Stäbchen

2 zusammen abgemaschte Stäbchen

3 zusammen abgemaschte Stäbchen

4 zusammen abgemaschte Stäbchen

2 zusammen abgemaschte Doppelstäbchen

3 zusammen abgemaschte Doppelstäbchen

4 zusammen abgemaschte Doppelstäbchen

2 zusammen abgemaschte Stäbchen in 2 Einstichstellen

zusammen abgemaschte Stäbchen in 4 Einstichstellen

zusammen abgemaschte Stäbchen in 5 Einstichstellen

Popcornmasche aus 4 Stäbchen

Popcornmasche aus 5 Stäbchen

Büschelmasche aus 3 Umschlägen

Büschelmasche aus 4 Umschlägen

Büschelmasche aus 5 Umschlägen

1 feste Masche tiefer gehäkelt um die Masche der Vorrunde

Picot mit 2 Luftmaschen: 2 Luftmaschen arbeiten, dann in die 1. Luftmasche zurück 1 Kettmasche häkeln.

Picot mit 3 Luftmaschen: 3 Luftmaschen arbeiten, dann in die 1. Luftmasche zurück 1 Kettmasche häkeln.

1 halbes Stäbchen um das Stäbchen der Vorreihe häkeln, Reliefmasche vorne (Natur Pur)

Hinteres Reliefstäbchen: von hinten um das unterliegende Stäbchen häkeln.

1 tiefer gestochenes Stäbchen

1 Kettmasche auf der Rückseite häkeln

1 feste Masche auf der Rückseite häkeln

Eine feste Masche um die Luftmaschen von 16. und 17. oder 10. und 11. Runde häkeln.

Den Faden neu anschlingen.

1 feste Masche zwischen die 2 festen Maschen in Runde 4 häkeln.
1 feste Masche in das Stäbchen in Runde 3 häkeln und etwas länger ziehen.
1 feste Masche in die 3. Runde zwischen die 2 halben Stäbchen häkeln und etwas länger ziehen. (Klein aber fein)
1 feste Masche in die 7. Runde häkeln und etwas länger ziehen. (Voller Anmut)

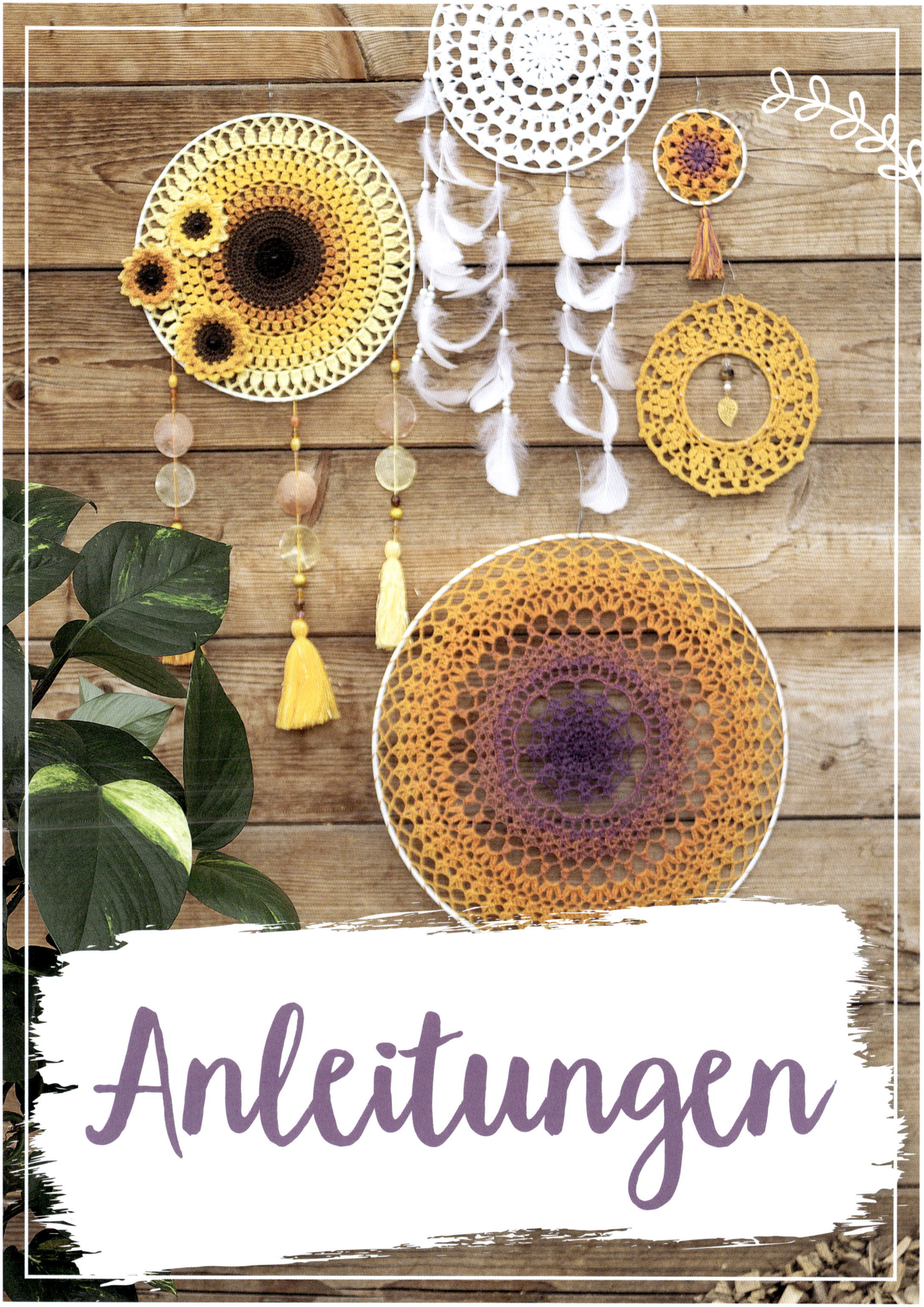

Anleitungen

RINGMANDALAGIRLANDE

innerer Durchmesser 10 cm

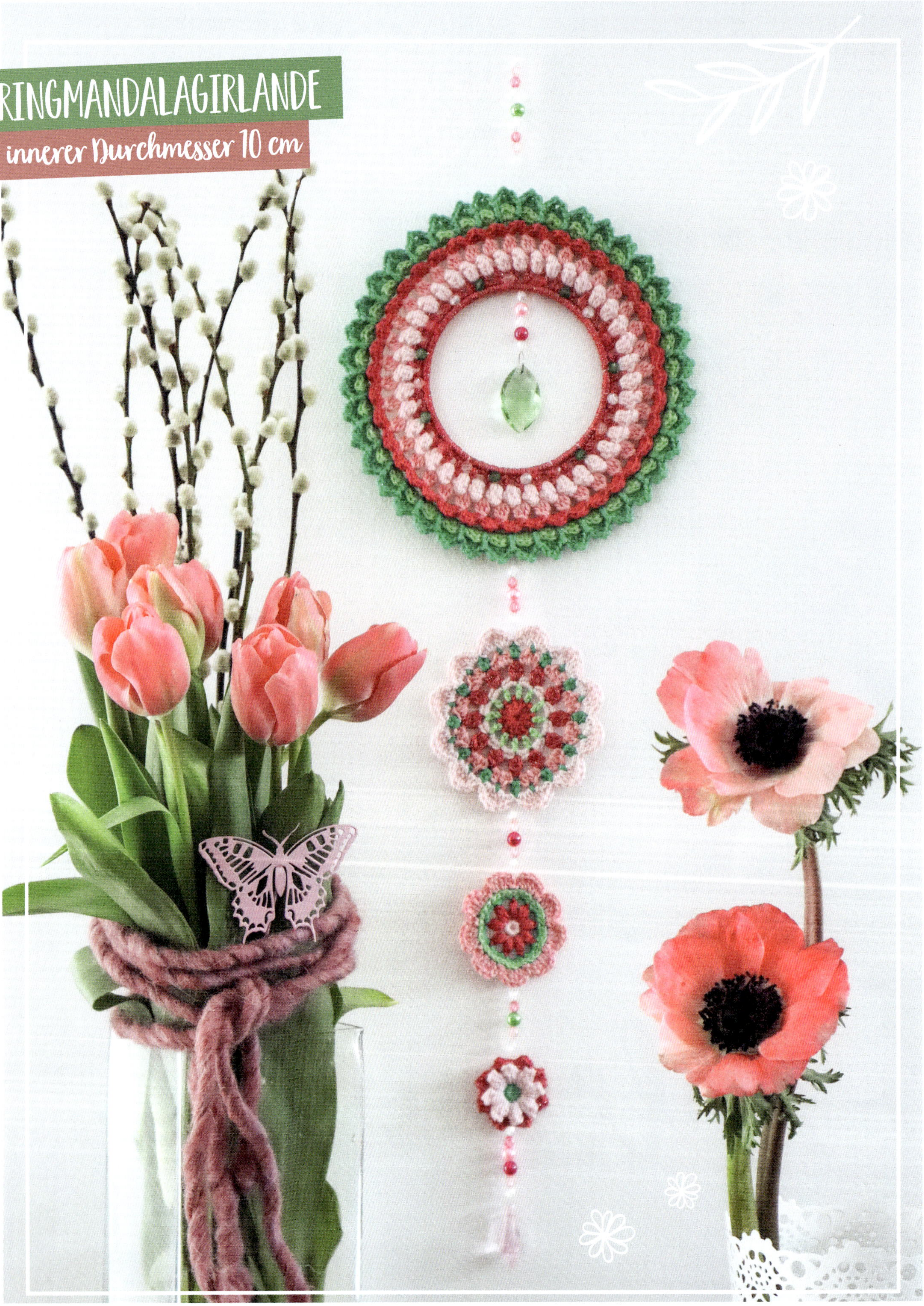

Frühlingserwachen

Du brauchst

Uni-Knäule, 4-fädig, 50 % Baumwolle/50 % Polyacryl, von Lady Dee's Traumgarne, je 50 g in Weiß, Babyrosa, Rosa, Fuchsia, Apfel und Giftgrün ❀ Cocktail „deluxe", 100 % Polyester, von Hobbii, 50 g in Hot Pink ❀ Glitter „deluxe", 100 % Polyester, von Hobbii, Kone, in White, Pink, Smaragd Green ❀ Häkelnadel, 3,0 mm, Nähnadel und Perlennadel ❀ Metallring, Durchmesser 10 cm, in Weiß ❀ Verschiedene Perlen, Glastropfen in Grün und Rosa ❀ Nylonfaden, 0,25 mm ❀ Deko-Festiger

ANLEITUNG

Mit Cocktail „deluxe" in Hot Pink einmal anschlingen und 120 feste Maschen und 1 Luftmasche in den Ring häkeln. Anschließend Runde 2 weiterhäkeln.

TIPP: Wenn die festen Maschen der 1. Runde zu fest sind, in der 2. Runde die festen Maschen von hinten zuerst lockern und dann die Masche häkeln.

FARBFOLGE FÜR RINGMANDALA 1

Runde 1 und 2 in Hot Pink
Runde 3 in Babyrosa und Glitter White
Runde 4 in Rosa und Glitter White
Runde 5 in Fuchsia und Glitter Pink
Runde 6 und 7 in Apfel und Glitter White
Runde 8 und 9 in Giftgrün und Glitter Smaragd

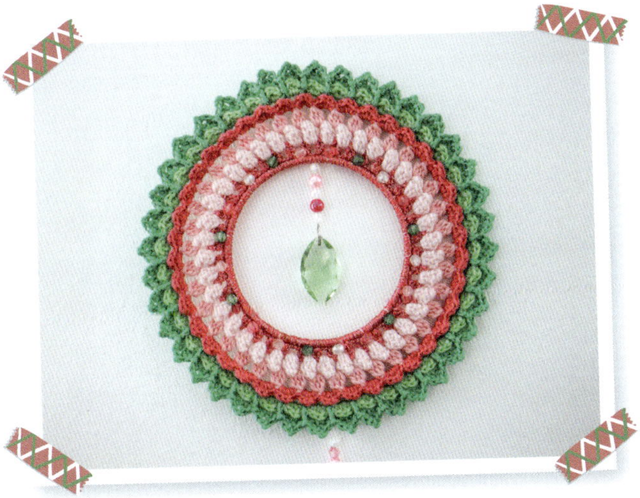

FARBFOLGE FÜR RINGMANDALA 2 (BLUME)

Runde 1 in Fuchsia und Glitter Pink
Runde 2 in Apfel und Glitter White
Runde 3 in Babyrosa und Glitter White
Runde 4 in Cocktail Hot Pink
Runde 5 in Rosa und Glitter White
Runde 6 in Giftgrün und Glitter Smaragd Green
Runde 7 in Babyrosa und Glitter White

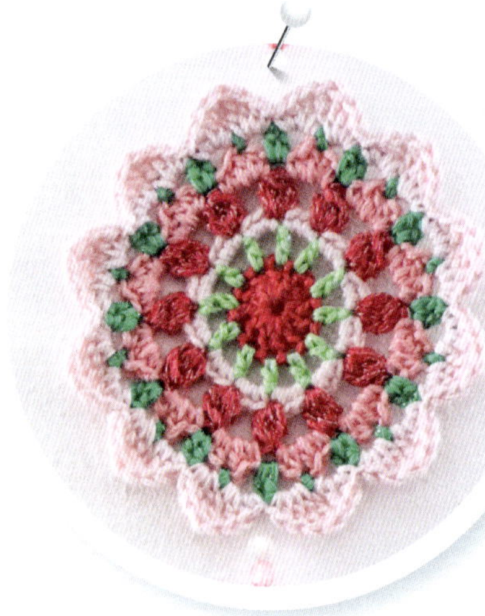

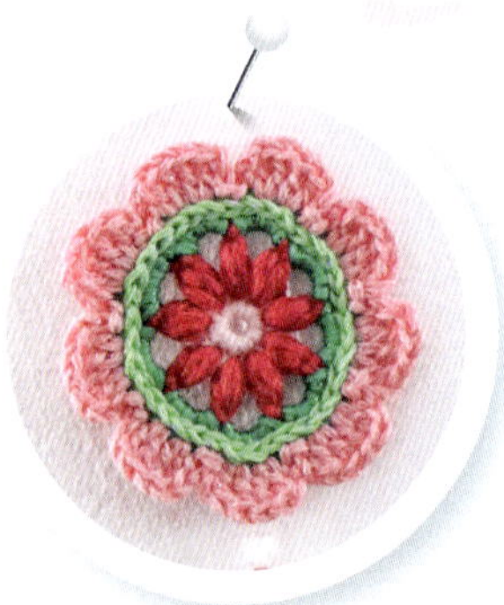

FARBFOLGE FÜR RINGMANDALA 3 (BLUME)

Runde 1 in Babyrosa und Glitter White
Runde 2 in Fuchsia und Glitter Pink
Runde 3 in Giftgrün und Glitter Smaragd Green
Runde 4 in Rosa und Glitter White
Zwischen Runde 3 und 4 aufgesetzte Kettmaschen in Apfel und Glitter White häkeln.

FARBFOLGE FÜR RINGMANDALA 4 (BLUME)

Runde 1 in Giftgrün und Glitter Smaragd Green
Runde 2 in Babyrosa und Glitter White
Runde 3 in Cocktail Hot Pink

TIPP: Bei jedem Farbwechsel an einer anderen Stelle beginnen, das ergibt ein schöneres Bild.

FERTIGSTELLUNG

Wenn alles fertiggehäkelt ist, mit dem Nylonfaden kleine Perlen in der 2. Runde des großen Ringmandalas annähen. Auf ein weiteres Stück Nylonfaden den Glastropfen und verschiedene Perlen auffädeln und oben am Ring befestigen. Mit weiteren Perlen und dem rosafarbenen Glastropfen am Anfang, zwischen den Mandalas und am Ende die Girlande vervollständigen.
Danach auf die Rückseite verdünnten Deko-Festiger streichen, umdrehen und mit der Vorderseite nach oben auflegen, damit der Festiger nicht in die schöne Seite fließt. Über Nacht trocknen lassen. Falls das Mandala noch nicht standhaft genug ist, den Vorgang wiederholen.

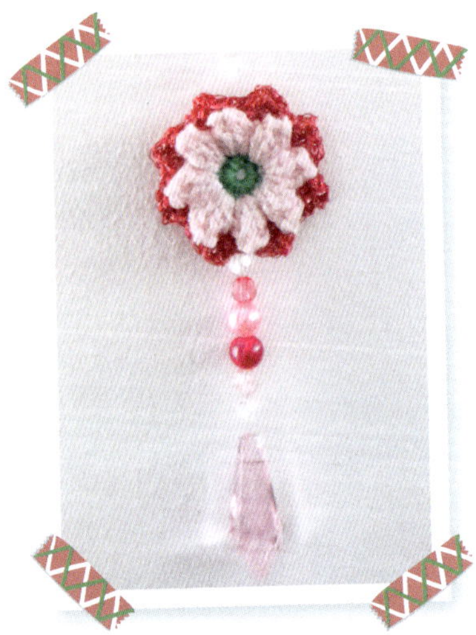

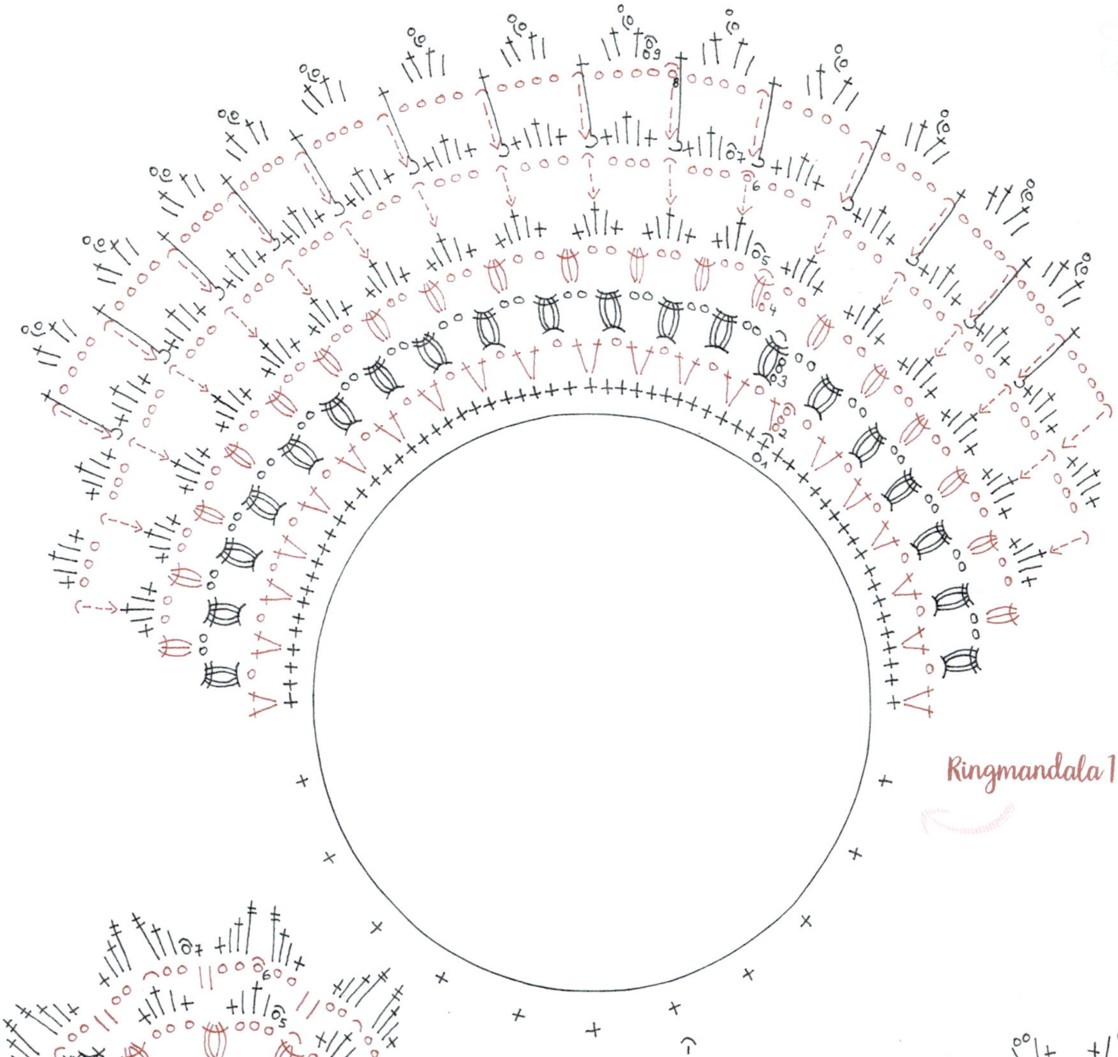

Ringmandala 1

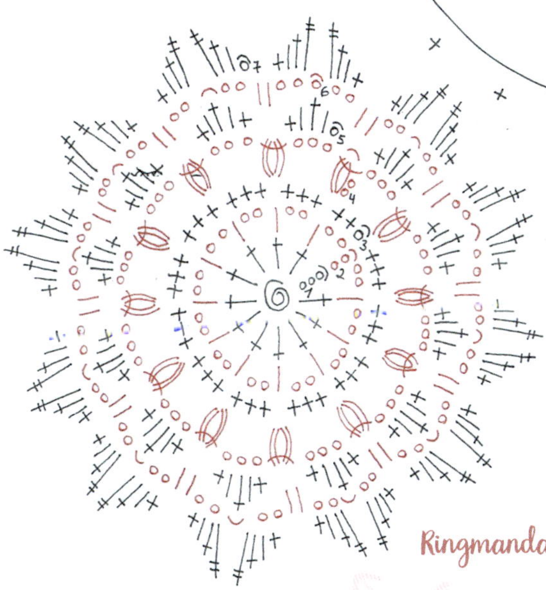

Ringmandala 2

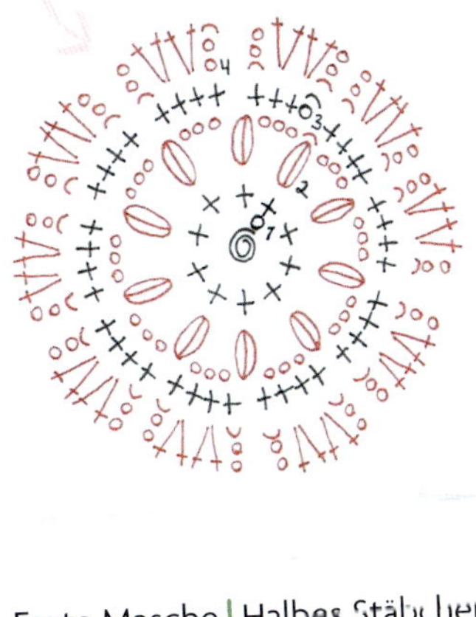

Ringmandala 3

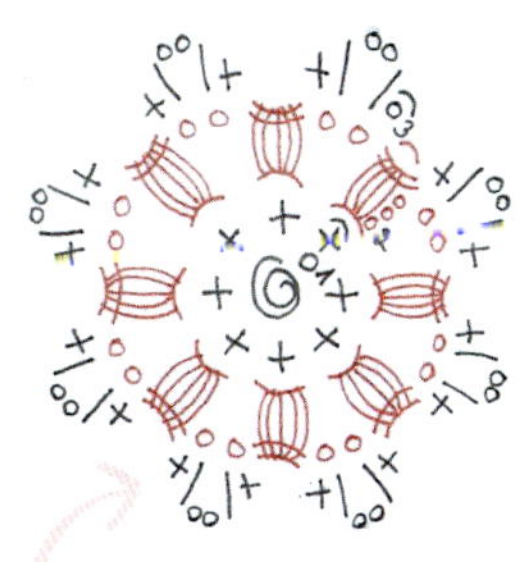

Ringmandala 4

FOLGENDE TECHNIKEN UND MASCHEN WERDEN VERWENDET

Magischer Ring · Luftmasche · Kettmasche · Feste Masche · Halbes Stäbchen · Stäbchen · Doppelstäbchen · 3 zusammen abgemaschte Stäbchen · 4 zusammen abgemaschte Stäbchen · Popcornmasche aus 4 Stäbchen · Popcornmasche aus 5 Stäbchen · Büschelmasche aus 3 Umschlägen · 1 Kettmasche auf der Rückseite eingestochen · 1 tiefer gestochenes Stäbchen um die Kettmasche der 6. Runde · Picot mit 2 Luftmaschen: 2 Luftmaschen arbeiten, dann in die 1. Luftmasche zurück 1 Kettmasche häkeln.

RINGMANDALA UND BLUME MIT PERLE

Durchmesser 6 cm

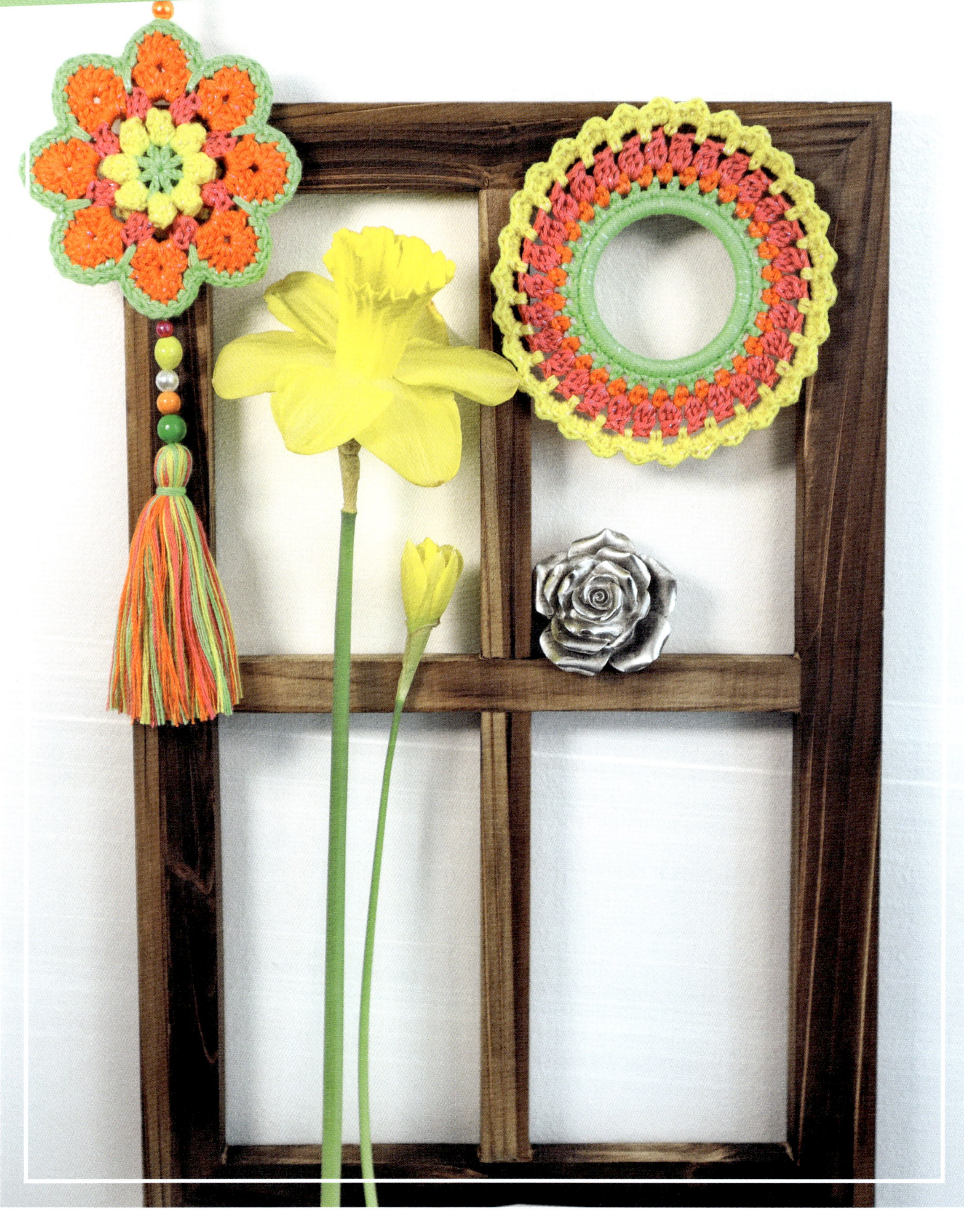

Blumige Zeiten

Du brauchst

Uni-Knäuel, 4-fädig, 50 % Baumwolle/50 % Polyacryl, von Lady Dee's Traumgarne, je 50 g in Narzisse, Apfelsine, Fuchsia und Apfel ❀ Glitter „deluxe", 100 % Polyester, von Hobbii, Kone, in White ❀ Häkelnadel, 3,0 mm, Nähnadel und stumpfe Nadel Metallring, Durchmesser 6 cm, außen gemessen ❀ Verschiedene Perlen Quaste aus dem Garn (siehe S. 17) ❀ Deko-Festiger

ANLEITUNG FÜR DAS RINGMANDALA

Die Farben Apfel und Glitter White zusammennehmen und damit einmal anschlingen, 1 Luftmasche und 60 feste Maschen in den Ring häkeln. Mit 1 Kettmasche die Runde schließen und die Runden 2 bis 6 in der Farbfolge weiterarbeiten.

TIPP: Wenn die festen Maschen der 1. Runde zu fest sind, in der 2. Runde die festen Maschen von hinten zuerst lockern und dann die Masche häkeln.

FARBFOLGE FÜR DAS RINGMANDALA

Runde 1 und 2 in Apfel und Glitter White
Runde 3 in Apfelsine und Glitter White
Runde 4 in Fuchsia und Glitter White
Runde 5 und 6 in Narzisse und Glitter White.

TIPP: Bei jedem Farbwechsel an einer anderen Stelle beginnen, das ergibt ein schöneres Bild.

FERTIGSTELLUNG DES RINGMANDALAS

Wenn das Ringmandala fertiggehäkelt ist, auf die Rückseite verdünnten Deko-Festiger streichen, umdrehen und mit der Vorderseite nach oben auflegen, damit der Festiger nicht in die schöne Seite fließt. Über Nacht trocknen lassen. Falls es noch nicht standhaft genug ist, den Vorgang wiederholen.

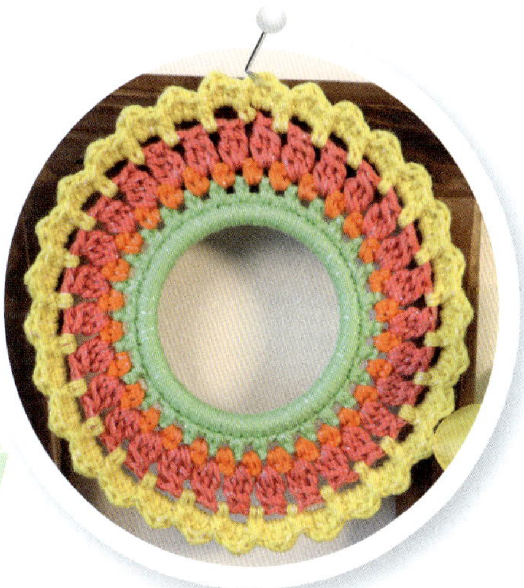

ANLEITUNG FÜR DIE BLUME

Die Blume zweimal von Runde 1 bis 6 häkeln und etwas in Form ziehen. Den Schlussfaden bei der 2. Blume ca. 1 m länger lassen und damit die zwei Blumen mit einer stumpfen Nadel und einfachen Stichen am äußeren Maschenglied der 6. Runde zusammennähen. Vorher die restlichen Fäden vernähen.

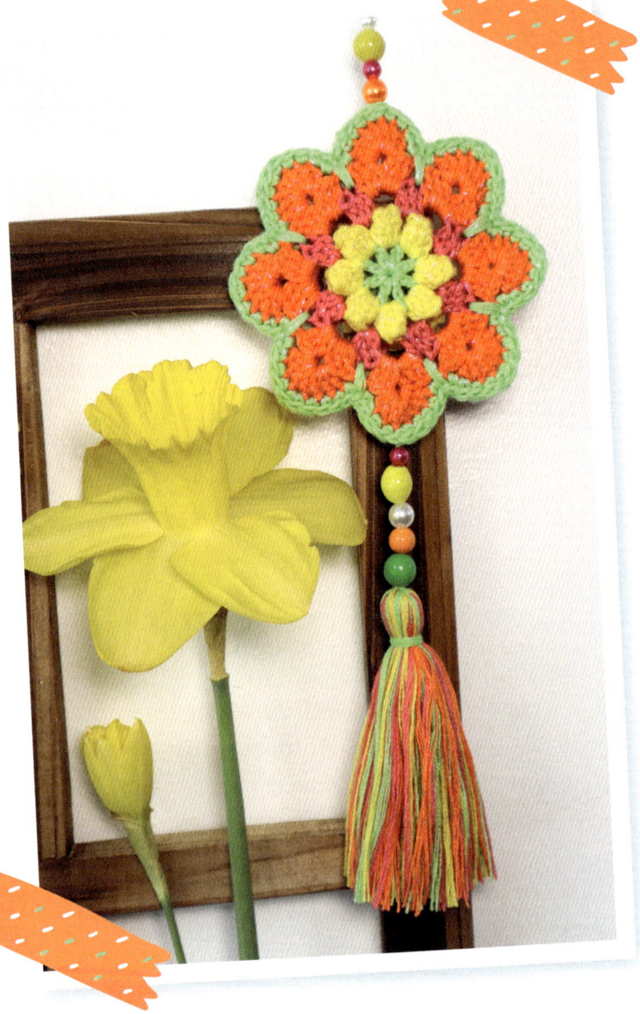

FARBFOLGE FÜR DIE BLUME

Runde 1 in Apfel und Glitter White
Runde 2 in Narzisse und Glitter White
Runde 3 in Fuchsia und Glitter White
Runde 4 und 5 in Apfelsine und Glitter White
Runde 6 in Apfel und Glitter White

TIPP: Bei jedem Farbwechsel an einer anderen Stelle beginnen, das ergibt ein schöneres Bild.

FERTIGSTELLUNG DER BLUME

Eine Quaste aus den vier Farben der Wolle herstellen und den oberen Faden länger hängen lassen. Dort verschiedene Perlen auffädeln und die Quaste an die untere Seite der Blume annähen. Am oberen Rand der Blume einen Faden befestigen, weitere Perlen aufziehen und am Ende eine Schlaufe zum Aufhängen knoten.

Blume

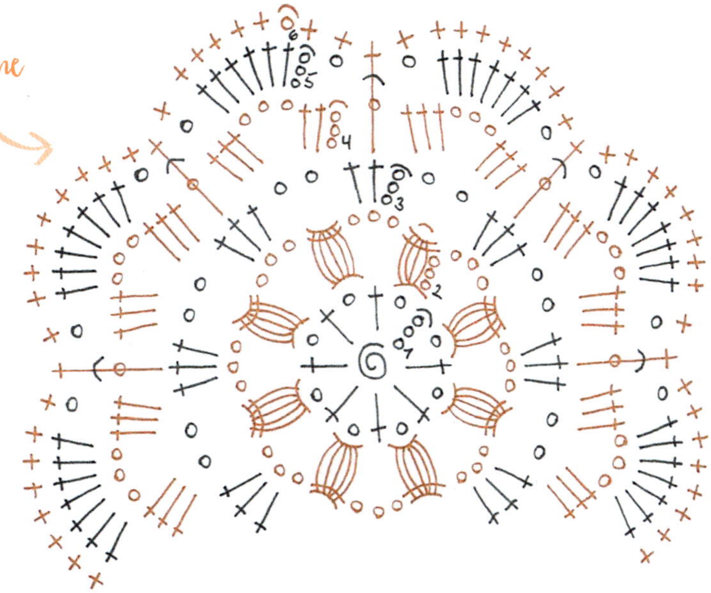

Ringmandala

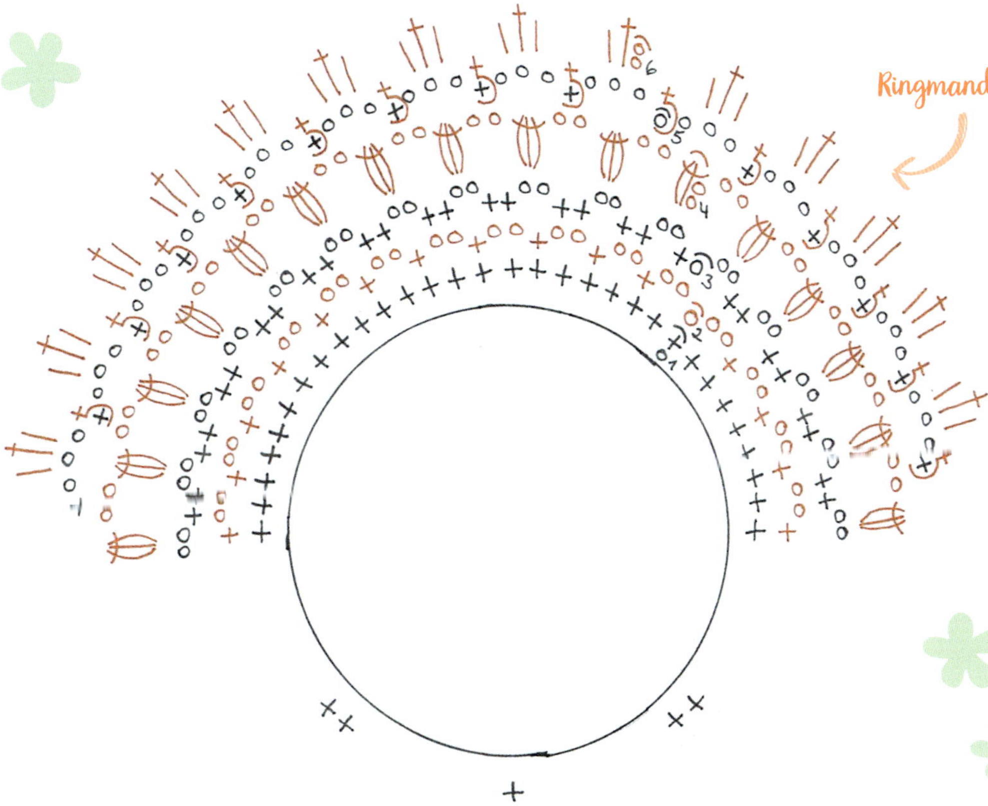

FOLGENDE TECHNIKEN UND MASCHEN WERDEN VERWENDET

Magischer Ring · Luftmasche · Kettmasche · Feste Masche | Halbes Stäbchen · Stäbchen · Doppelstäbchen · 3 zusammen abgemaschte Stäbchen · 4 zusammen abgemaschte Stäbchen · Büschelmasche aus 3 Umschlägen · Popcornmasche aus 4 Stäbchen · Popcornmasche aus 5 Stäbchen · 1 Kettmasche auf der Rückseite eingestochen · 1 tiefer gestochene feste Masche um die feste Masche in der 5. Runde · Picot mit 2 Luftmaschen: 2 Luftmaschen arbeiten, dann in die 1. Luftmasche zurück 1 Kettmasche häkeln.

KLEINE RINGMANDALAS

Durchmesser 5,5 cm

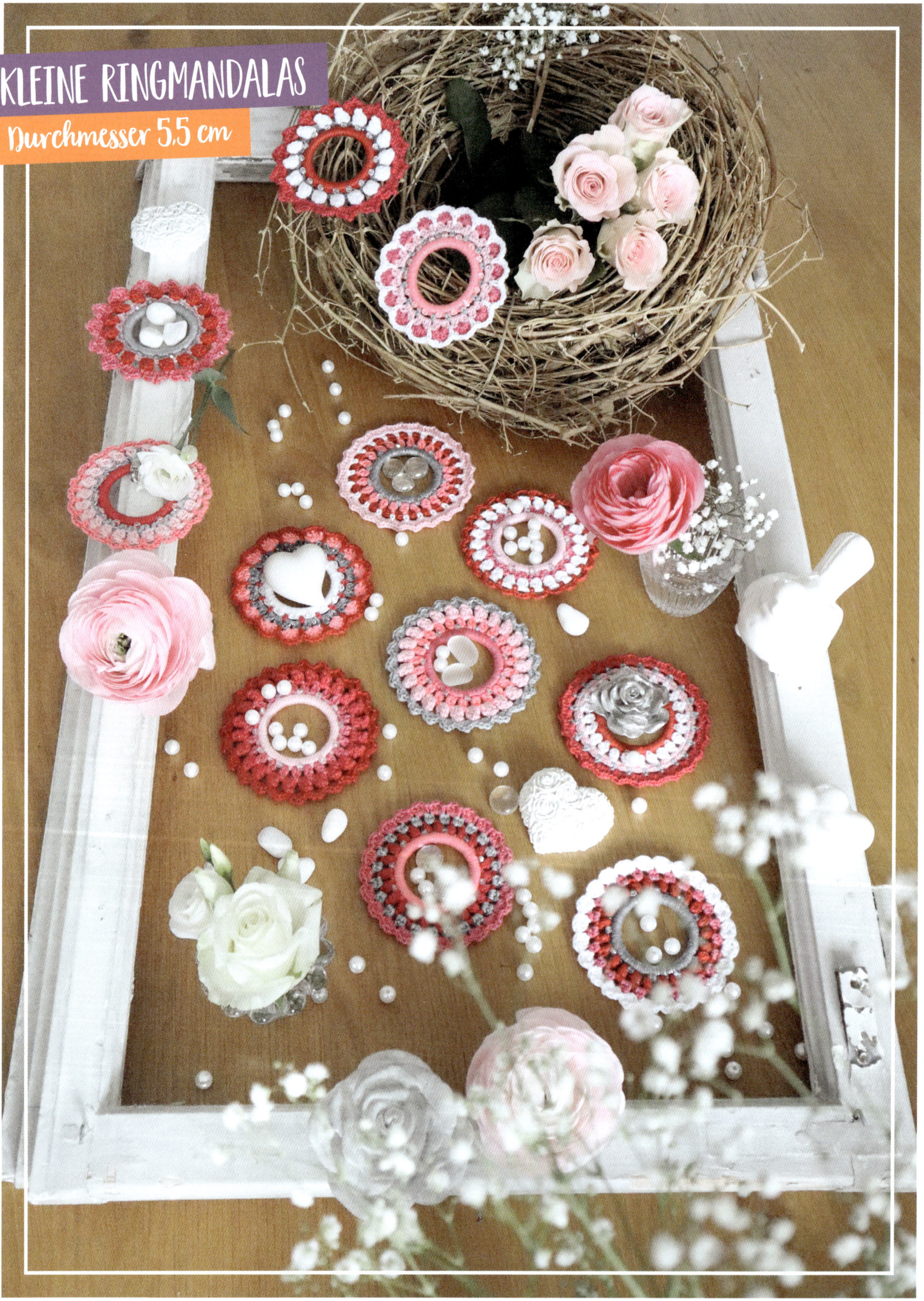

Klein, aber fein

Du brauchst

Uni-Knäule, 4-fädig, 50 % Baumwolle/50 % Polyacryl, von Lady Dee's Traumgarne, je 50 g in Weiß, Rosa, Fuchsia, Brick, Rot, Candy und Silber meliert ❀ Glitter „deluxe", 100 % Polyester, von Hobbii, Kone, in White, Winter Red, Pink und Silver
Häkelnadel, 3,0 mm, Nähnadel und Perlennadel ❀ 12 Metallringe, Durchmesser 5,5 cm
Verschiedene Glasperlen

ANLEITUNG

Alle Ringe mit den Farben der 1. Runde einmal anschlingen, 1 Luftmasche und 48 feste Maschen in den Ring häkeln, mit 1 Kettmasche die Runde schließen. Mit Runde 2 in den jeweiligen Farbfolgen weiterarbeiten.

FARBFOLGE FÜR RINGMANDALA 1

Runde 1 in Brick und Glitter Winter Red
Runde 2 in Silber meliert und Glitter Silver
Runde 3 in Rosa und Glitter White
Runde 4 in Candy und Glitter Pink
Und:
Runde 1 in Rosa und Glitter White
Runde 2 in Fuchsia und Glitter White
Runde 3 in Weiß und Glitter White
Runde 4 in Rot und Glitter Pink

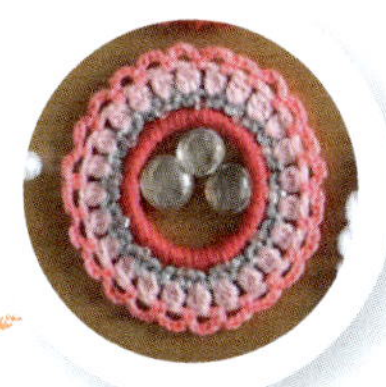

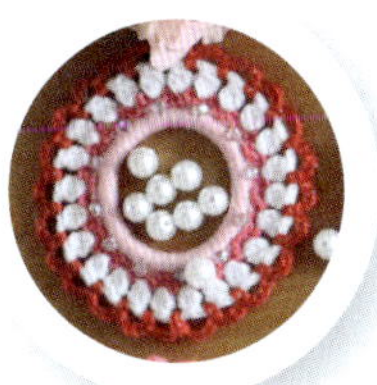

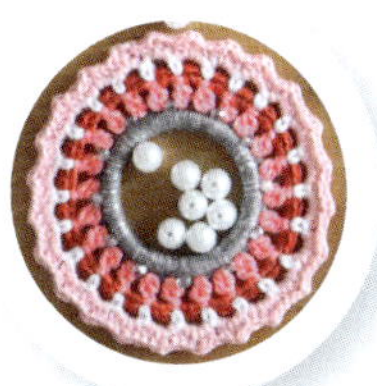

FARBFOLGE FÜR RINGMANDALA 2

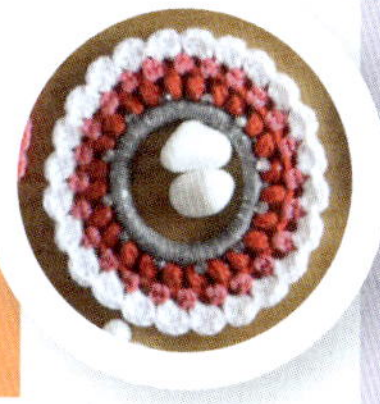

Runde 1 in Grau meliert und Glitter Silver
Runde 2 in Rot und Glitter Pink
Runde 3 in Fuchsia und Glitter White
Runde 4 in Weiß und Glitter White
Und:
Runde 1 in Candy und Glitter White
Runde 2 in Brick und Glitter Pink
Runde 3 in Silber meliert und Glitter Silver
Runde 4 in Fuchsia und Glitter White

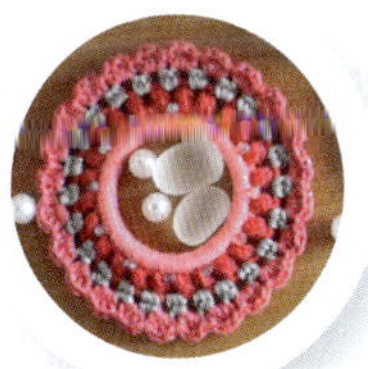

FARBFOLGE FÜR RINGMANDALA 3

Runde 1 in Rot und Glitter Pink
Runde 2 in Weiß und Glitter White
Runde 3 in Rosa und Glitter White
Runde 4 in Silber meliert und Glitter Silver
Runde 5 in Brick und Glitter Winter Red
Und:
Runde 1 in Grau meliert und Glitter Silver
Runde 2 in Candy und Glitter White
Runde 3 in Rot und Glitter Winter Red
Runde 4 in Weiß und Glitter White
Runde 5 in Rosa und Glitter White

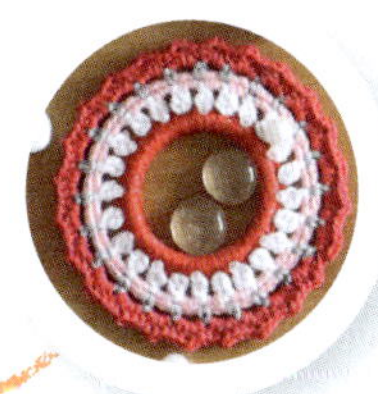

FARBFOLGE FÜR RINGMANDALA 4

Runde 1 in Silber meliert und Glitter Silver
Runde 2 in Rosa und Glitter White
Runde 3 in Rot und Glitter Pink
Runde 4 in Fuchsia und Glitter White
Und:
Runde 1 in Rot und Glitter Pink
Runde 2 in Grau meliert und Glitter Silver
Runde 3 in Weiß und Glitter White
Runde 4 in Brick und Glitter Pink

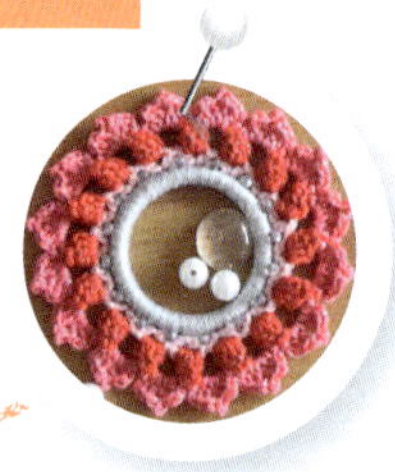

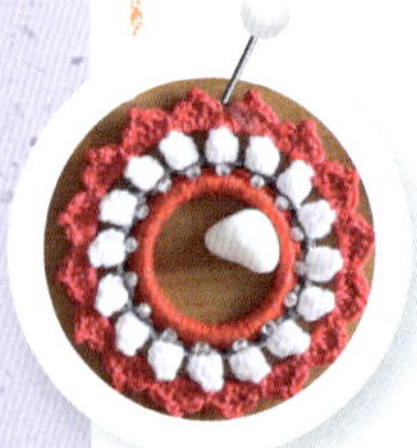

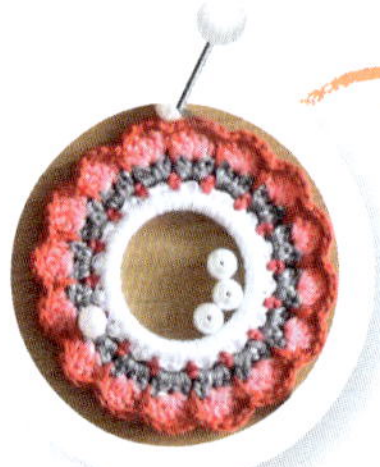

TIPP: Wenn die festen Maschen der 1. Runde zu fest sind, in der 2. Runde die festen Maschen von hinten zuerst lockern und dann die Masche häkeln.

FARBFOLGE FÜR RINGMANDALA 5

Runde 1 in Weiß und Glitter White
Runde 2 in Brick und Glitter Pink
Runde 3 in Grau meliert und Glitter Silver
Runde 4 in Candy und Glitter White
Runde 5 in Rot und Glitter Winter Red
Und:
Runde 1 in Candy und Glitter White
Runde 2 in Silber meliert und Glitter Silver
Runde 3 in Rosa und Glitter White
Runde 4 in Fuchsia und Glitter Pink
Runde 5 in Weiß und Glitter White

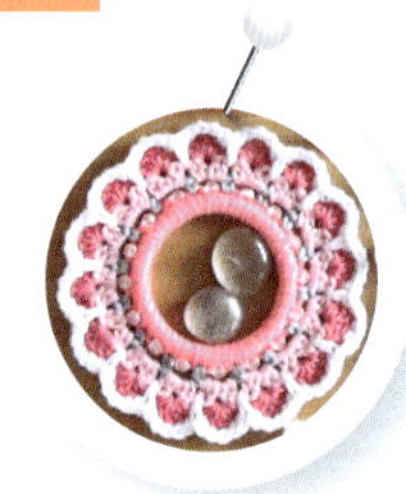

FARBFOLGE FÜR RINGMANDALA 6

Runde 1 in Fuchsia und Glitter Pink
Runde 2 in Candy und Glitter White
Runde 3 in Rosa und Glitter White
Runde 4 in Silber meliert und Glitter Silver
Und:
Runde 1 in Rosa und Glitter White
Runde 2 in Fuchsia und Glitter White
Runde 3 in Brick und Glitter Pink
Runde 4 in Rot und Glitter Pink

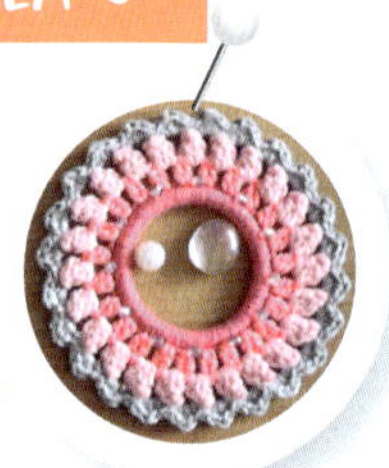

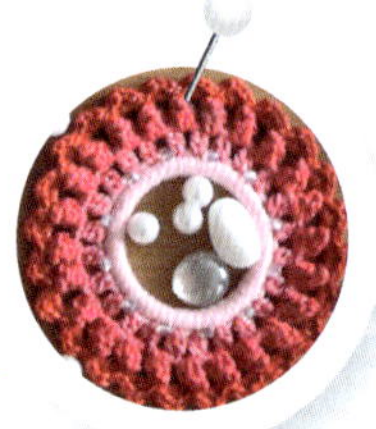

TIPP: Bei jedem Farbwechsel an einer anderen Stelle beginnen, das ergibt ein schöneres Bild.

FERTIGSTELLUNG

Wenn alles fertiggehäkelt ist, kleine Perlen mit dem Nylonfaden in der 1. Runde am Ringmandala annähen.
Das Ringmandala 5 nach der letzten Runde etwas in Form ziehen.
Danach auf die Rückseite verdünnten Deko-Festiger streichen, umdrehen und mit der Vorderseite nach oben auflegen, damit der Festiger nicht in die schöne Seite fließt. Über Nacht trocknen lassen. Falls das Mandala noch nicht standhaft genug ist, den Vorgang wiederholen.

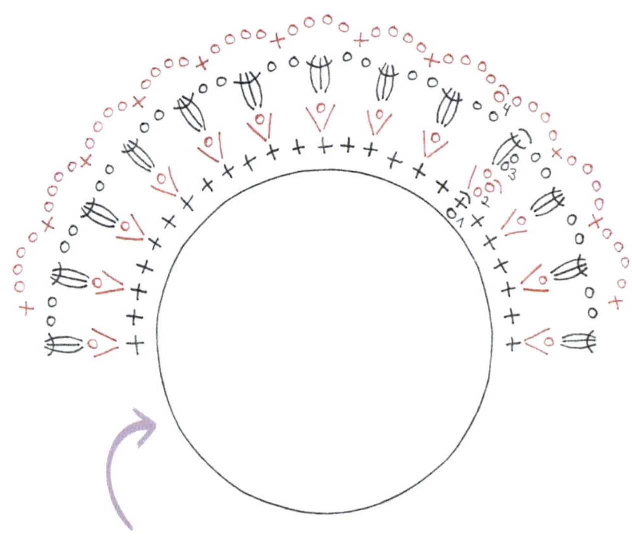

Ringmandala 1

Ringmandala 2

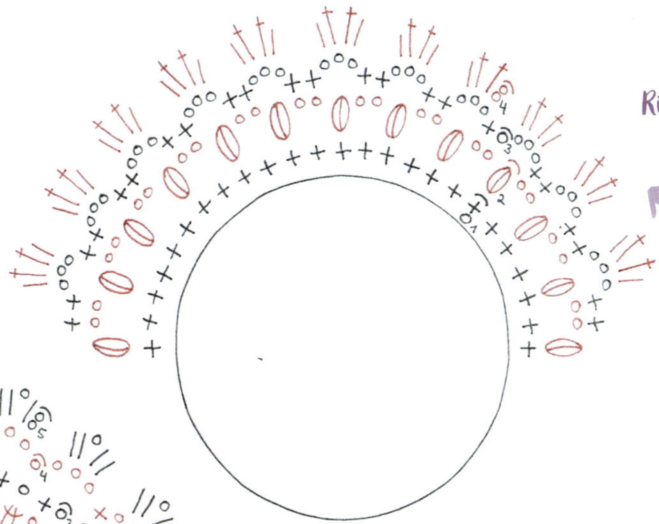

Ringmandala 3

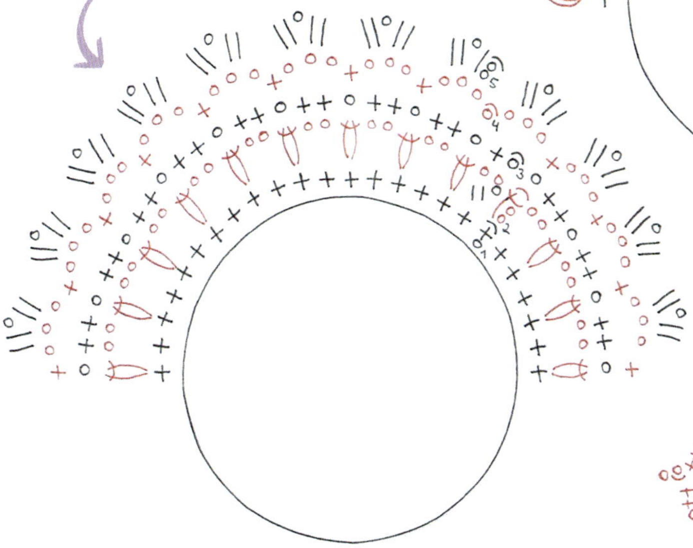

Ringmandala 4

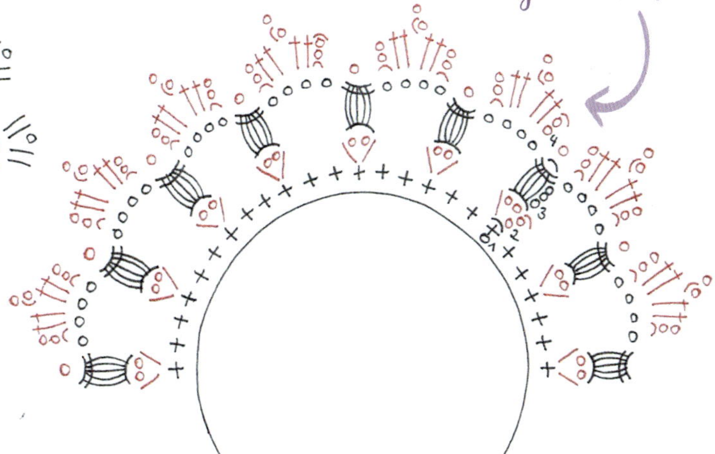

Ringmandala 6

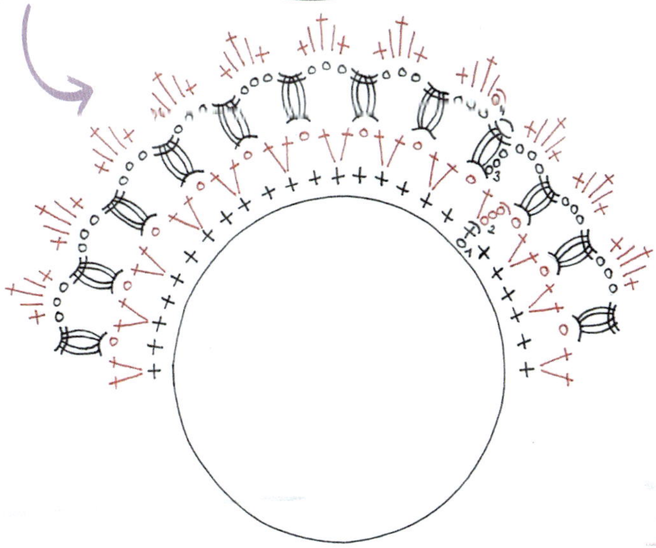

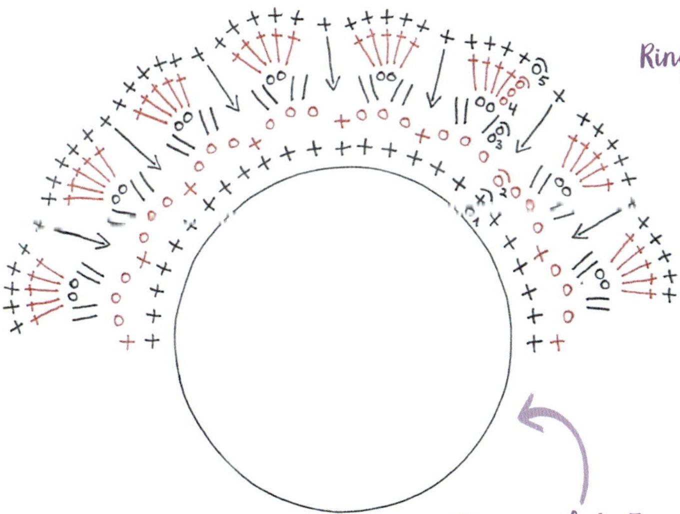

Ringmandala 5

FOLGENDE TECHNIKEN UND MASCHEN WERDEN VERWENDET

Luftmasche · Kettmasche · Feste Masche · Halbes Stäbchen · Stäbchen · 2 zusammen abgemaschte Stäbchen · 3 zusammen abgemaschte Stäbchen · Popcornmasche aus 4 Stäbchen · Popcornmasche aus 5 Stäbchen · 1 feste Masche in die 3. Runde zwischen die 2 halben Stäbchen häkeln und etwas länger ziehen · Büschelmasche aus 3 Umschlägen · Picot mit 2 Luftmaschen: 2 Luftmaschen arbeiten, dann in die 1. Luftmasche zurück 1 Kettmasche häkeln.

TRAUMFÄNGER

Durchmesser 45 cm und 10 cm

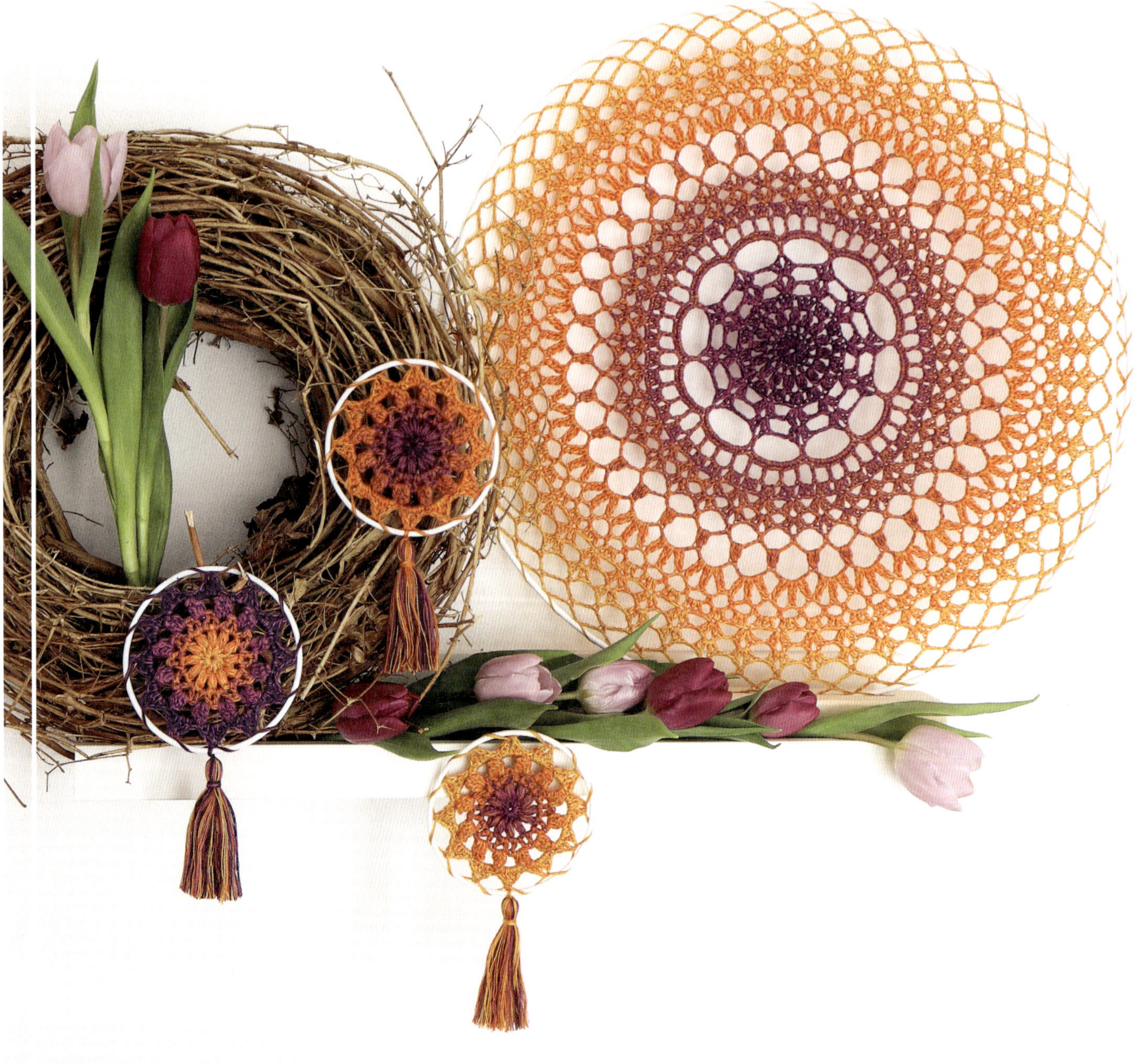

Flieder trifft Gelb

Du brauchst

Wunderkiste WU 0222, 4-fädig, 50 % Baumwolle/50 % Polyacryl, von Sparwolle
Häkelnadel, 3,0 mm, Nähnadel
4 Metallringe in Weiß, 1 x Durchmesser 45 cm, 3 x Durchmesser 10 cm
3 Quasten aus demselben Garn (siehe S. 17)

FARBFOLGE FÜR 45 CM

Runde 1 und 2 in Farbe 1
Runde 3 und 4 in Farbe 2
Runde 5 und 6 in Farbe 3
Runde 7 bis 10 in Farbe 4
Runde 11 und 12 in Farbe 5
Runde 13 und 14 in Farbe 6
Runde 15 und 16 in Farbe 7
Runde 17 und 18 in Farbe 8
Runde 19 bis 21 in Farbe 9

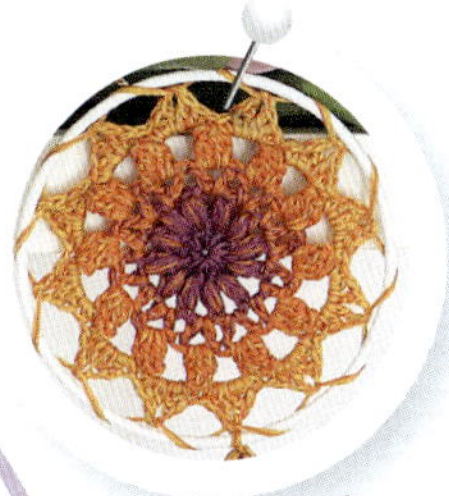

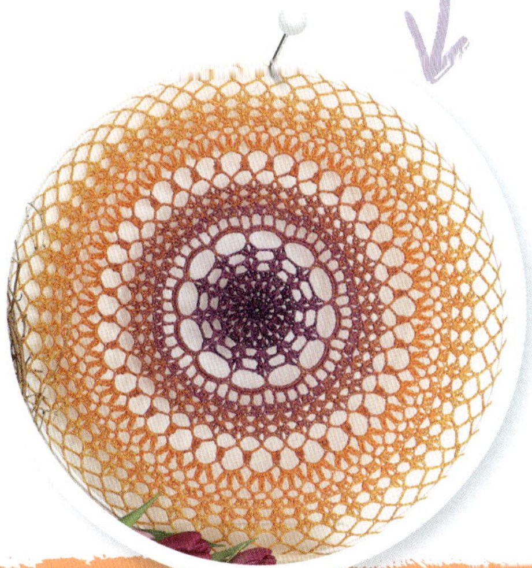

TIPP: Bei jedem Farbwechsel an einer anderen Stelle beginnen, das ergibt ein schöneres Bild.

FARBFOLGEN FÜR 10 CM

Runde 1 in Farbe 9
Runde 2 in Farbe 7
Runde 3 in Farbe 5
Runde 4 in Farbe 3
Runde 5 in Farbe 1
und
Runde 1 in Farbe 3
Runde 2 in Farbe 4
Runde 3 in Farbe 6
Runde 4 in Farbe 7
Runde 5 in Farbe 9
und
Runde 1 in Farbe 1
Runde 2 in Farbe 3
Runde 3 in Farbe 4
Runde 4 in Farbe 6
Runde 5 in Farbe 7

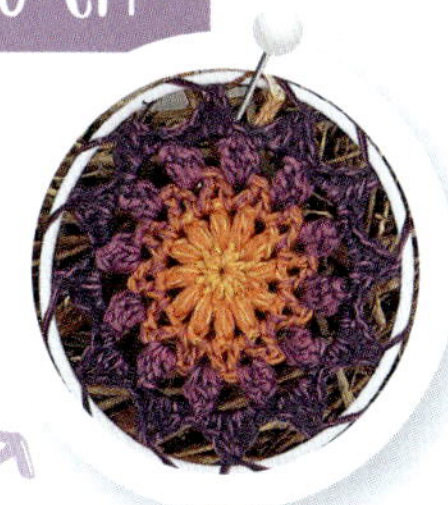

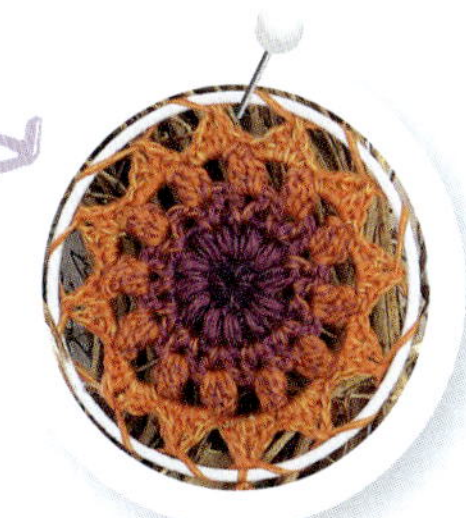

FERTIGSTELLUNG DER TRAUMFÄNGER

Den Abschlussfaden mindestens 1 bis 2 Meter länger lassen. An den grünen Punkten (siehe Häkeldiagramm) den Faden durch die Luftmaschen der letzten Reihe ziehen und weiter in den Ring spannen. Nur einmal durchgehen. Für die drei kleinen Traumfänger eine Quaste aus dem gleichen Garn herstellen und daranbinden.

Kleiner Traumfänger

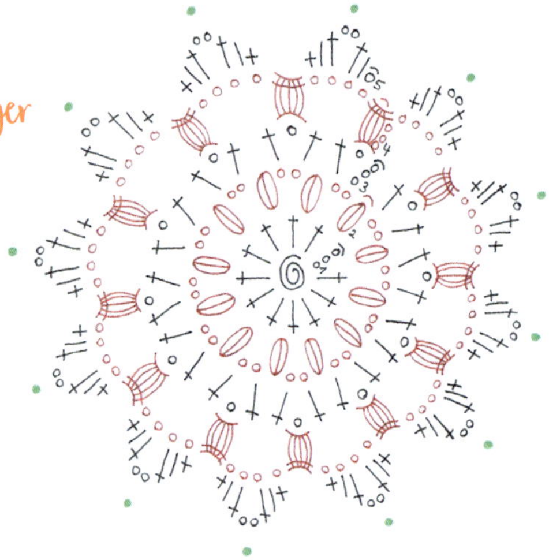

Großer Traumfänger

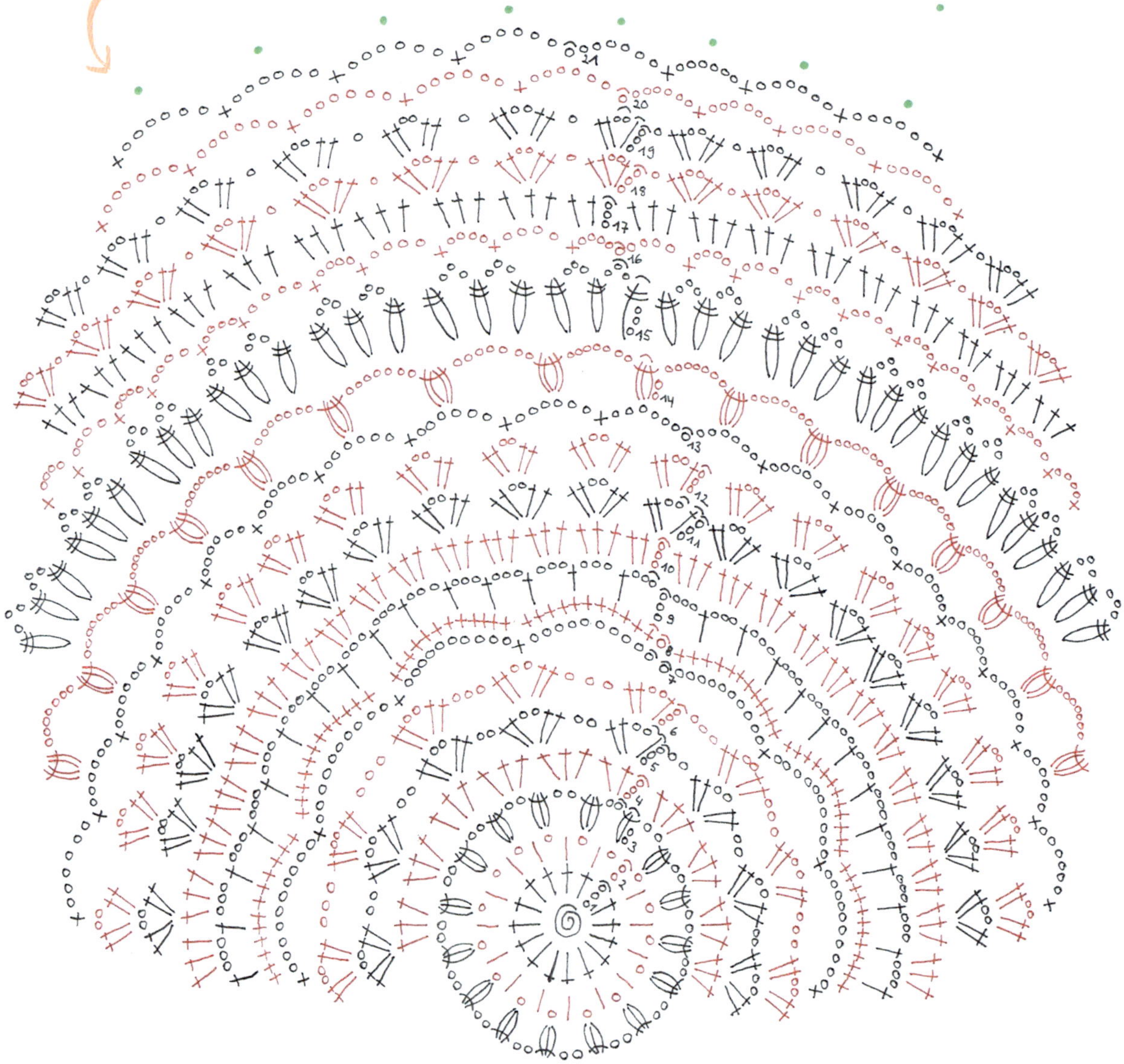

FOLGENDE TECHNIKEN UND MASCHEN WERDEN VERWENDET

Magischer Ring · Luftmasche · Kettmasche · Feste Masche · Halbes Stäbchen · Stäbchen · 3 zusammen abgemaschte Stäbchen · 4 zusammen abgemaschte Stäbchen · 2 zusammen abgemaschte Doppelstäbchen · Büschelmasche aus 3 Umschlägen · Popcornmasche aus 5 Stäbchen

RINGMANDALA

Durchmesser 25 cm und 35 cm

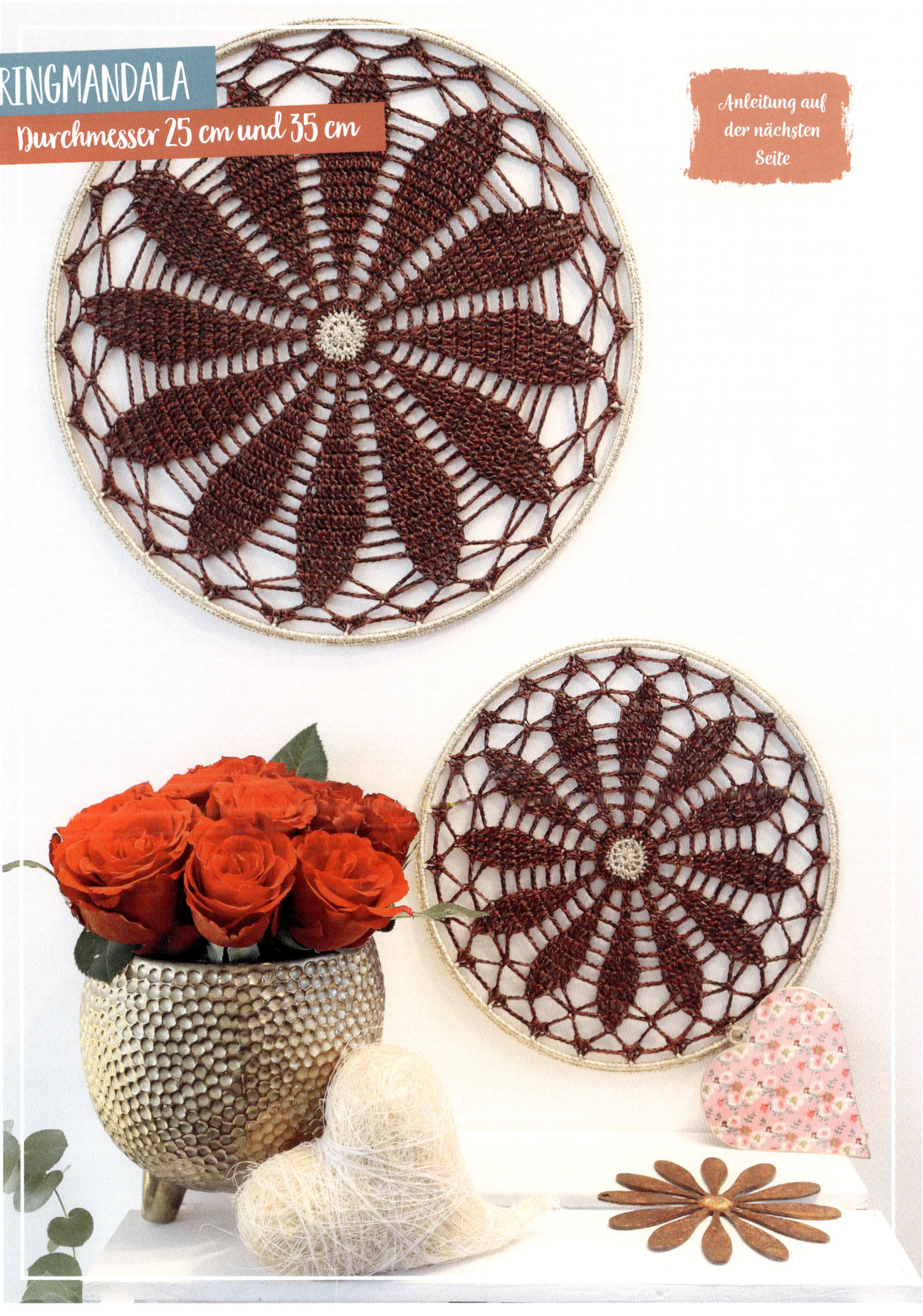

Anleitung auf der nächsten Seite

Blume mal anders

Du brauchst

ZauberEi „Vogelbeeren“, 4-fädig, 50 % Baumwolle/50 % Polyacryl, 200 g von Lady Dee`s Traumgarne ❀ Cocktail „deluxe“, 100 % Polyester, von Hobbii, 50 g in Gold
Häkelnadel, 3,0 mm, Nähnadel
2 Metallringe in Weiß, Durchmesser 25 cm und 35 cm

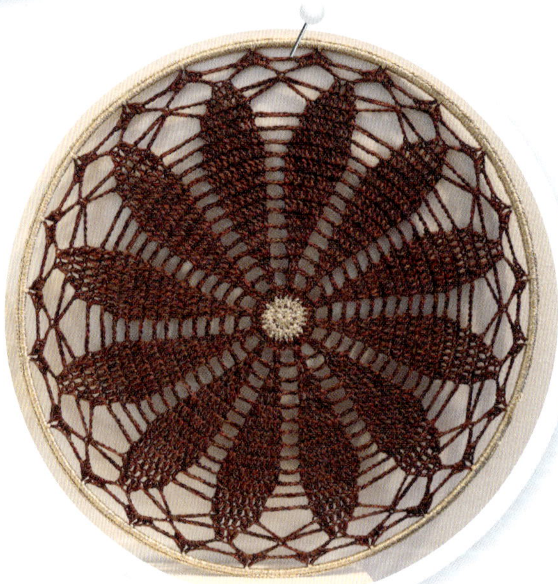

FARBFOLGE FÜR 35 CM

Runde 1 und 2 in Cocktail „deluxe“ Gold
Runde 3 bis 19 in Vogelbeeren

FARBFOLGE FÜR 25 CM

Runde 1 und 2 in Cocktail „deluxe“ Gold
Runde 3 bis 13 in Vogelbeeren

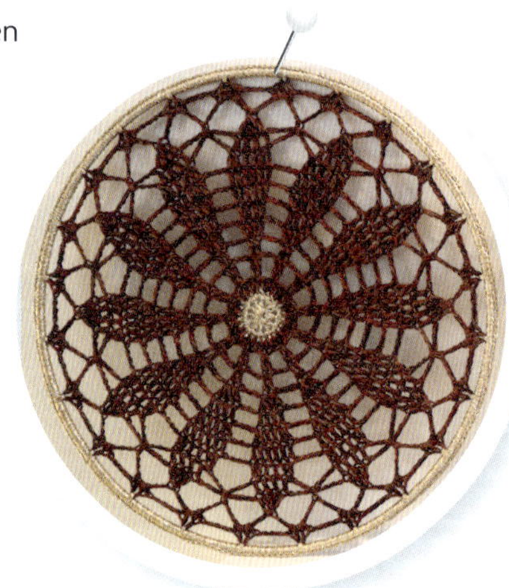

TIPP: Trotz einfarbiger Wolle den Rundenbeginn mehrmals an einer anderen Stelle setzen, das ergibt ein schöneres Bild.

FERTIGSTELLUNG

Diese beiden Traumfänger werden mit festen Maschen in den Ring gehäkelt. Spannen Sie sie vorher provisorisch mit Maschenmarkierern in den Ring. Mit der goldenen Wolle einmal anschlingen und 5 feste Maschen häkeln. Dann am grünen Punkt den Traumfänger mit einhäkeln. Beim 35-cm-Ring 15 Maschen und beim 25-cm-Ring 10 Maschen zwischen den grünen Punkten in den Ring arbeiten und danach wieder den Traumfänger mit einhäkeln. In dieser Folge bis zum Ende der Runde häkeln, sodass immer 15 oder 10 Maschen zwischen den grünen Markierungen sind. Mit einer Kettmasche die Runde schließen, 1 Luftmasche häkeln und den Faden abschneiden und durchziehen.

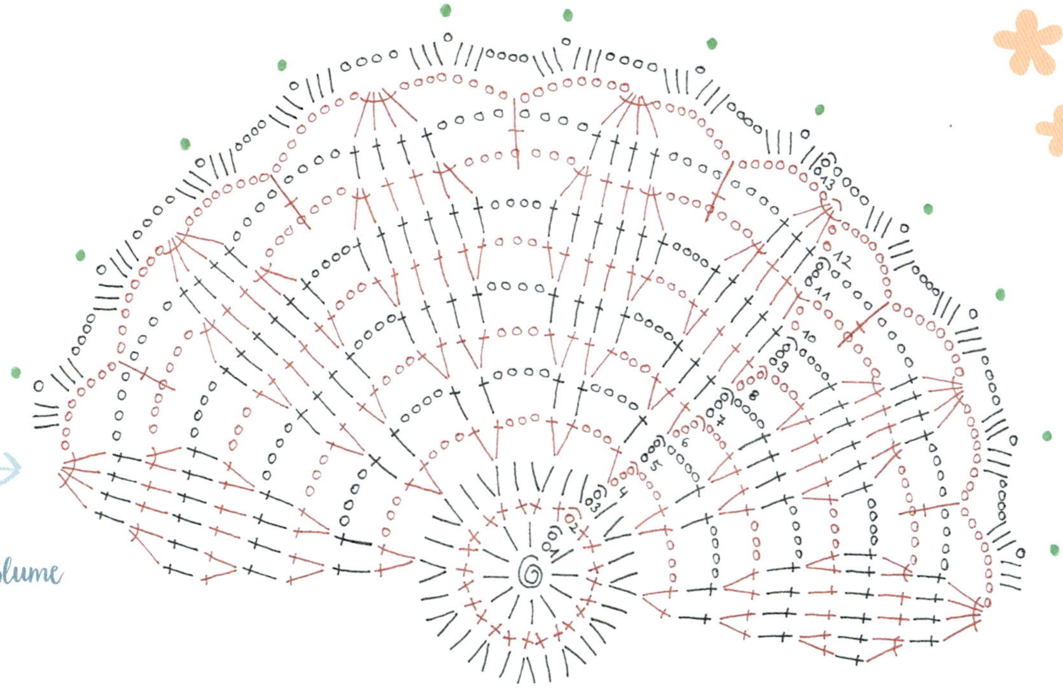

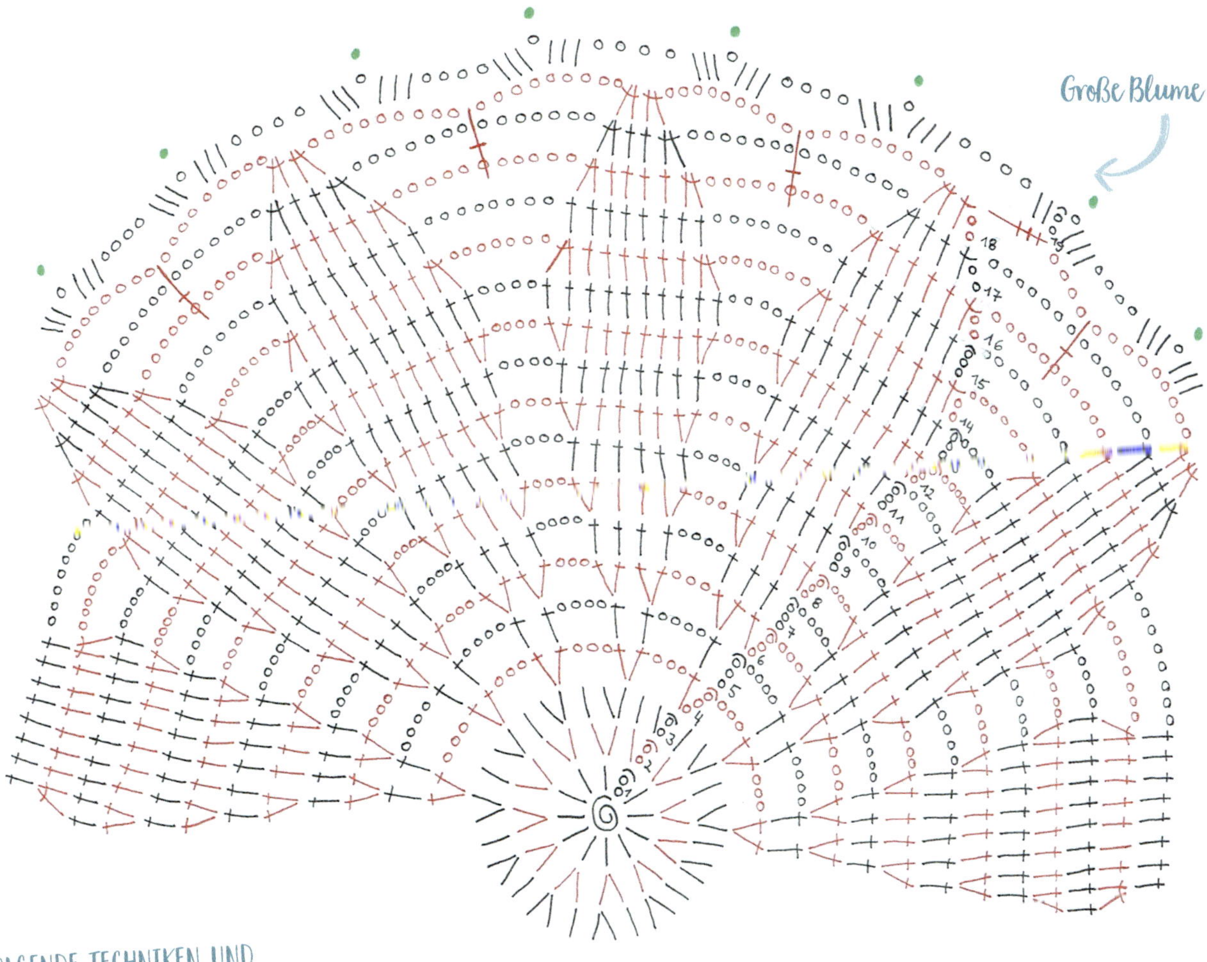

FOLGENDE TECHNIKEN UND MASCHEN WERDEN VERWENDET

Magischer Ring · Luftmasche · Kettmasche · Feste Masche · Halbes Stäbchen · Stäbchen · Dreifachstäbchen · 2 zusammen abgemaschte Stäbchen in 2 Einstichstellen · 4 zusammen abgemaschte Stäbchen in 4 Einstichstellen · 1 feste Masche um die Luftmaschen von 10. und 11. oder 16. und 17. Runde häkeln.

TRAUMFÄNGER UND KLEINE BLÜMCHEN

Durchmesser 40 cm und 18 cm

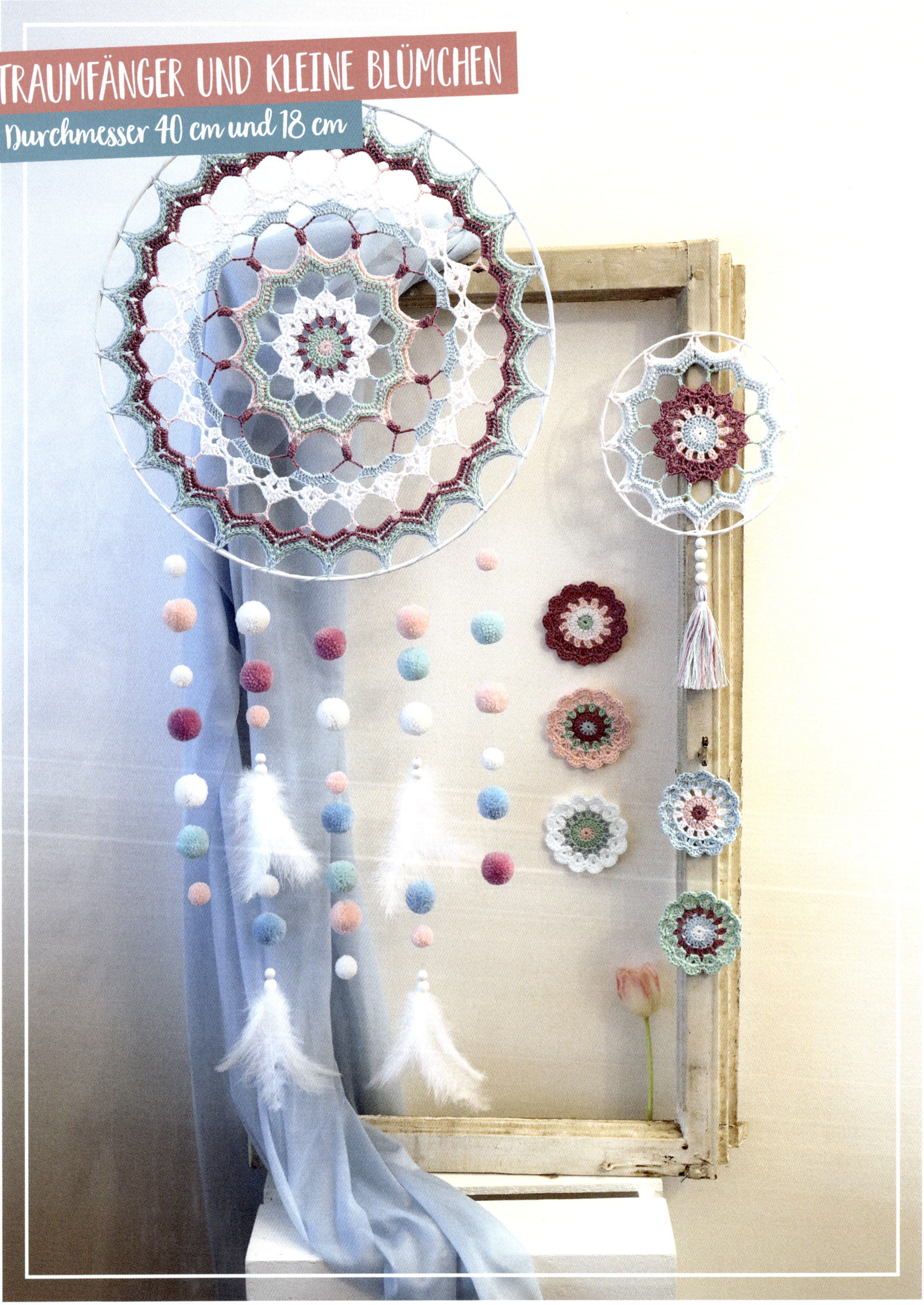

Traum in Pastell

Du brauchst

Uni-Bobbel, 4-fädig, 50 % Baumwolle/50 % Polyacryl, von Sparwolle, je 50 g in Weiß, Babyrosa, Libelle und Pistazie ❀ Uni-Bobbel, 4-fädig, 100 % Baumwolle, von Sparwolle, 50 g in Lila ❀ Häkelnadel, 3,0 mm, Nähnadel
2 Metallringe in Weiß, Durchmesser 40 cm und 18 cm
Pastellfarbene Pompons ❀ Federn und Holzperlen in Weiß
Quaste (siehe S. 17)

FARBFOLGE FÜR 40 CM

Runde 1 in Babyrosa
Runde 2 in Pistazie
Runde 3 in Lila
Runde 4 und 5 in Weiß
Runde 6 in Libelle
Runde 7 in Pistazie
Runde 8 in Babyrosa
Runde 9 in Lila
Runde 10 in Libelle
Runde 11 und 12 in Weiß
Runde 13 in Babyrosa
Runde 14 in Lila
Runde 15 in Pistazie
Runde 16 in Libelle

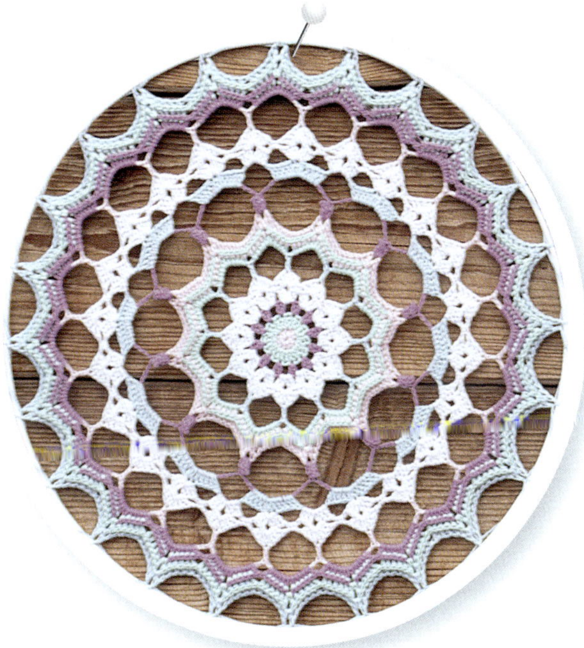

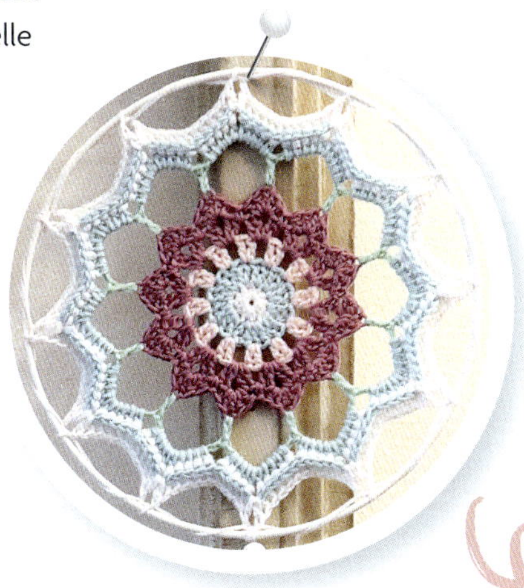

FARBFOLGE FÜR 18 CM

Runde 1 in Weiß
Runde 2 in Libelle
Runde 3 in Babyrosa
Runde 4 und 5 in Lila
Runde 6 in Pistazie
Runde 7 in Libelle
Runde 8 in Weiß

FERTIGSTELLUNG (GILT FÜR BEIDE TRAUMFÄNGER)

An einem grünen Punkt die weiße Wolle zuerst auf der Rückseite verknoten, dann die Wolle an diesen Punkten in den Ring spannen und zweimal durchziehen. Zwischen den Punkten einmal um den Ring spannen.
Zum Schluss die Traumfänger mit pastellfarbenen Pompons, weißen Federn und Holzperlen verzieren. Für den kleinen Traumfänger eine Quaste aus dem gleichen Garn herstellen und mit Holzperlen daranbinden.

TIPP: Bei jedem Farbwechsel an einer anderen Stelle beginnen, das ergibt ein schöneres Bild.

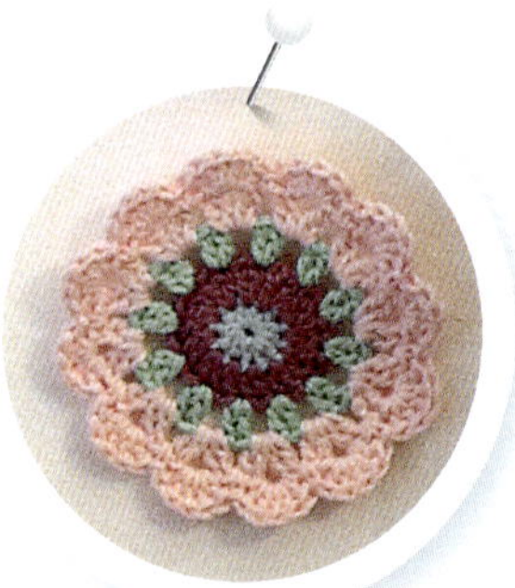

BLUMEN

Für die kleinen Blumen das Häkeldiagramm von Runde 1–5 mit unterschiedlichen Farbfolgen häkeln. Sie sehen als Dekoration sehr hübsch aus.

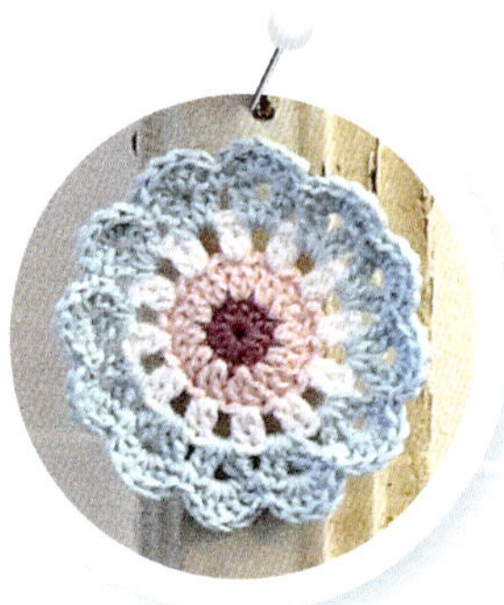

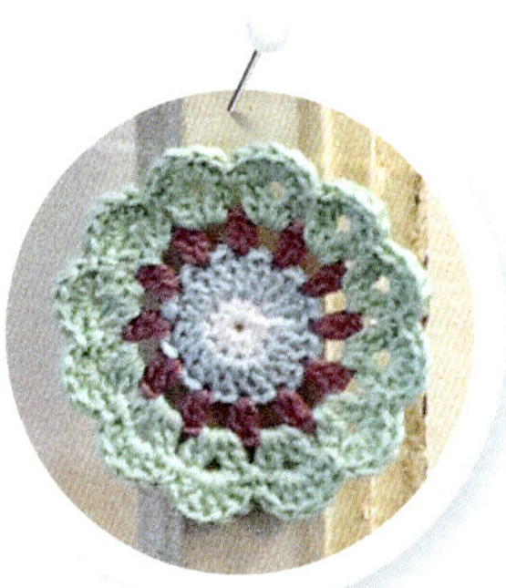

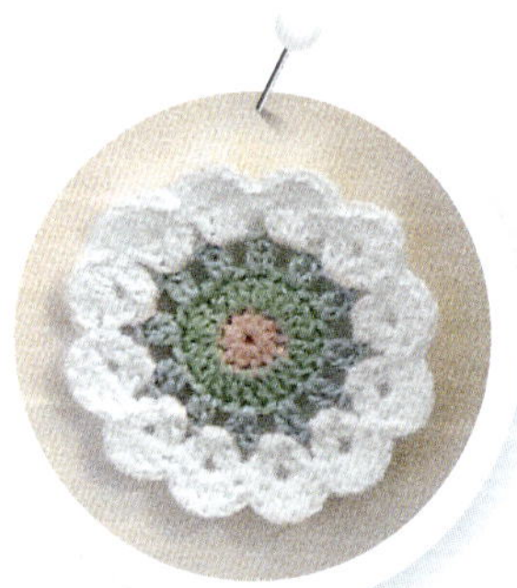

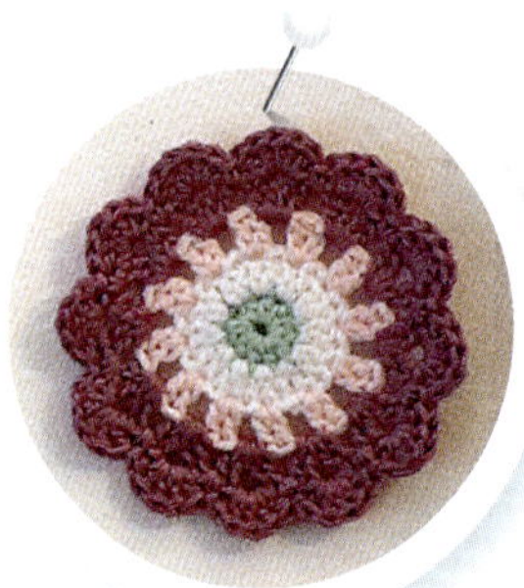

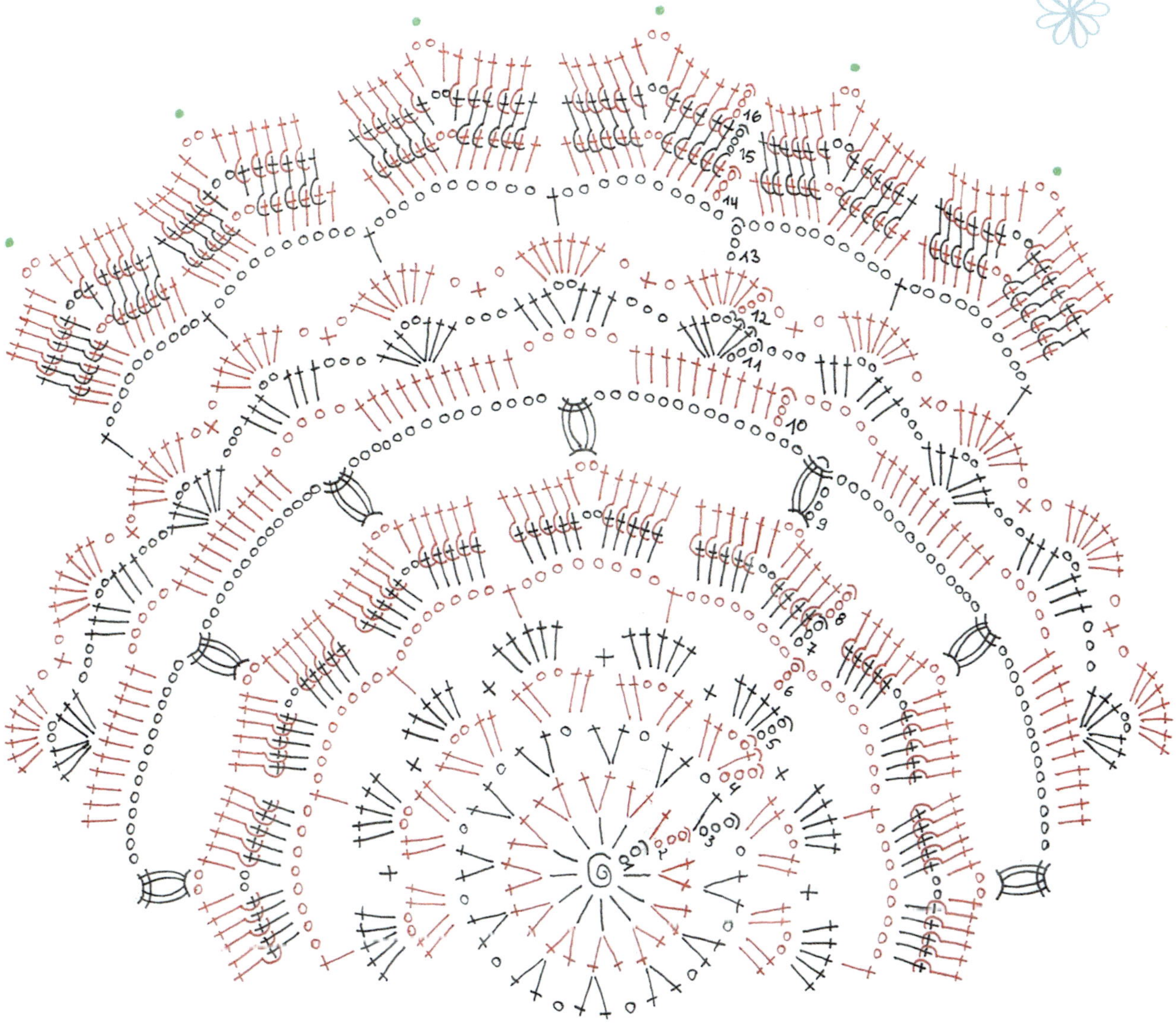

FOLGENDE TECHNIKEN UND MASCHEN WERDEN VERWENDET

Magischer Ring · Luftmasche · Kettmasche · Feste Masche · Halbes Stäbchen · Stäbchen

Popcornmasche aus 4 Stäbchen · Hinteres Reliefstäbchen: von hinten um das unterliegende Stäbchen häkeln

TRAUMFÄNGER

Durchmesser 60 cm

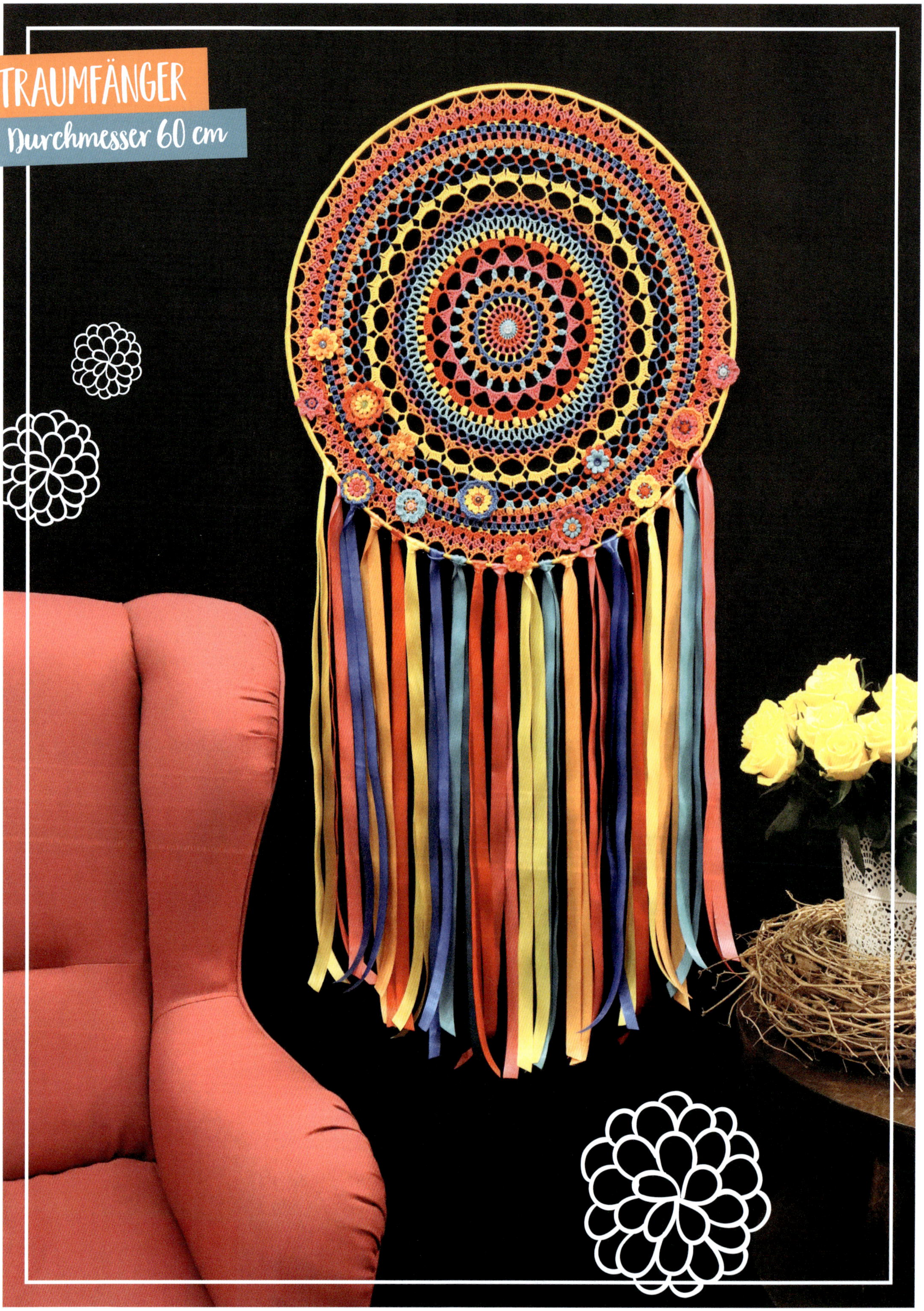

Mein Bunter mit Blümchen

Du brauchst

Uni-Knäule, 4-fädig, 50 % Baumwolle/50 % Polyacryl, von Lady Dee's Traumgarne, je 50 g in Kirsche, Caramel, Mandarine, Sea Blue, Riviera und Nelke
Häkelnadel, 3,0 mm, Nähnadel ❀ Metallring, Durchmesser 60 cm, in Weiß
Verschiedene kleine Knöpfe ❀ Bänder in den Farben der Wolle, Breite 20 cm

FARBFOLGE FÜR DEN TRAUMFÄNGER

Runde 1 in Riviera
Runde 2 in Kirsche
Runde 3 in Nelke
Runde 4 in Caramel
Runde 5 in Sea Blue
Runde 6 und 7 in Mandarine
Runde 8 in Riviera
Runde 9 in Nelke
Runde 10 und 11 in Kirsche
Runde 12 in Caramel
Runde 13 in Riviera
Runde 14 in Sea Blue
Runde 15 in Nelke
Runde 16 in Mandarine
Runde 17 und 18 in Caramel
Runde 19 in Sea Blue
Runde 20 in Kirsche
Runde 21 in Riviera
Runde 22 in Mandarine
Runde 23 in Nelke
Runde 24 in Sea Blue
Runde 25 in Caramel
Runde 26 in Kirsche
Runde 27 in Nelke
Runde 28 in Mandarine

TIPP: Bei jedem Farbwechsel an einer anderen Stelle beginnen, das ergibt ein schöneres Bild.

FERTIGSTELLUNG DES TRAUMFÄNGERS

Dieser Traumfänger wird an den grünen Punkten mit festen Maschen an den Ring angehäkelt. Mit Maschenmarkierern vorher provisorisch in den Ring spannen. Mit der Farbe Caramel einmal anschlingen und 5 feste Maschen in den Ring häkeln. Dann am grünen Punkt den Traumfänger mit einhäkeln. Dazwischen 10 feste Maschen arbeiten und wieder am grünen Punkt mit einhäkeln. In dieser Folge bis zum Ende der Runde häkeln, sodass immer 10 Maschen zwischen den Markierungen sind. Mit einer Kettmasche die Runde schließen und den Faden abschneiden.

HINWEIS: Wer „Mein Bunter mit Blümchen" kleiner häkeln möchte, kann nur bis Runde 16 häkeln und ihn in einen 35-cm-Ring spannen.

ANLEITUNG FÜR DIE BLUMEN

Mit einem Fadenring beginnen und die Runden der jeweiligen Blume in den angegebenen Farben häkeln. Den Anfangsfaden länger lassen und damit einen kleinen Knopf in der gewünschten Farbe in der Mitte der Blume annähen. Den Faden auf der Rückseite vernähen, aber nicht gleich abschneiden, sondern die Blume mit ein paar Stichen am Traumfänger befestigen.

FARBFOLGEN FÜR BLUME 1 (2 X)

Runde 1 in Kirsche
Runde 2 in Sea Blue
Runde 3 in Nelke
Runde 4 in Mandarine
Und:
Runde 1 in Mandarine
Runde 2 in Kirsche
Runde 3 in Caramel
Runde 4 in Sea Blue

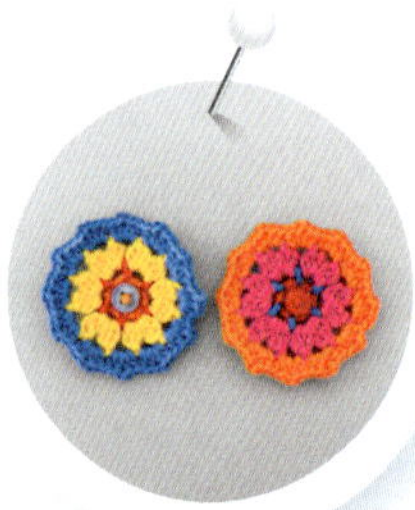

FARBFOLGEN FÜR BLUME 2 (3 X)

Runde 1 und 2 in Riviera
Runde 3 in Kirsche
Und:
Runde 1 und 2 in Kirsche
Runde 3 in Mandarine
Und:
Runde 1 und 2 in Mandarine
Runde 3 in Caramel

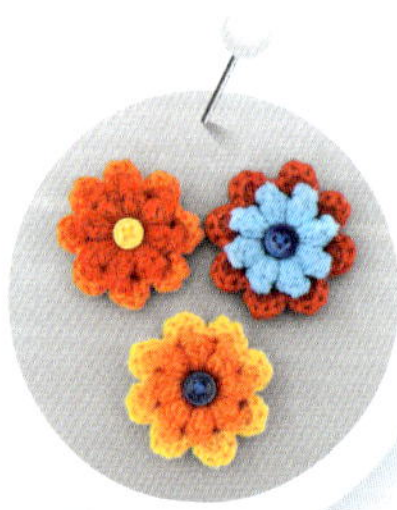

FARBFOLGEN FÜR BLUME 3 (3 X)

Runde 1 in Riviera
Runde 2 und 3 in Nelke
Und:
Runde 1 in Kirsche
Runde 2 in Riviera
Runde 3 in Caramel
Und:
Runde 1 in Mandarine
Runde 2 und 3 in Riviera

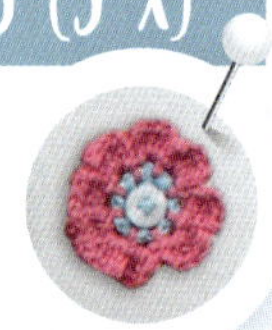

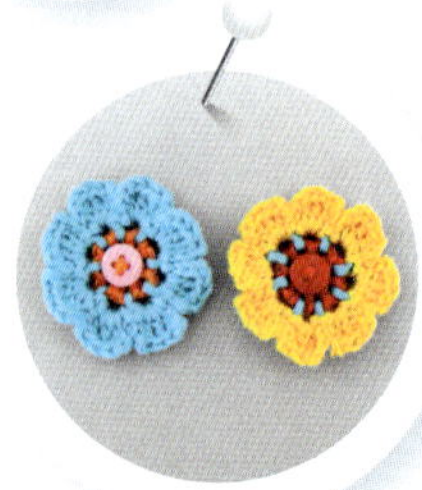

FARBFOLGEN FÜR BLUME 4 (3 X)

HINWEIS: Ich habe Blume 3 nur bis Runde 4 gehäkelt.

Runde 1 in Mandarine
Runde 2 in Riviera
Runde 3 in Kirsche
Runde 4 und 5 in Nelke
Und:
Runde 1 in Riviera
Runde 2 in Caramel
Runde 3 in Mandarine
Runde 4 und 5 in Kirsche
Und:
Runde 1 und 2 in Nelke
Runde 3 in Caramel
Runde 4 und 5 in Sea Blue

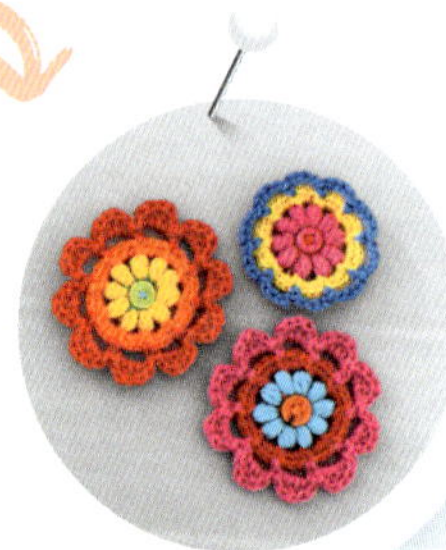

FARBFOLGEN FÜR BLUME 5 (2 X)

Runde 1 in Sea Blue
Runde 2 in Nelke
Und:
Runde 1 in Caramel
Runde 2 in Mandarine

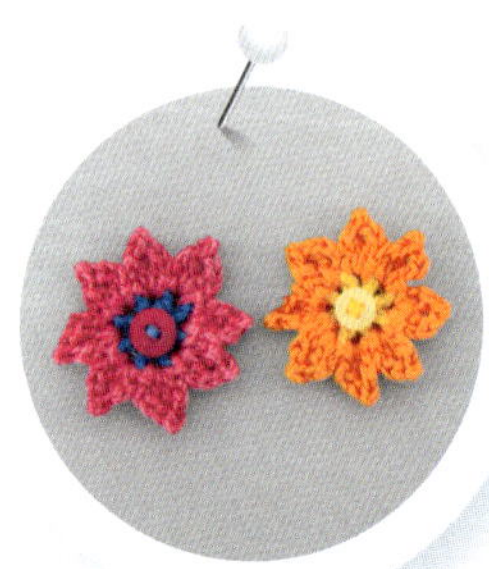

Traumfänger

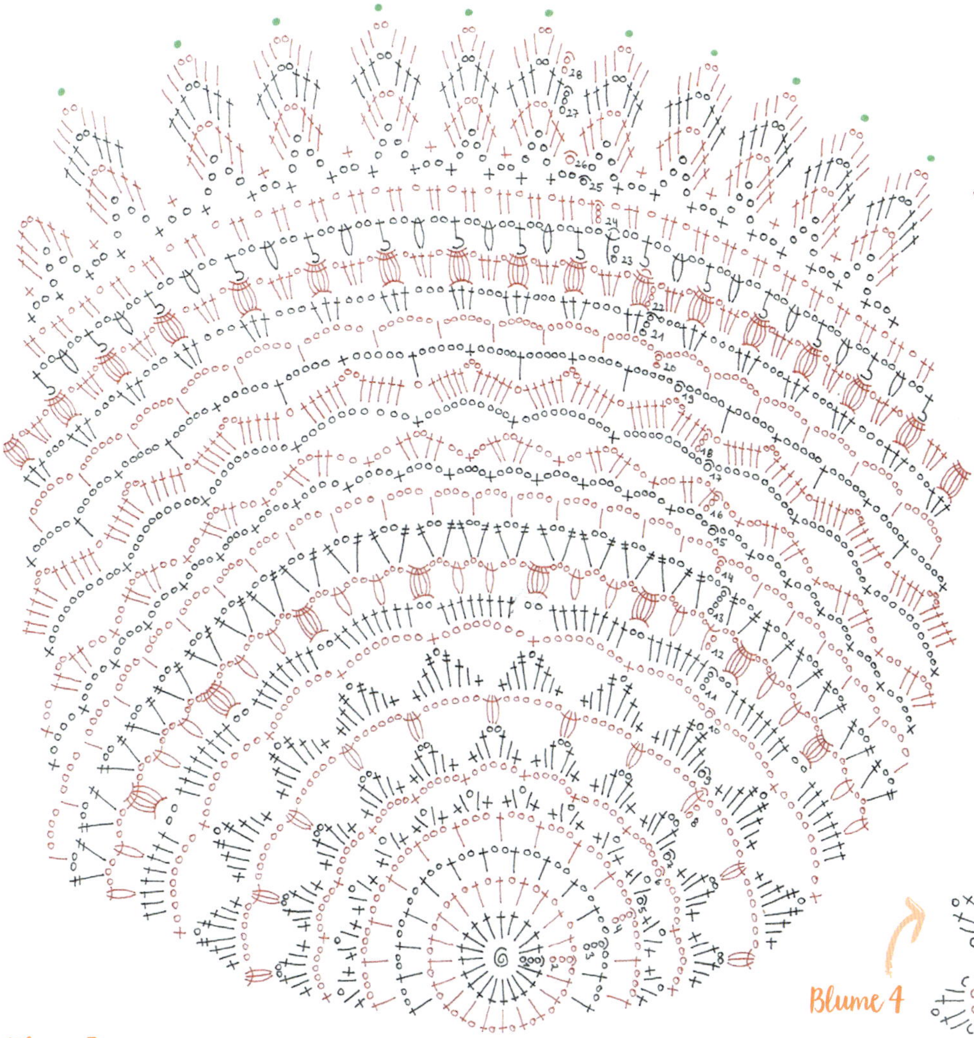

Blume 1

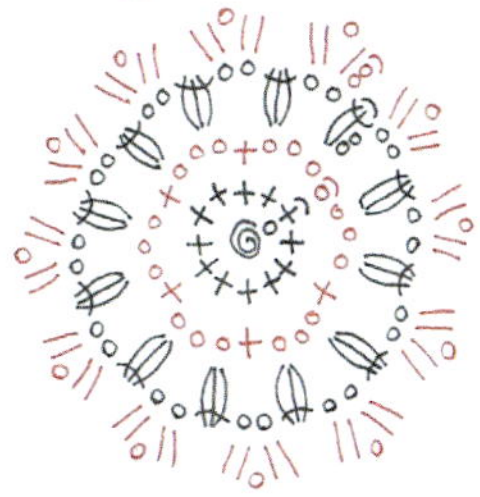

Blume 2

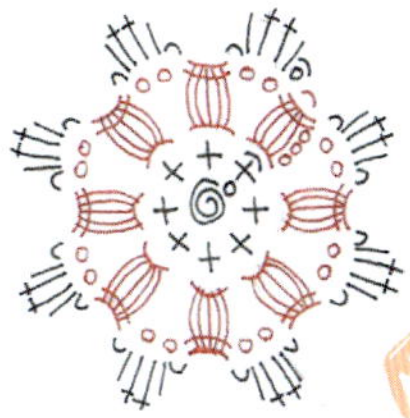

Blume 4

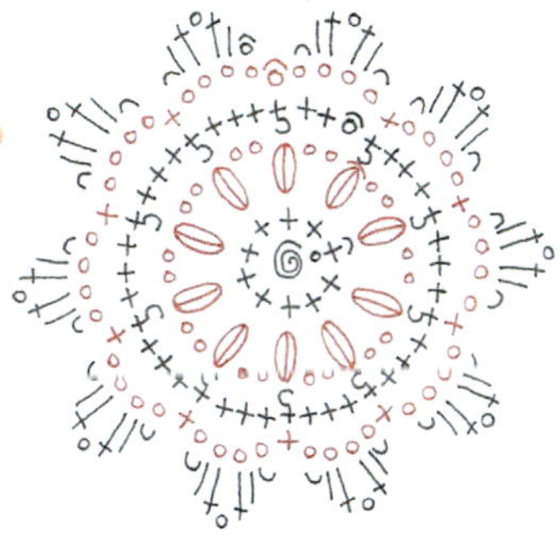

Blume 3

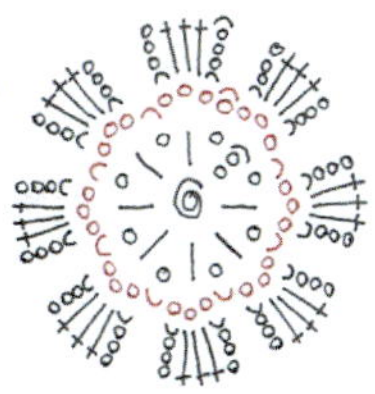

Blume 5

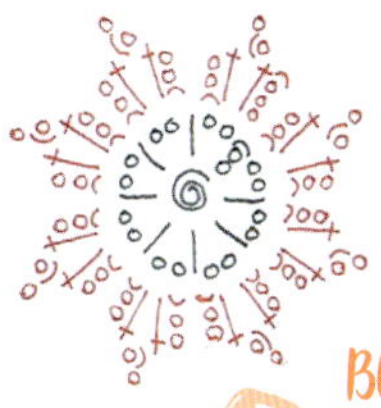

FOLGENDE TECHNIKEN UND MASCHEN WERDEN VERWENDET

Magischer Ring · Luftmasche · Kettmasche · Feste Masche · Halbes Stäbchen · Stäbchen · Doppelstäbchen · 2 zusammen abgemaschte Stäbchen · 3 zusammen abgemaschte Stäbchen · Popcornmasche aus 5 Stäbchen · 1 Stäbchen um die Popcornmasche häkeln · Büschelmasche aus 3 Umschlägen · feste Masche um die Büschelmasche häkeln

TRAUMFÄNGER

Durchmesser 20 cm und 25 cm

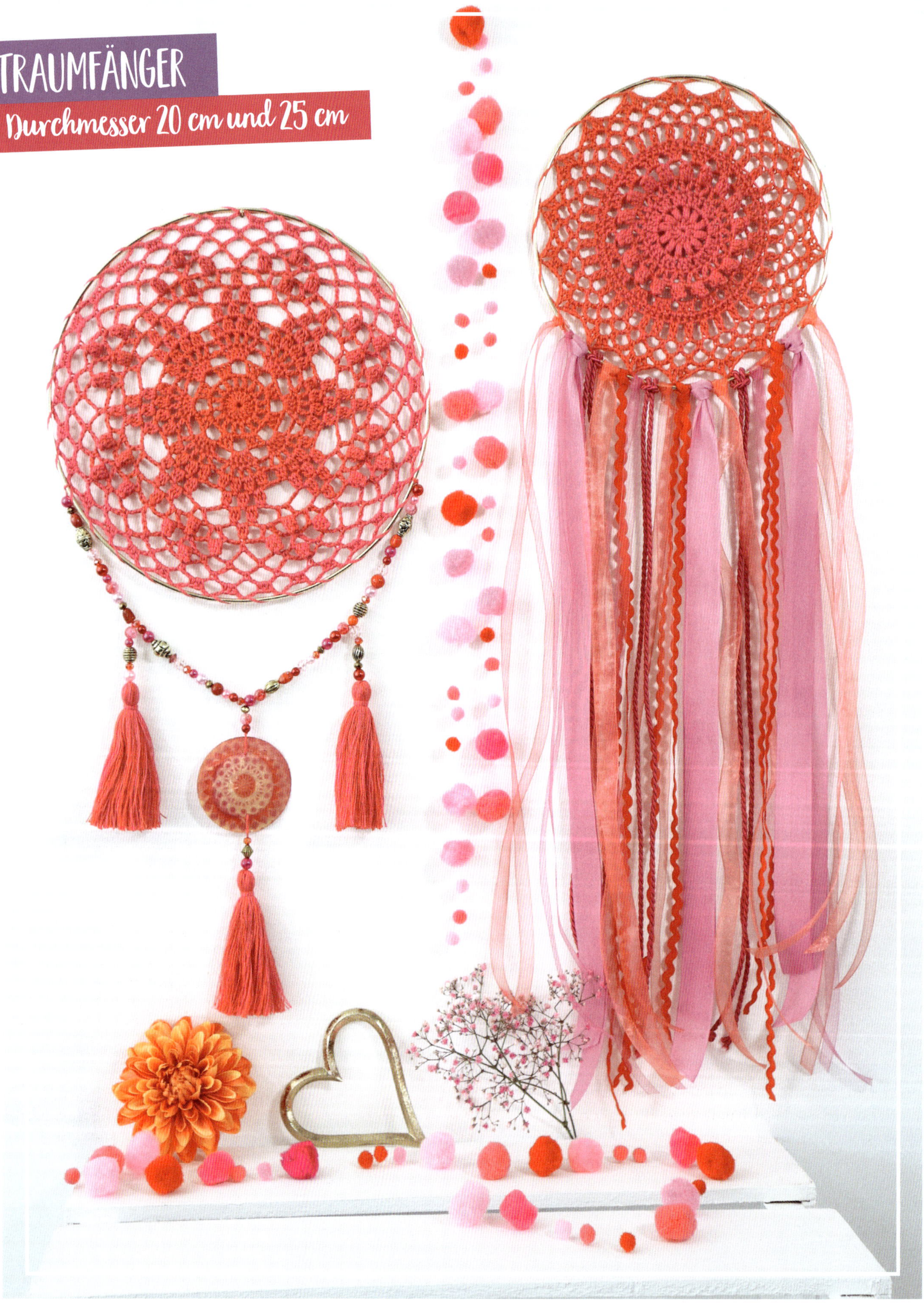

Two in Love

Du brauchst

Set LoLa Charms Duo „Rosen", 4-fädig, 50 % Baumwolle/50 % Polyacryl, von der Garnmanufaktur ❀ Häkelnadel, 3,0 mm, Nähnadel, Perlennadel 2 Metallringe in Gold, Durchmesser 20 cm und 25 cm Verschiedene Bänder, Perlen und eine Perlmuttscheibe in den Farben der Wolle, goldene Perlen ❀ 3 Quasten aus der Wolle (siehe S. 17)

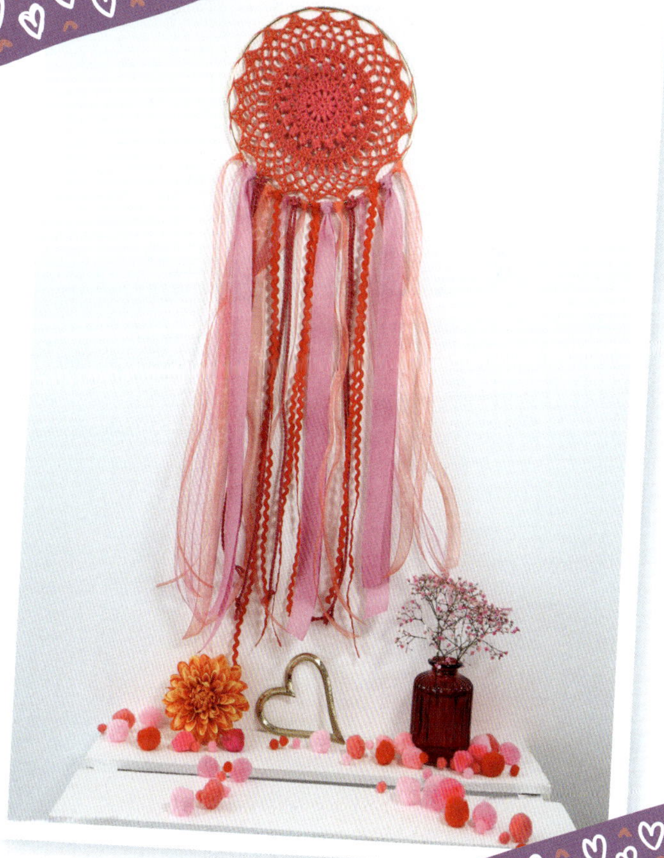

FARBFOLGE FÜR 20 CM DURCHMESSER

Runde 1 bis 3 in Farbe 1
Runde 4 bis 5 in Farbe 2
Runde 6 und 7 in Farbe 3
Runde 8 und 9 in Farbe 4
Runde 10 und 11 in Farbe 5

FERTIGSTELLUNG DES KLEINEREN TRAUMFÄNGERS

Den Traumfänger in der Farbfolge häkeln und alle Fäden vernähen. Den Faden ca. 1 m länger hängen lassen und an den Stellen mit dem grünen Punkt in den Ring spannen und dazwischen einmal um den Ring wickeln. Am Ende den Faden auf der Rückseite vernähen und zum Schluss die verschiedenen Bänder in den Ring knoten.

FARBFOLGE FÜR 25 CM DURCHMESSER

Runde 1 bis 3 in Farbe 5
Runde 4 bis 6 in Farbe 4
Runde 7 bis 9 in Farbe 3
Runde 10 und 11 in Farbe 2
Runde 12 und 13 in Farbe 1

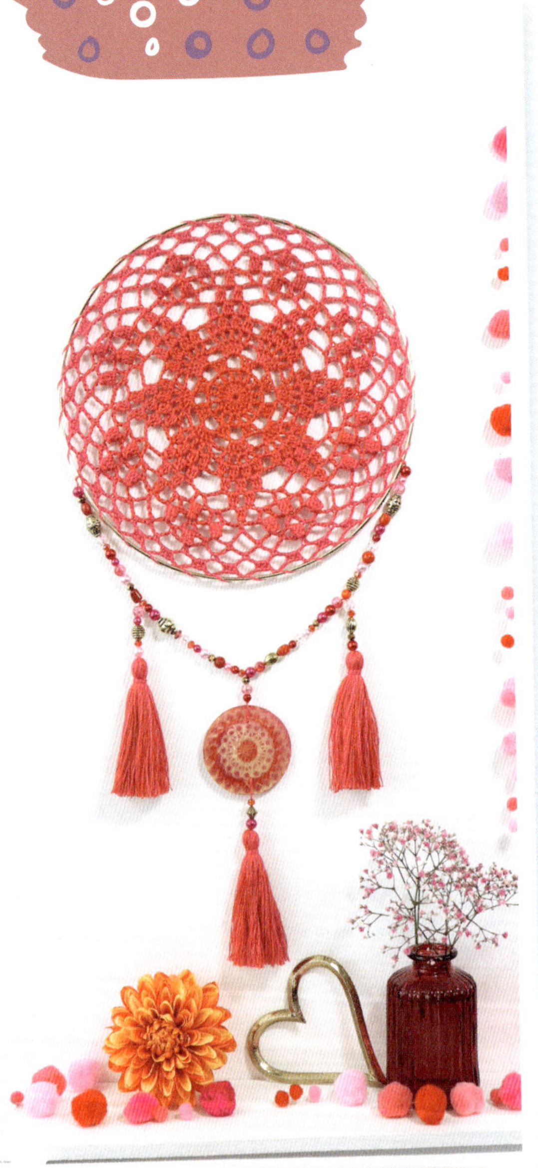

FERTIGSTELLUNG DES GRÖSSEREN TRAUMFÄNGERS

Den Traumfänger in der Farbfolge häkeln und alle Fäden vernähen. Den Faden ca. 1 m länger hängen lassen und an den Stellen mit dem grünen Punkt in den Ring spannen und dazwischen einmal um den Ring wickeln. Am Ende den Faden auf der Rückseite vernähen.

Verschiedene Perlen auf die Wolle auffädeln und an zwei Seiten an den Ring knoten. Die Quasten mit Perlen und Perlmuttscheibe verschönern und an drei Stellen an der langen Perlenkette befestigen. Den Schlussfaden durch einige Perlen durchziehen und dann den Faden abschneiden.

TIPP: Bei jedem Farbwechsel an einer anderen Stelle beginnen, das ergibt ein schöneres Bild.

Traumfänger 1

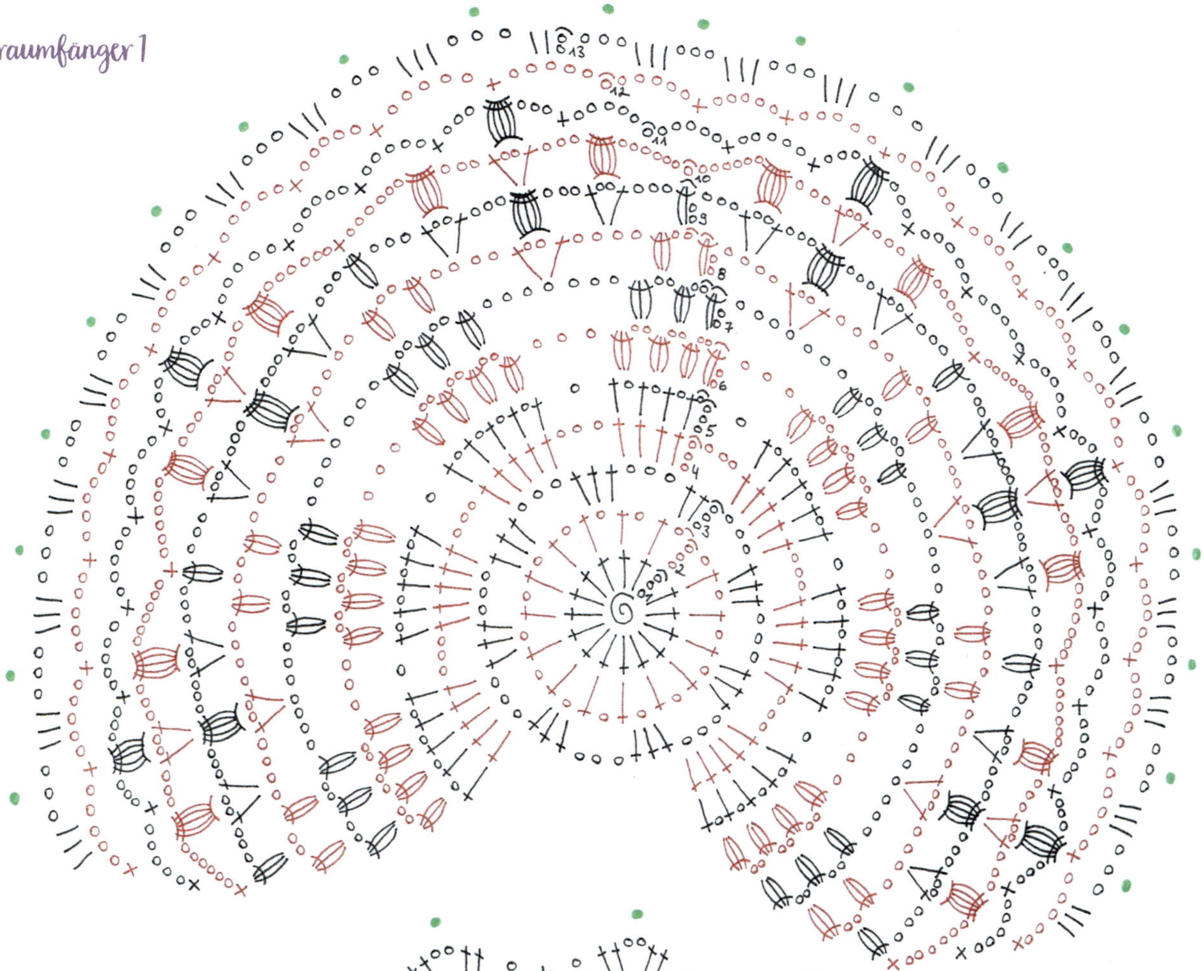

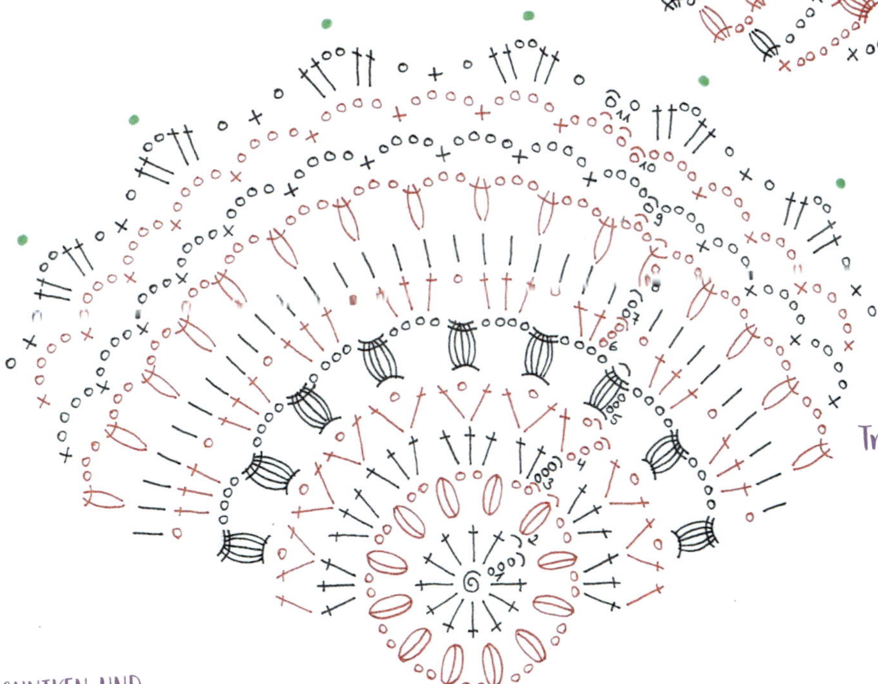

Traumfänger 2

FOLGENDE TECHNIKEN UND MASCHEN WERDEN VERWENDET

Magischer Ring · Luftmasche · Kettmasche · Feste Masche · Halbes Stäbchen · Stäbchen · 2 zusammen abgemaschte Stäbchen · 3 zusammen abgemaschte Stäbchen · Popcornmasche aus 5 Stäbchen · Büschelmasche aus 3 Umschlägen

TRAUMFÄNGER

Durchmesser 50 cm

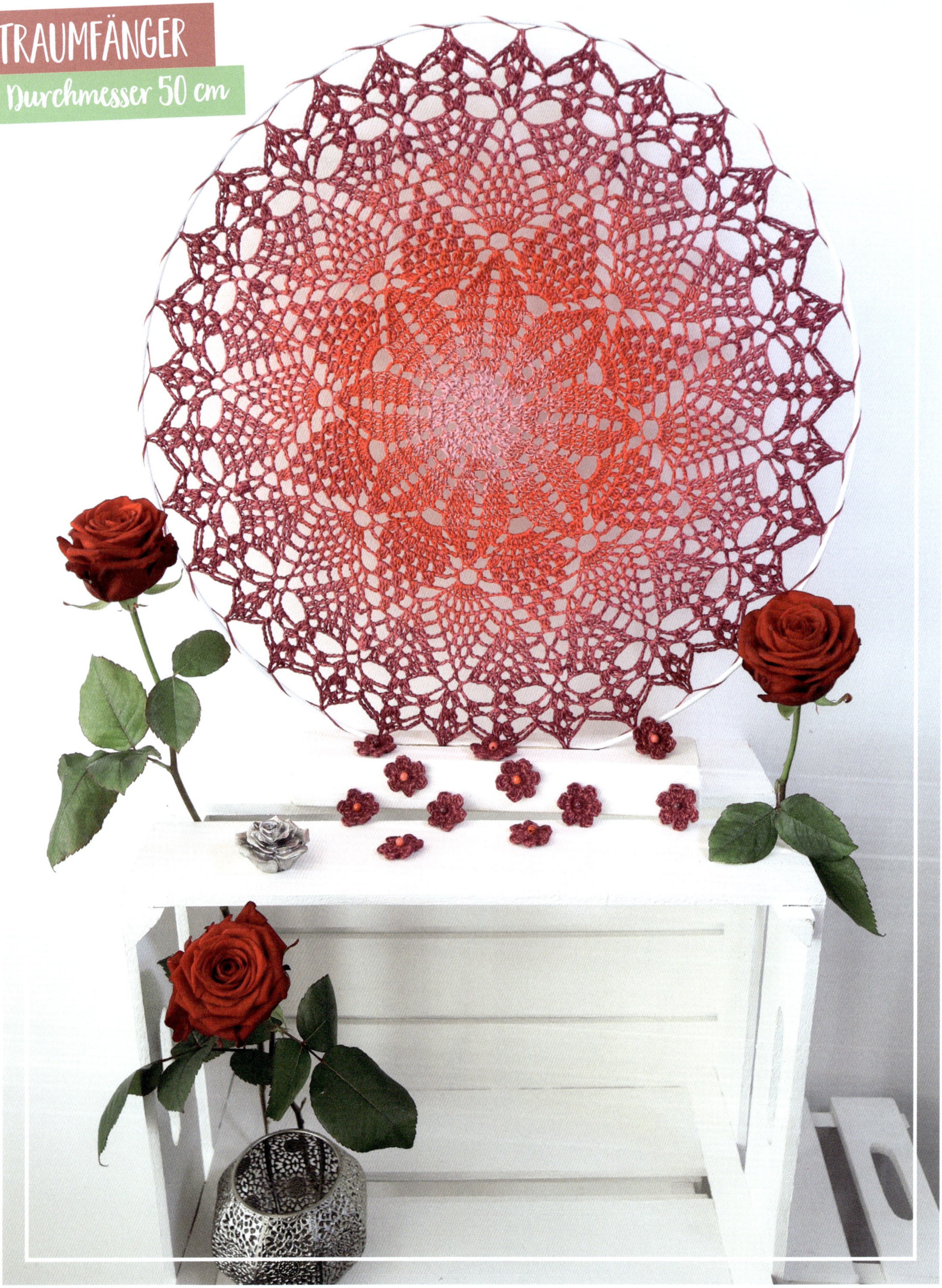

Liebeserklärung

Du brauchst

Farbverlaufsknäuel „I love you“, 4-fädig, 50 % Baumwolle/50 % Polyacryl, in Tuchwicklung, gewickelt von Sparwolle
Häkelnadel, 3,0 mm, Nähnadel ❀ Metallring in Weiß, Durchmesser 50 cm
Kleine Holzperlen, Durchmesser 5 mm, in den Farben der Wolle

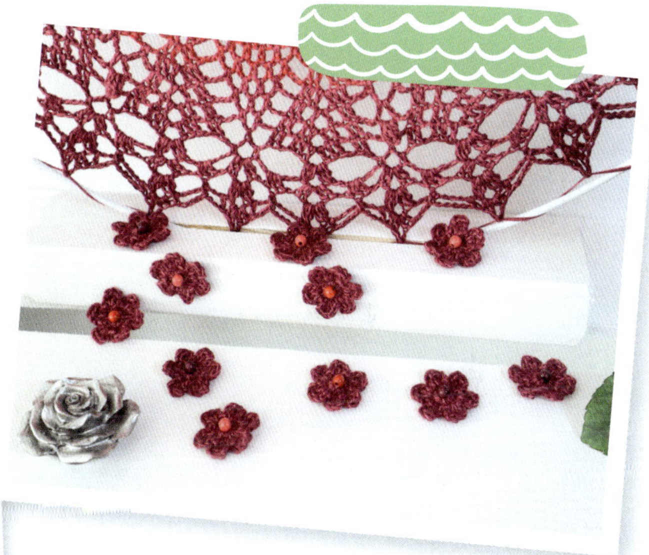

FERTIGSTELLUNG

Den Traumfänger mit dem Farbverlaufsgarn von Runde 1 bis 26 häkeln. Am Schluss den Faden ca. 2 m länger hängen lassen, an die Stelle vom grünen Punkt bringen und den Traumfänger in den Ring spannen. An den grünen Punkten und dazwischen einmal um den Ring wickeln. Am Ende den Faden auf der Rückseite vernähen.

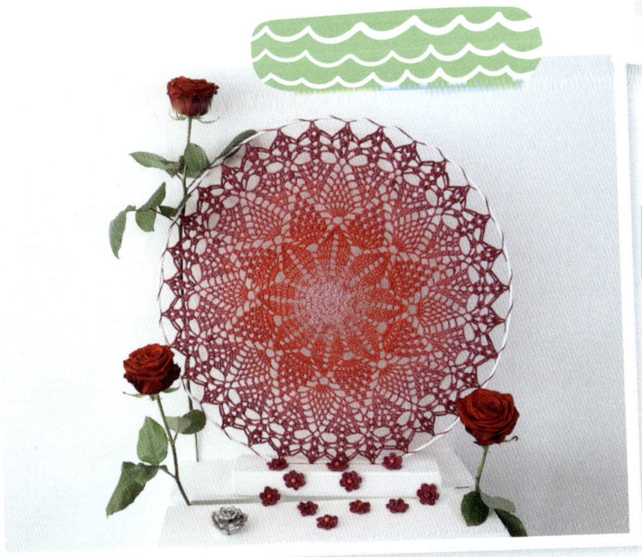

ANLEITUNG FÜR DIE BLÜMCHEN

Vom Rest der Wolle kleine Blumen nach dem Häkeldiagramm häkeln. Den Anfangsfaden etwas länger stehen lassen und damit die Holzperlen in der Mitte annähen.

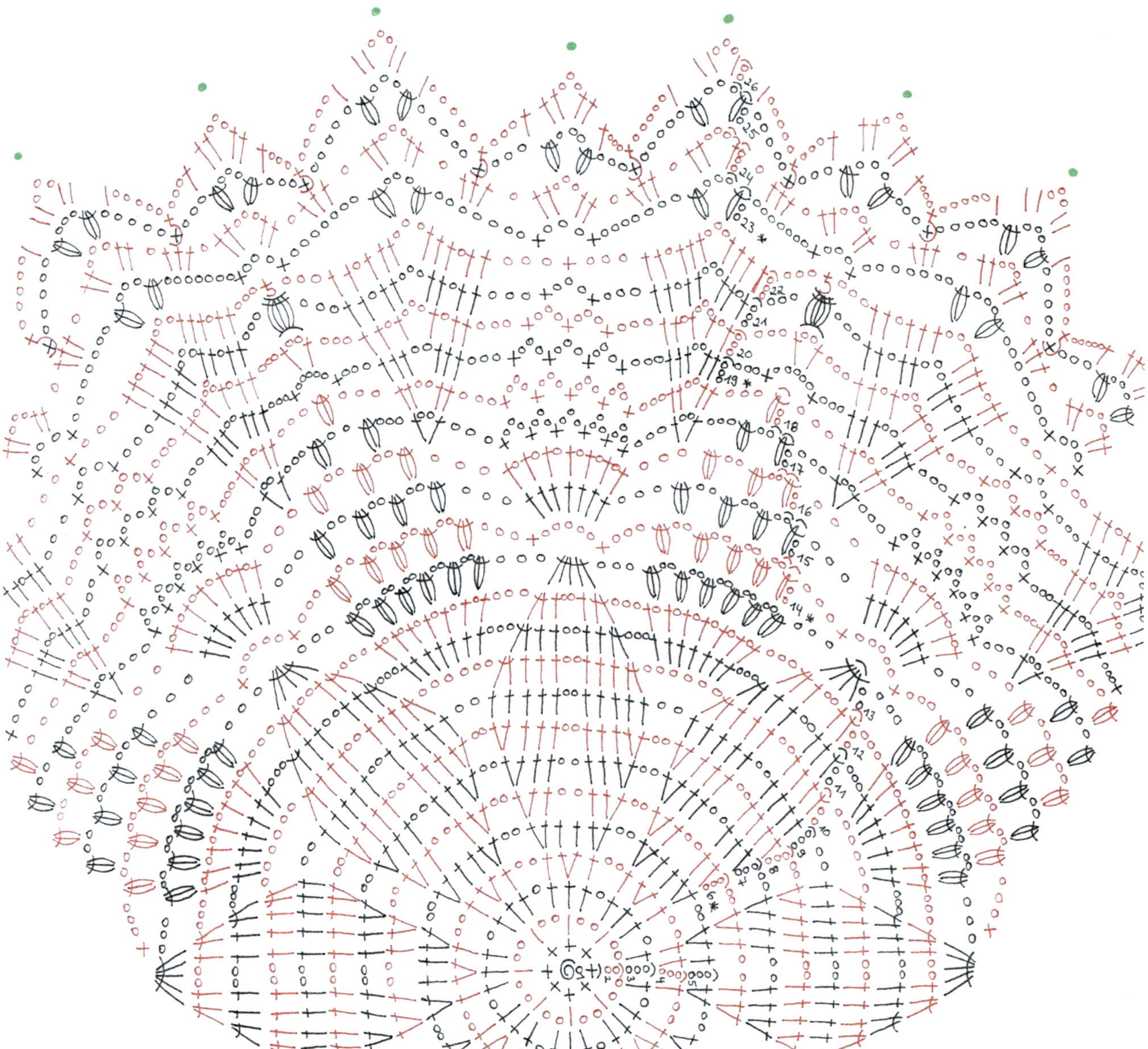

Traumfänger

Kleine Blume

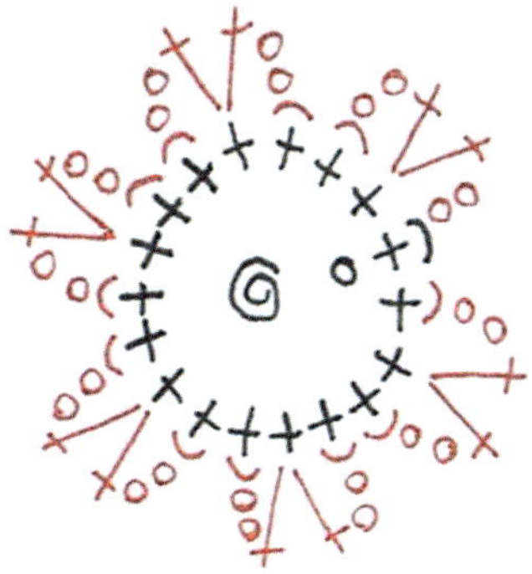

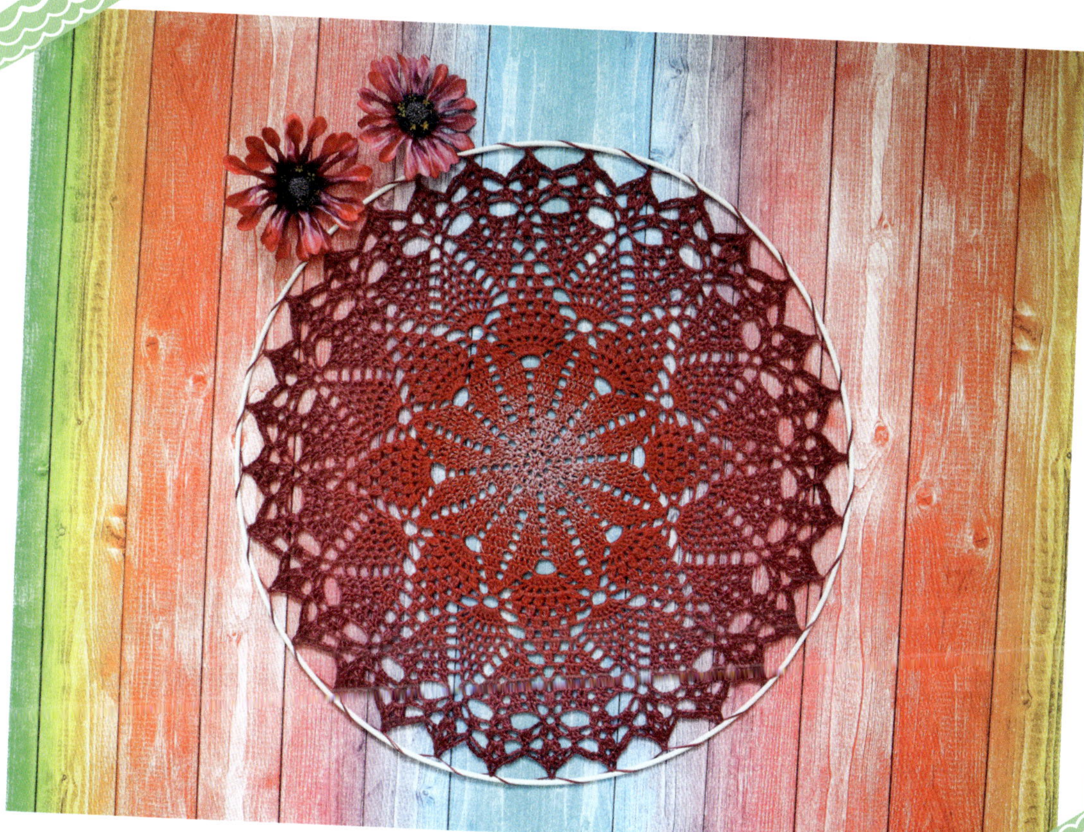

FOLGENDE TECHNIKEN UND MASCHEN WERDEN VERWENDET

Magischer Ring · Luftmasche · Kettmasche · Feste Masche · Halbes Stäbchen · Stäbchen · 3 zusammen abgemaschte Stäbchen · Popcornmasche aus 5 Stäbchen · 2 zusammen abgemaschte Stäbchen · 5 zusammen abgemaschte Stäbchen in 5 Einstichstellen · 1 feste Masche tiefer gehäkelt um die Masche der Vorrunde · Den Faden neu anschlingen.

RINGMANDALA

Durchmesser 15 cm

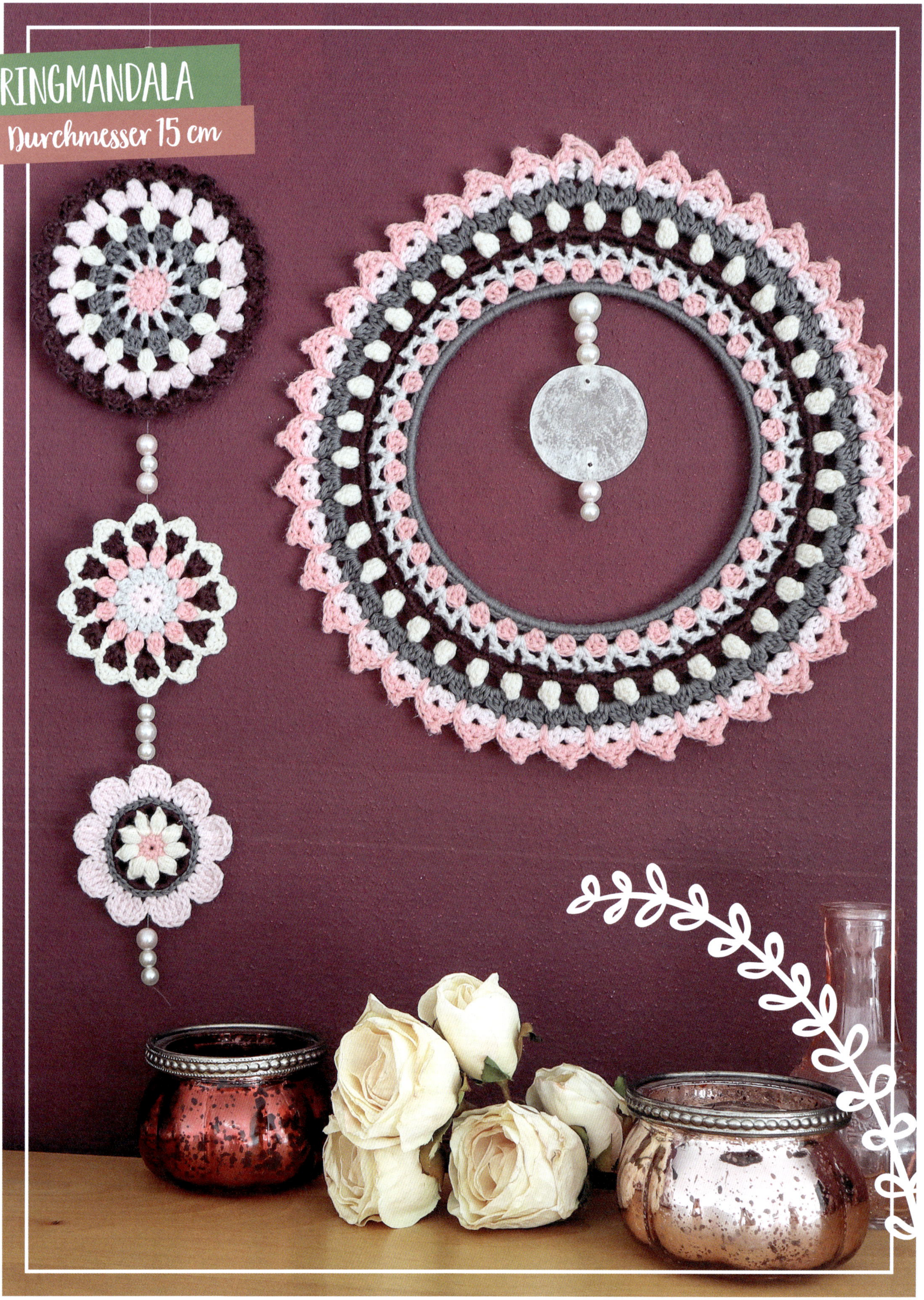

Voller Anmut

Du brauchst

Uni-Knäuel, 4-fädig, 50 % Baumwolle/50 % Polyacryl, von Sparwolle, je 50 g in Babyrosa, Rosa, Chianti, Hellgrau und Mittelgrau ❀ Uni-Knäuel, 4-fädig, 100 % Baumwolle, von Sparwolle, 50 g in Panna ❀ Häkelnadel, 3,0 mm, Nähnadel, Perlennadel
Metallring, Durchmesser 15 cm
Perlen in Weiß, Rosa und Perlmutt und eine Perlmuttscheibe in Weiß
Nylonfaden mit 0,15 mm und 0,25 mm ❀ Deko-Festiger

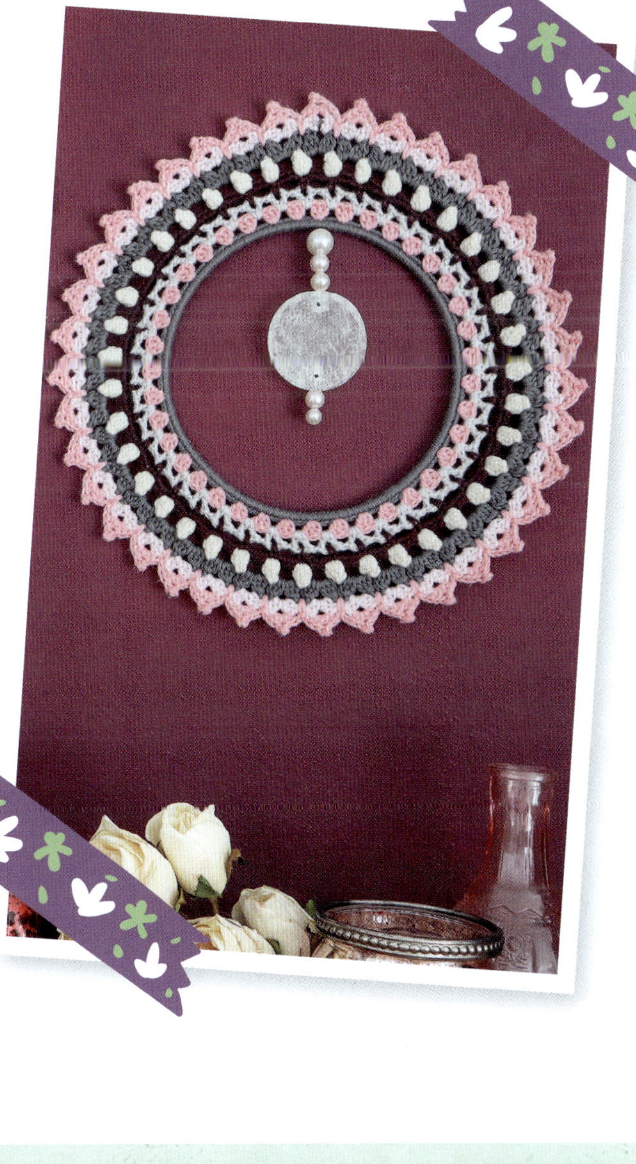

ANLEITUNG

Mit der Farbe Mittelgrau einmal anschlingen, 1 Luftmasche und 156 feste Maschen in den Ring häkeln. Mit 1 Kettmasche die Runde schließen und die Runden 2 bis 9 in der angegebenen Farbfolge weiterarbeiten.

FARBFOLGE FÜR DAS RINGMANDALA

Runde 1 in Mittelgrau
Runde 2 in Rosa
Runde 3 in Hellgrau
Runde 4 und 5 in Chianti
Runde 6 in Panna
Runde 7 in Mittelgrau
Runde 8 in Babyrosa
Runde 9 in Rosa

FARBFOLGE FÜR BLUME 1

Runde 1 in Rosa
Runde 2 in Hellgrau
Runde 3 in Mittelgrau
Runde 4 in Panna
Runde 5 in Babyrosa
Runde 6 in Chianti

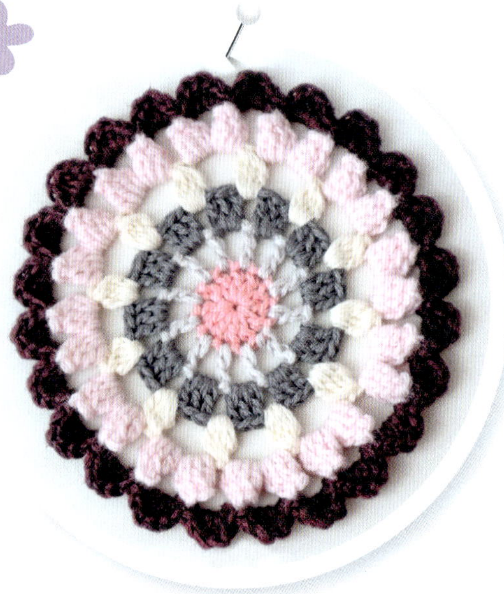

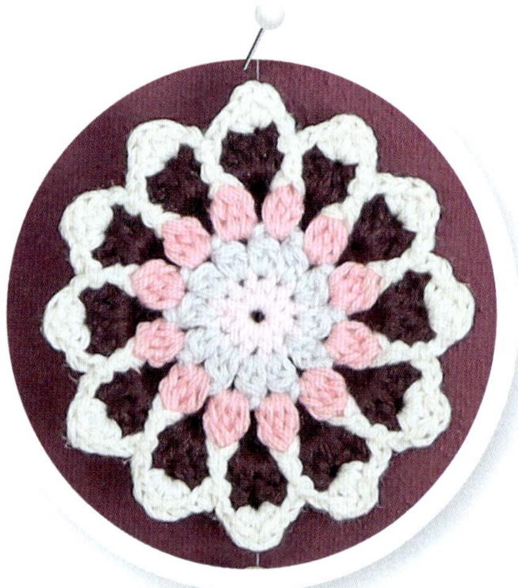

FARBFOLGE FÜR BLUME 2

Runde 1 in Babyrosa
Runde 2 in Hellgrau
Runde 3 in Rosa
Runde 4 in Chianti
Runde 5 in Panna

TIPP: Bei jedem Farbwechsel an einer anderen Stelle beginnen, das ergibt ein schöneres Bild.

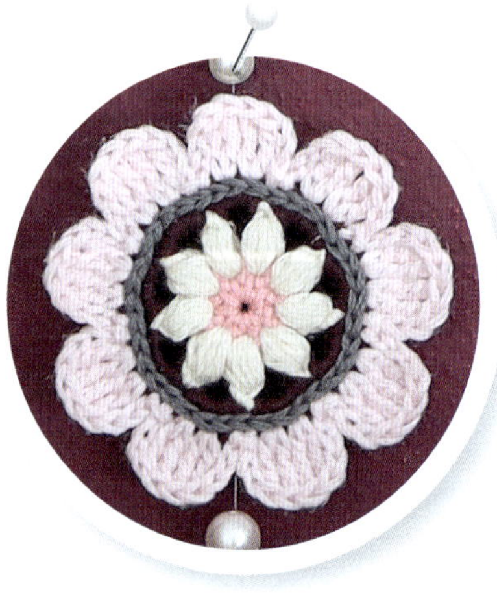

FARBFOLGE FÜR BLUME 3

Runde 1 in Rosa
Runde 2 in Panna
Runde 3 in Chianti
Runde 4 in Babyrosa
Dann zwischen Runde 3 und 4 eine Runde aufgesetzte Kettmaschen häkeln.

TIPP: Wenn die festen Maschen der 1. Runde zu fest sind, lockern Sie zuerst in der 2. Runde die festen Maschen von hinten und häkeln dann die Masche.

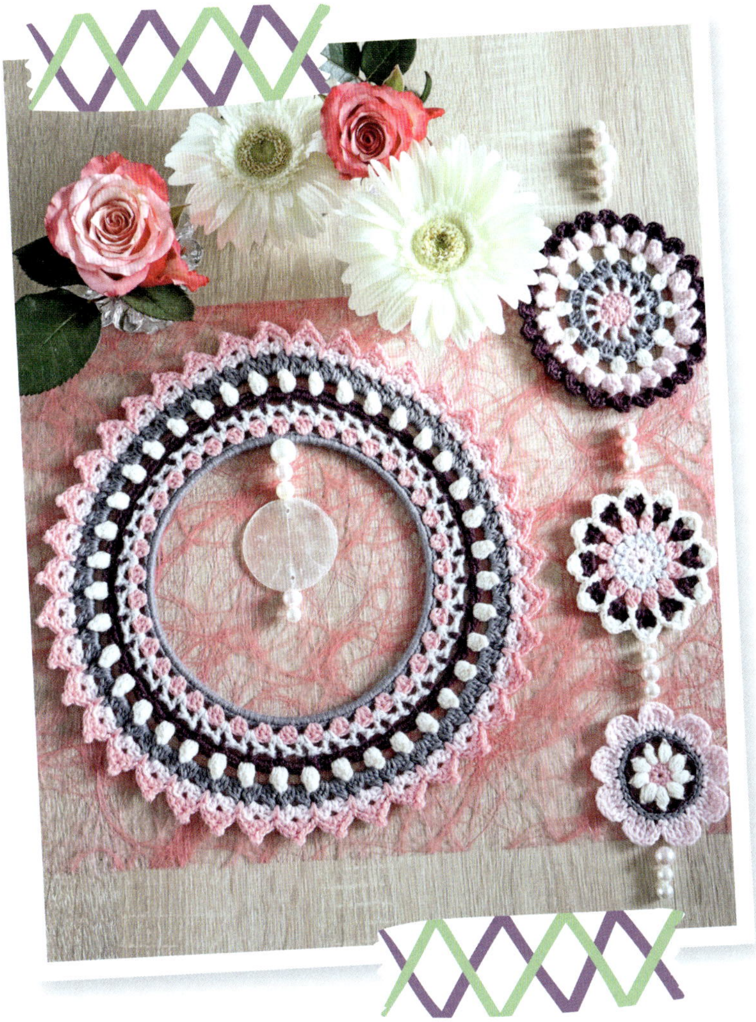

FERTIGSTELLUNG DES RINGMANDALAS

Wenn alles gehäkelt ist, die Perlen und die Perlmuttscheibe auf den Nylonfaden 0,15 mm auffädeln und in der Mitte vom Ring annähen.
Dann mit dem Nylonfaden 0,25 mm verschiedene Perlen dazwischen sowie am Anfang und am Ende der Blumengirlande befestigen.
Danach auf die Rückseite verdünnten Deko-Festiger streichen, umdrehen und mit der Vorderseite nach oben auflegen, damit der Festiger nicht in die schöne Seite fließt. Über Nacht trocknen lassen. Falls das Ringmandala noch nicht standhaft genug ist, den Vorgang wiederholen.

Blume 1

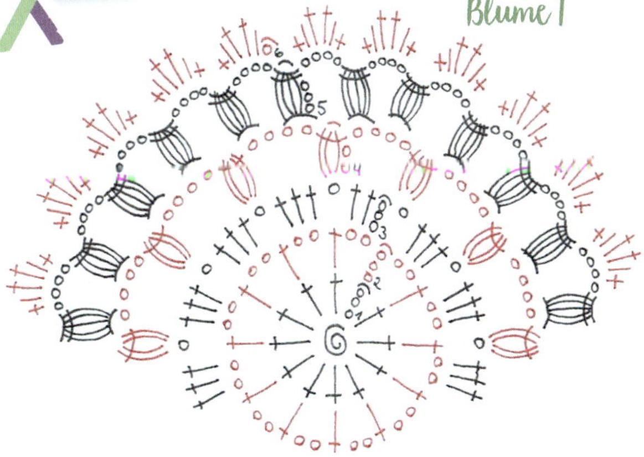

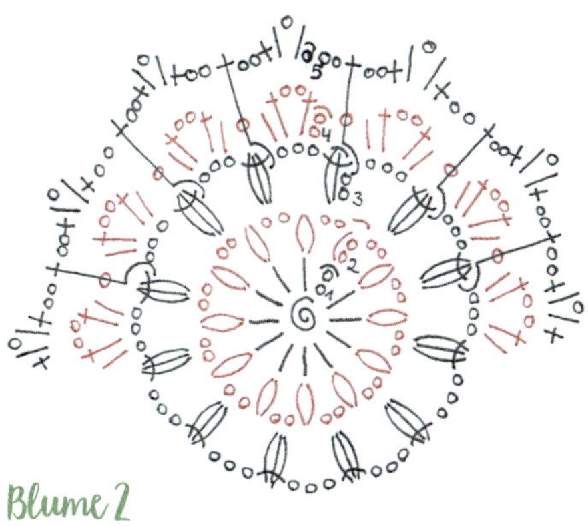

Blume 2

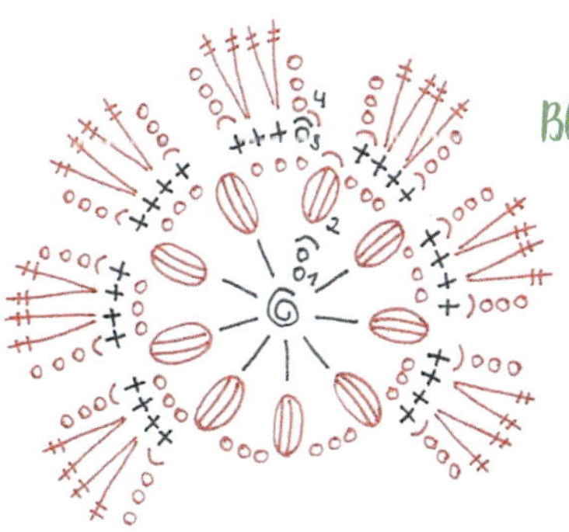

Blume 3

Ringmandala

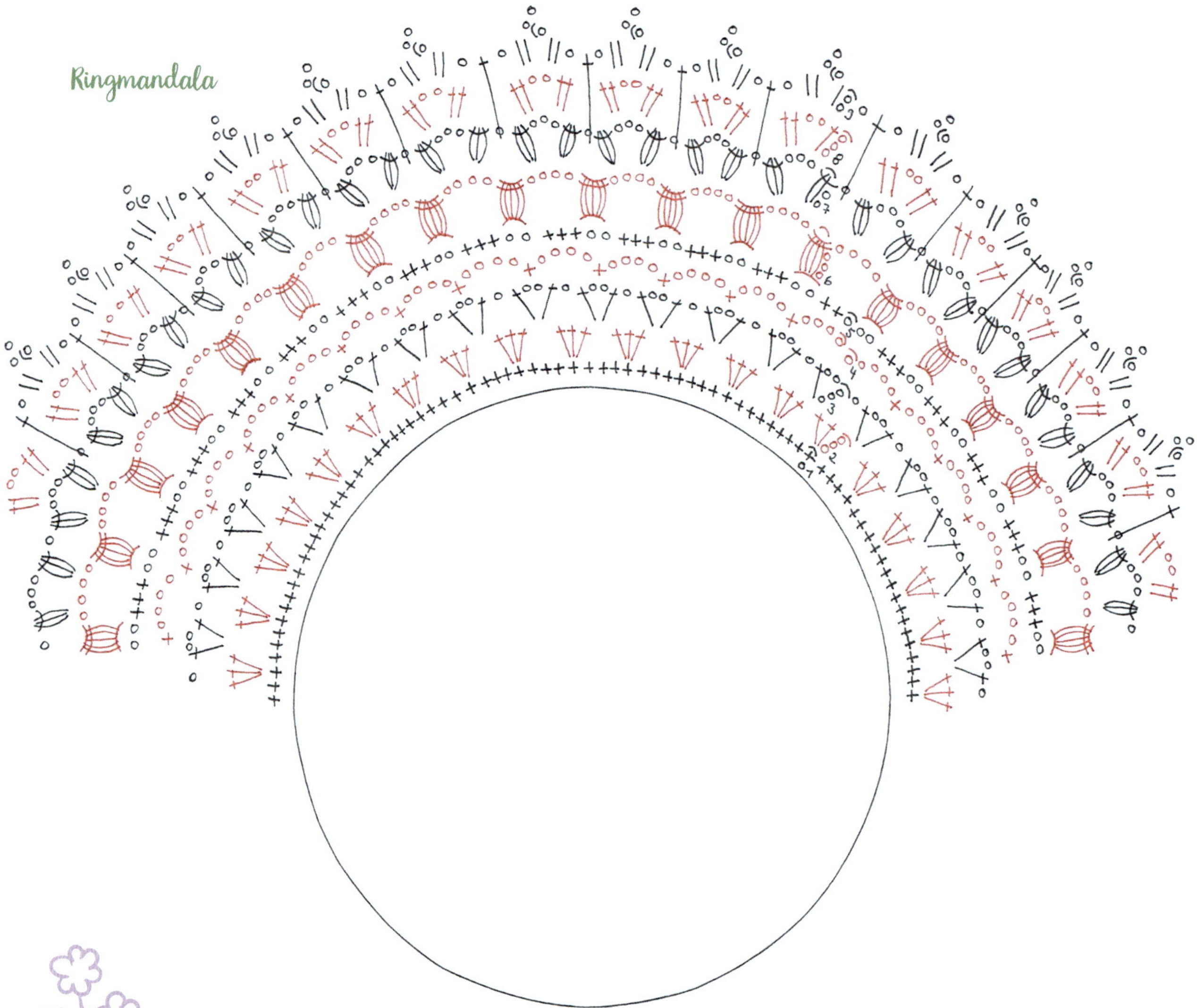

FOLGENDE TECHNIKEN UND MASCHEN WERDEN VERWENDET

Magischer Ring · Luftmasche · Kettmasche · Feste Masche · Halbes Stäbchen · Stäbchen · Doppelstäbchen · 3 zusammen abgemaschte Stäbchen · 4 zusammen abgemaschte Stäbchen · Büschelmasche aus 4 Umschlägen · Popcornmasche aus 5 Stäbchen

1 tiefer gestochenes Stäbchen um die 3 zusammen abgemaschten Stäbchen in Runde 3

1 feste Masche in die 7. Runde häkeln und etwas länger ziehen

2 Luftmaschen arbeiten, dann in die 1. Luftmasche zurück 1 Kettmasche häkeln (Picot)

RINGMANDALA

Durchmesser 10 cm

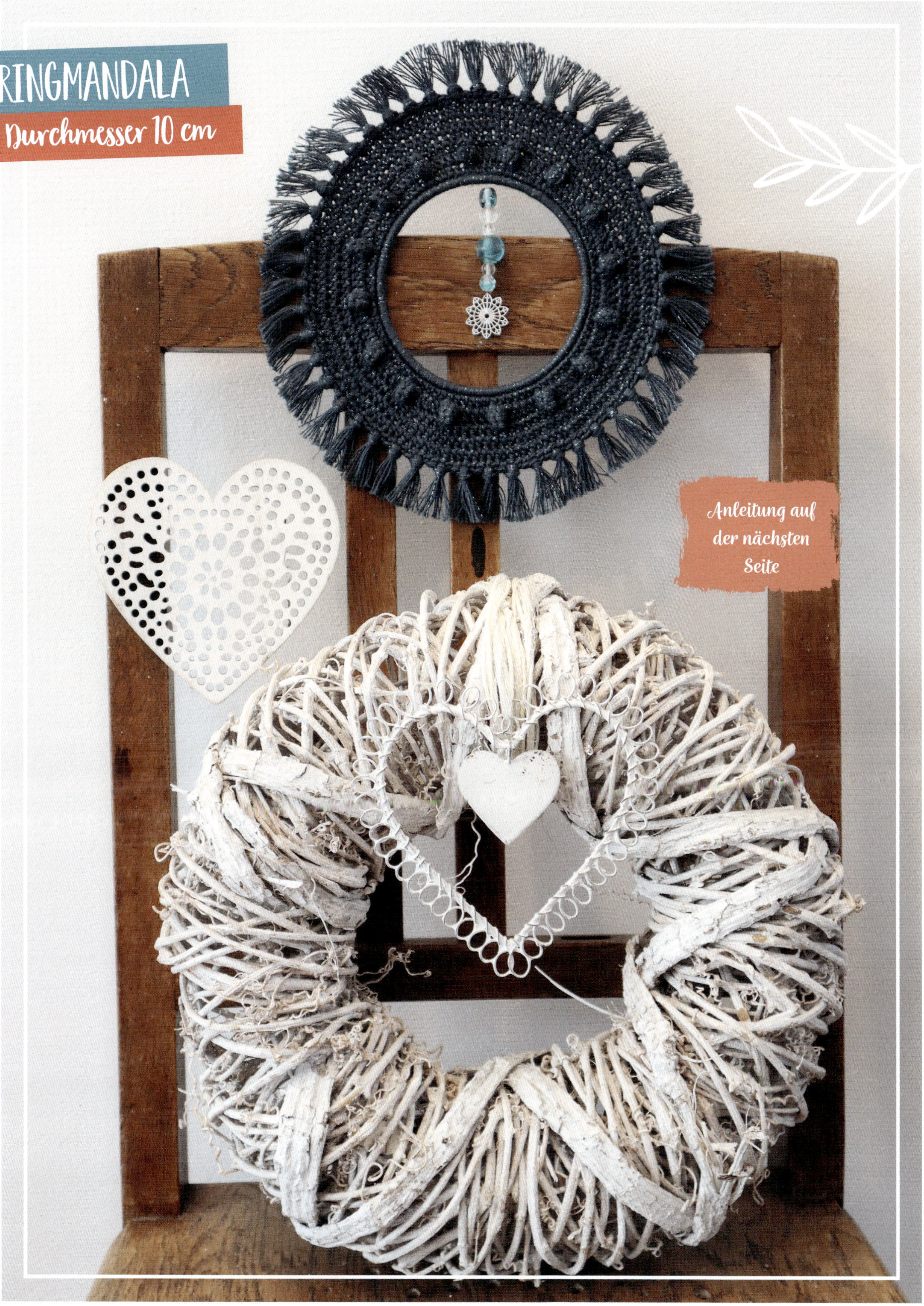

Anleitung auf der nächsten Seite

Petrol ist toll

Du brauchst

Uni Knäuel, 4-fädig, 50 % Baumwolle/50 % Polyacryl, von Lady Dee's Traumgarne, 50 g in Petrol ❀ Glitter „deluxe", 100 % Polyester, von Hobbii, Kone, in Blue Häkelnadel, 3,0 mm, Nähnadel, Häkelnadel, 5,0 mm, zum Franseneinknüpfen Metallring, Durchmesser 10 cm ❀ Verschiedene Perlen und Metallstern Nylonfaden, 0,25 mm ❀ Deko-Festiger

ANLEITUNG

Mit der Farbe Petrol und Glitter Blue gemeinsam einmal anschlingen, 1 Luftmasche und 96 feste Maschen in den Ring häkeln. Mit 1 Kettmasche die Runde schließen und die Runden 2 bis 7 weiterarbeiten.

TIPP: Wenn die festen Maschen der 1. Runde zu fest sind, in der 2. Runde die festen Maschen von hinten zuerst lockern und dann die Masche häkeln.

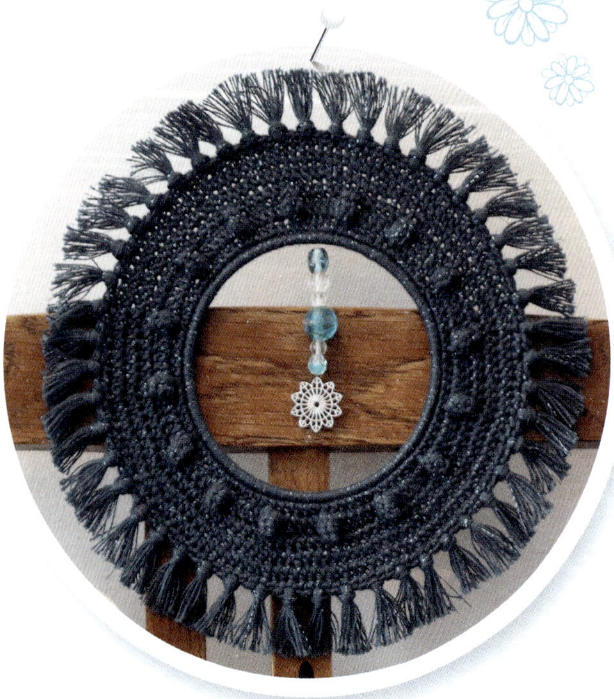

FERTIGSTELLUNG

Wenn alles gehäkelt ist, für die Mitte des Rings den Metallstern und verschiedene Perlen auf den Nylonfaden auffädeln und oben am Ring annähen.

Dann ca. 6 cm lange Fäden von der Wolle und dem Glitterfaden abschneiden und in der 7. Runde an der Stelle der Luftmasche einknüpfen. Bei Bedarf die Fransen gerade schneiden.

Danach auf die Rückseite verdünnten Deko-Festiger streichen, die Fransen aber auslassen, umdrehen und mit der Vorderseite nach oben auflegen, damit der Festiger nicht in die schöne Seite fließt. Über Nacht trocknen lassen. Falls das Mandala noch nicht standhaft genug ist, den Vorgang wiederholen.

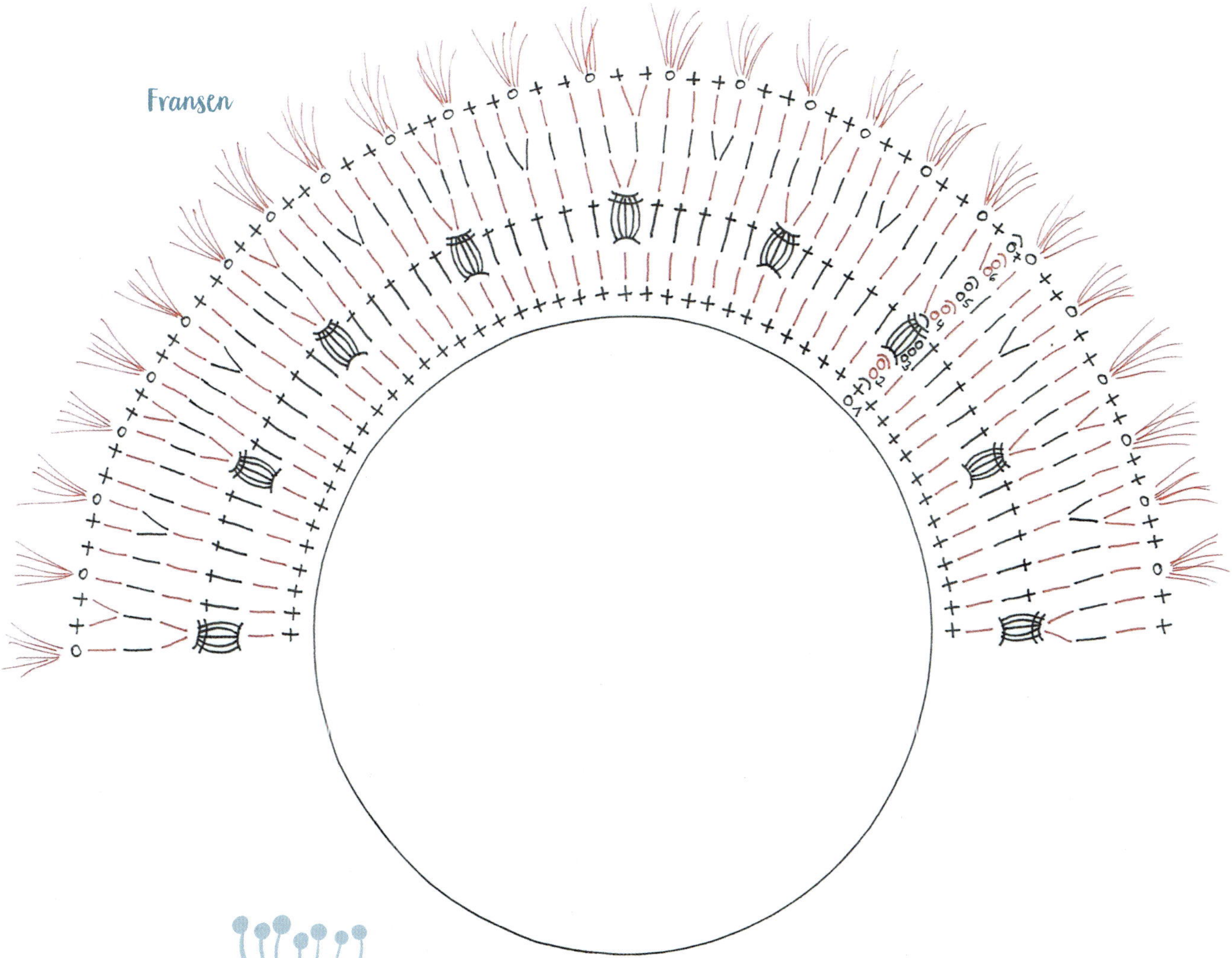

FOLGENDE TECHNIKEN UND MASCHEN WERDEN VERWENDET

○ Luftmasche ⌒ Kettmasche
+ Feste Masche | Halbes Stäbchen † Stäbchen
Popcornmasche aus 5 Stäbchen

RINGMANDALAS

Ringdurchmesser 10 cm

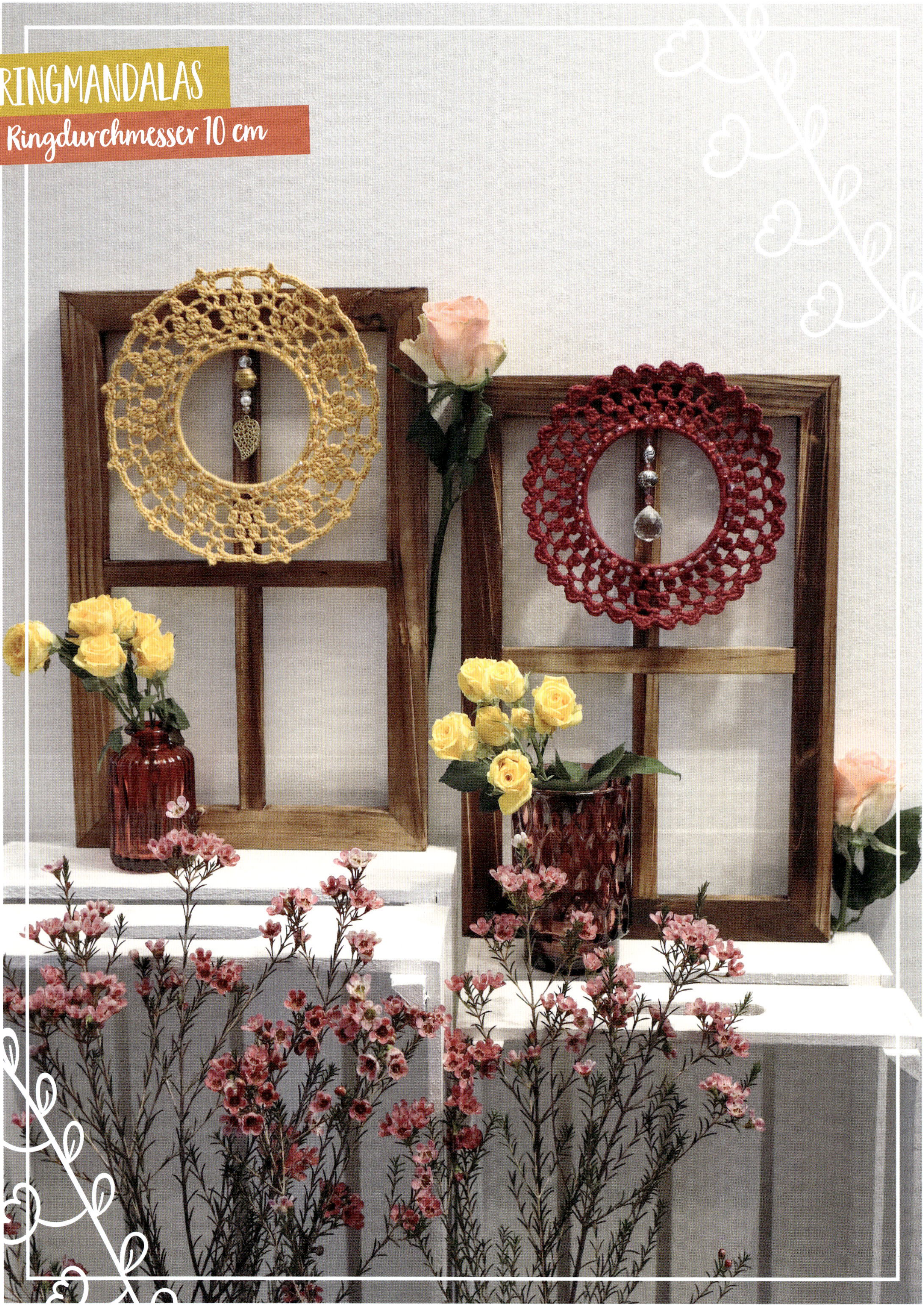

Die zwei Schönen

Du brauchst

Uni-Knäule, 4-fädig, 50 % Baumwolle/50 % Polyacryl, von Lady Dee's Traumgarne, je 50 g in Kurkuma und Cassis

Glitter „deluxe", 100 % Polyester, von Hobbii, Kone, in Gold und Pink

Häkelnadel, 3,0 mm, Nähnadel und Perlennadel ❀ 2 Metallringe, Durchmesser 10 cm

Verschiedene Perlen, Glastropfen und Metallblatt

Nylonfaden, 0,25 mm ❀ Deko-Festiger

ANLEITUNG

Für das erste Ringmandala mit den Farben Kurkuma und Glitter Gold gemeinsam einmal anschlingen, 1 Luftmasche und 96 feste Maschen in den Ring häkeln. Mit 1 Kettmasche die Runde schließen und die Runden 2 bis 7 weiterarbeiten.

Für das zweite Ringmandala mit den Farben Cassis und Glitter Pink gemeinsam einmal anschlingen, 1 Luftmasche und 96 feste Maschen in den Ring häkeln, mit 1 Kettmasche die Runde schließen und die Runden 2 bis 6 weiterarbeiten.

TIPP: Wenn die festen Maschen der 1. Runde zu fest sind, in der 2. Runde die festen Maschen von hinten zuerst lockern und dann die Masche häkeln.

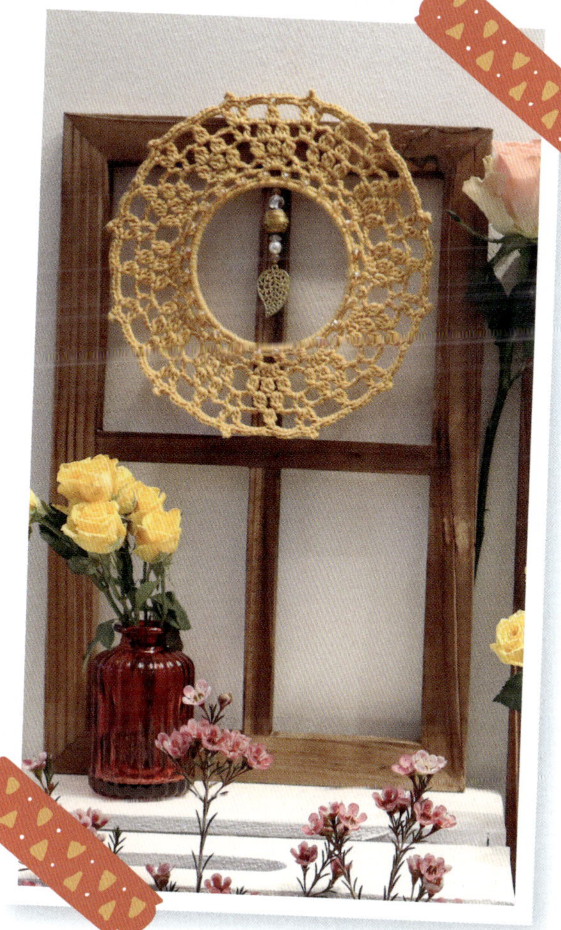

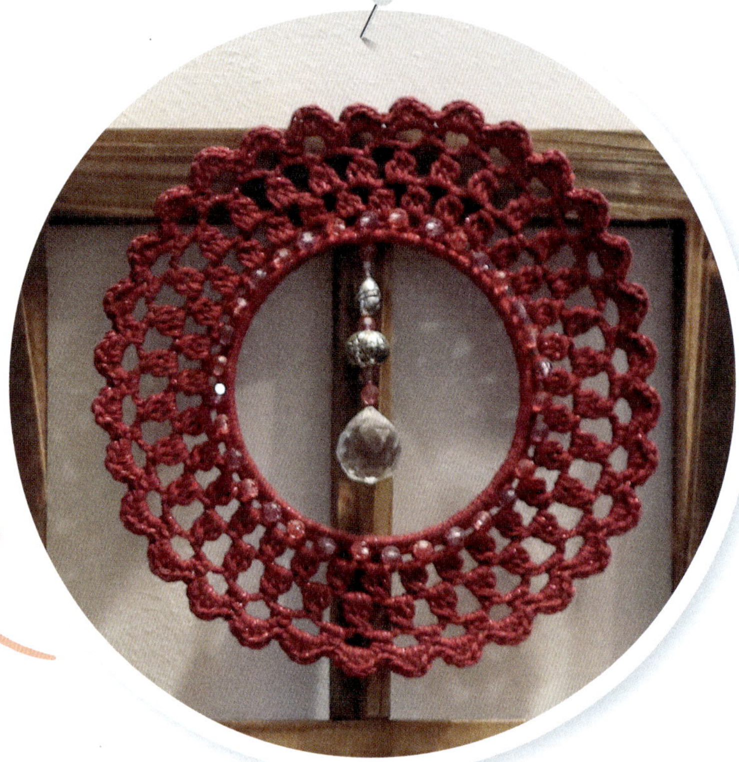

FERTIGSTELLUNG

Wenn alles gehäkelt ist, kleine Glasperlen in den entsprechenden Farben der Ringmandalas in der zweiten Runde auf die beiden halben Stäbchen aufnähen. Für die Mitte vom Ring den Glastropfen oder das Metallblatt und verschiedene Perlen auf den Nylonfaden auffädeln und oben am Ring annähen.
Danach auf die Rückseite verdünnten Deko-Festiger streichen, umdrehen und mit der Vorderseite nach oben auflegen, damit der Festiger nicht in die schöne Seite fließt.
Über Nacht trocknen lassen. Falls das Mandala noch nicht standhaft genug ist, den Vorgang wiederholen.

FOLGENDE TECHNIKEN UND MASCHEN WERDEN VERWENDET

○ Luftmasche ⌒ Kettmasche + Feste Masche | Halbes Stäbchen † Stäbchen
2 zusammen abgemaschte Stäbchen 3 zusammen abgemaschte Stäbchen
3 Luftmaschen und in die erste Luftmasche zurück 1 Kettmasche häkeln (Picot)

Ringmandala in Kurkuma

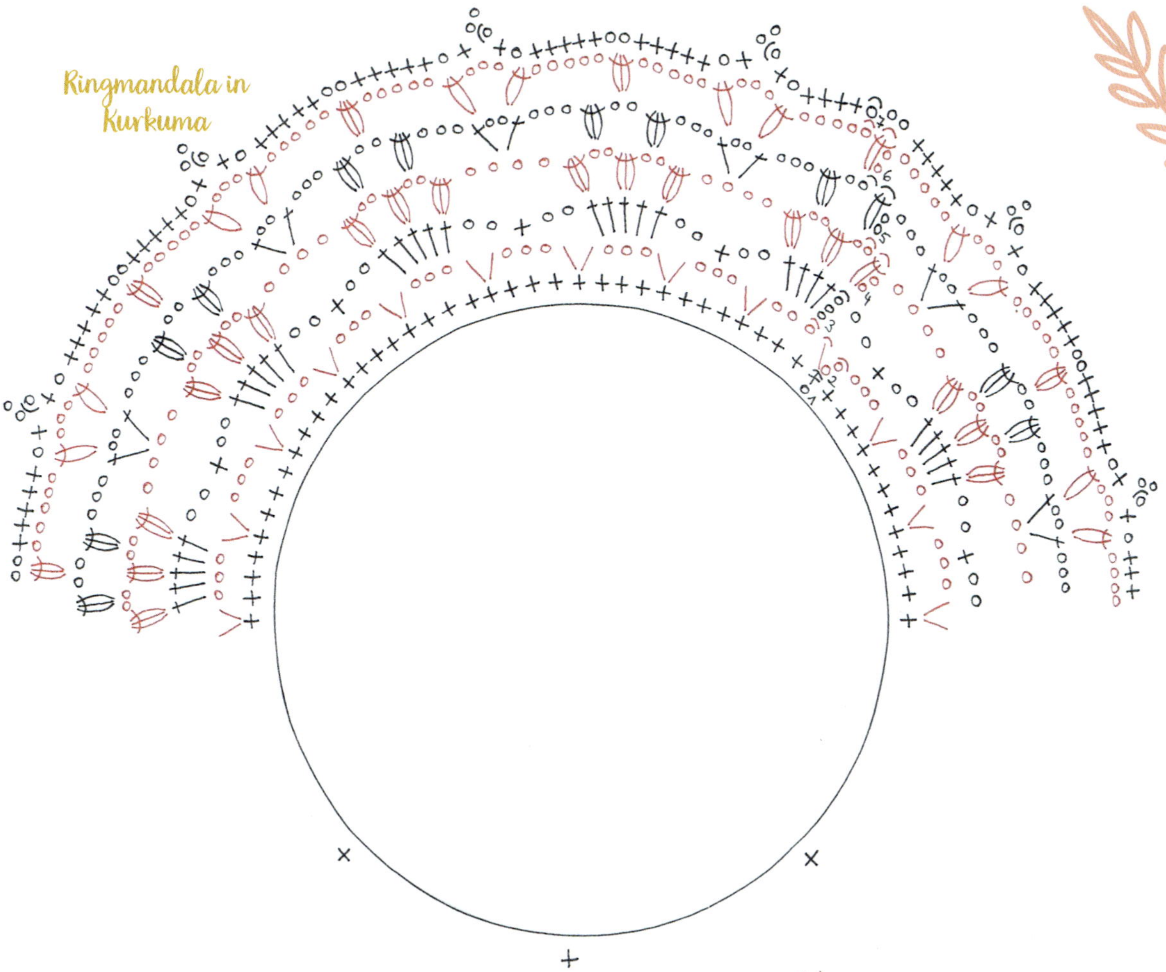

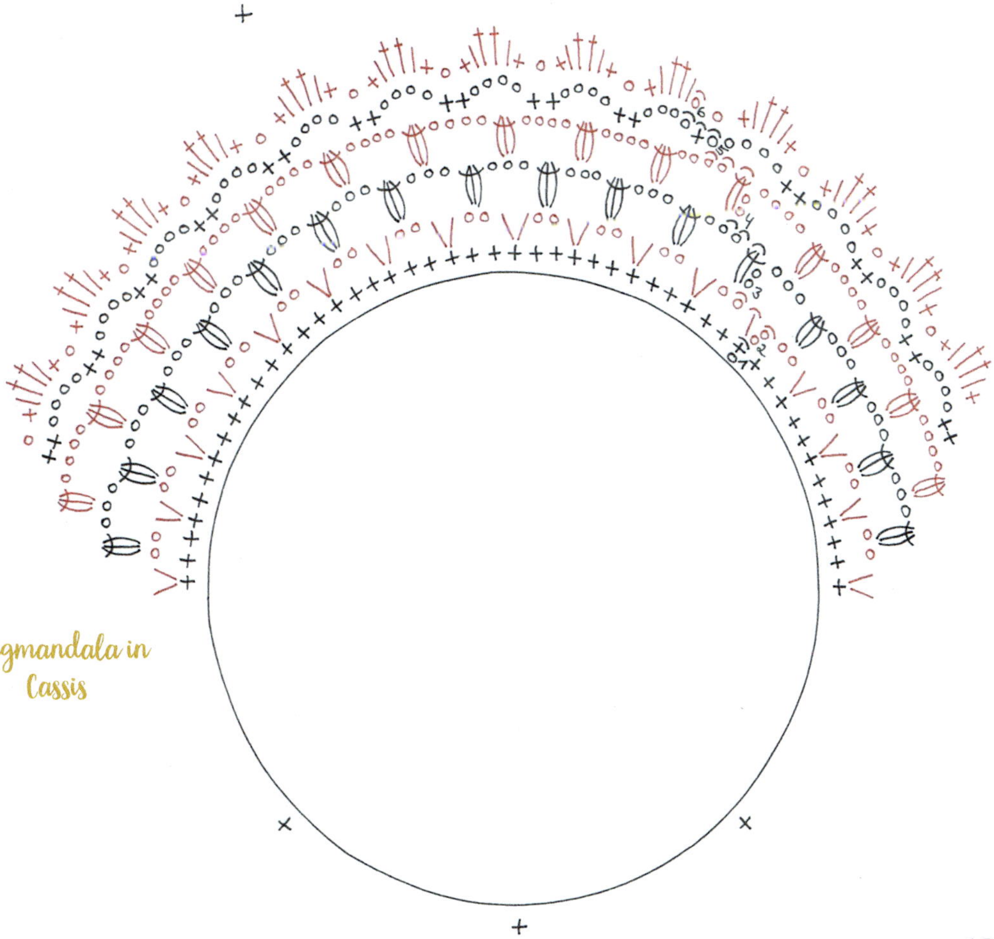

Ringmandala in Cassis

RINGMANDALA

Durchmesser 10 cm

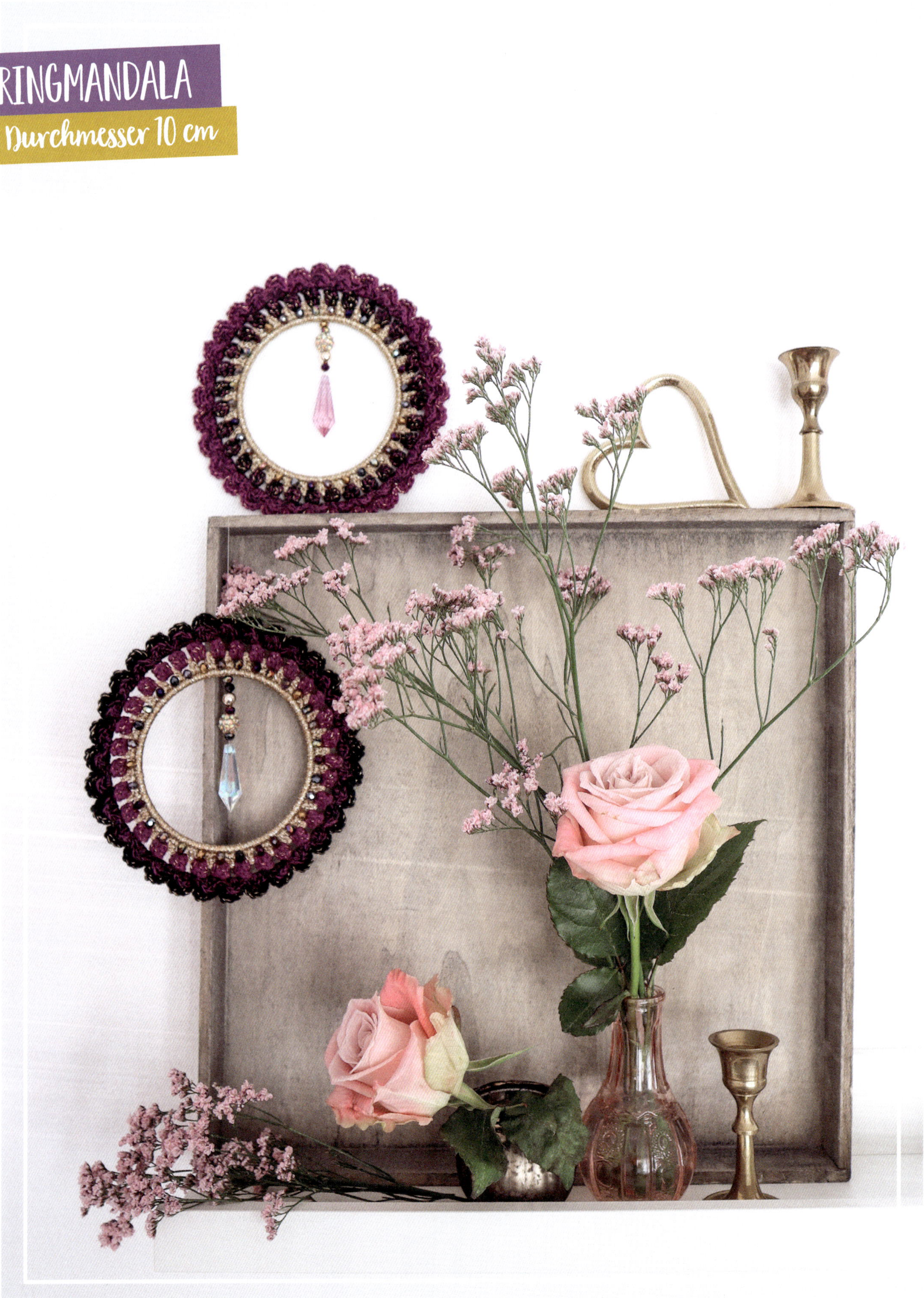

Lila Charm

Du brauchst

Set LoLa Charms Duo „Iris", 4-fädig, 50 % Baumwolle/50 % Polyacryl, von der Garnmanufaktur ❀ Cocktail „deluxe", 100 % Polyester, von Hobbii, 2 x 50 g in Gold
Glitter „deluxe", 100 % Polyester, von Hobbii, Kone, in Gold
Häkelnadel, 3,0 mm, Nähnadel ❀ Nylonfaden, 0,25 mm
2 goldene Metallringe, Durchmesser 10 cm
Verschiedene Perlen und Glastropfen ❀ Deko-Festiger

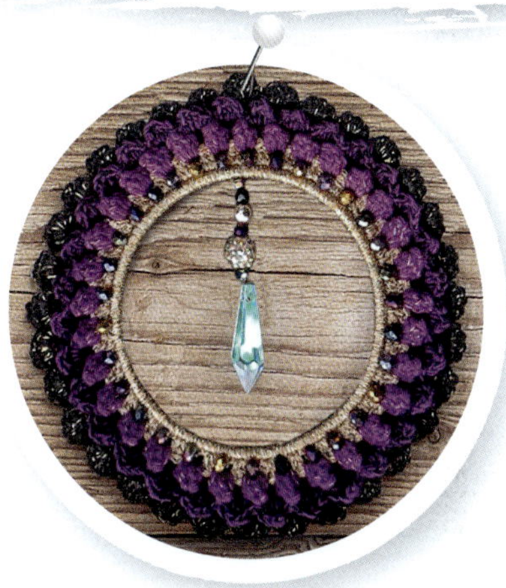

ANLEITUNG

Mit doppeltem Faden Cocktail „deluxe" in Gold einmal anschlingen und 96 feste Maschen in den Ring häkeln. Ab Runde 2 dann einfädig weiterarbeiten.
Für Runde 5 auf der Rückseite in der Mitte der Popcornmasche neu anschlingen und die Runde auf der Rückseite häkeln. Die nächste 6. Runde wieder auf der Vorderseite häkeln.

TIPP: Bei jedem Farbwechsel an einer anderen Stelle beginnen, das ergibt ein schöneres Bild.

FARBFOLGE FÜR RINGMANDALA 1

Runde 2 in Cocktail „deluxe" in Gold
Runde 3 in Farbe 1 und Glitter „deluxe" in Gold
Runde 4 in Farbe 3
Runde 5 und 6 in Farbe 5 und Glitter „deluxe" in Gold

FARBFOLGE FÜR RINGMANDALA 2

Runde 2 in Cocktail „deluxe" in Gold
Runde 3 in Farbe 4 und Glitter „deluxe" in Gold
Runde 4 in Farbe 2
Runde 5 und 6 in Farbe 1 und Glitter „deluxe" in Gold

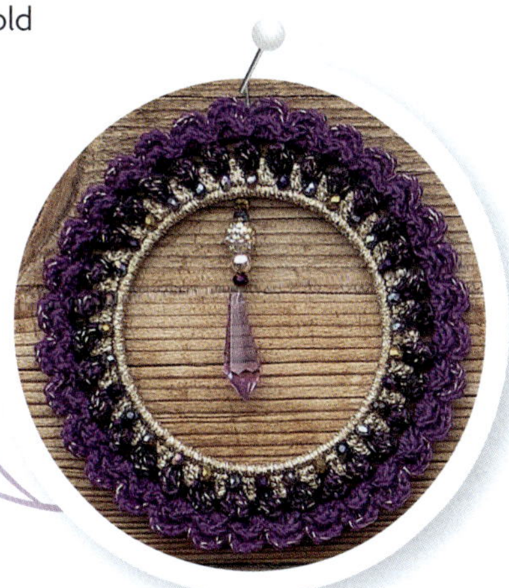

FERTIGSTELLUNG

Wenn alles gehäkelt ist, kleine Perlen mit dem Nylonfaden in der 2. Runde vom Ringmandala annähen und für die Mitte des Rings den Glastropfen und verschiedene Perlen auf den Nylonfaden auffädeln und dort anbringen. Danach auf die Rückseite verdünnten Deko-Festiger streichen, umdrehen und mit der Vorderseite nach oben auflegen, damit der Festiger nicht in die schöne Seite fließt. Über Nacht trocknen lassen. Falls das Mandala noch nicht standhaft genug ist, den Vorgang wiederholen.

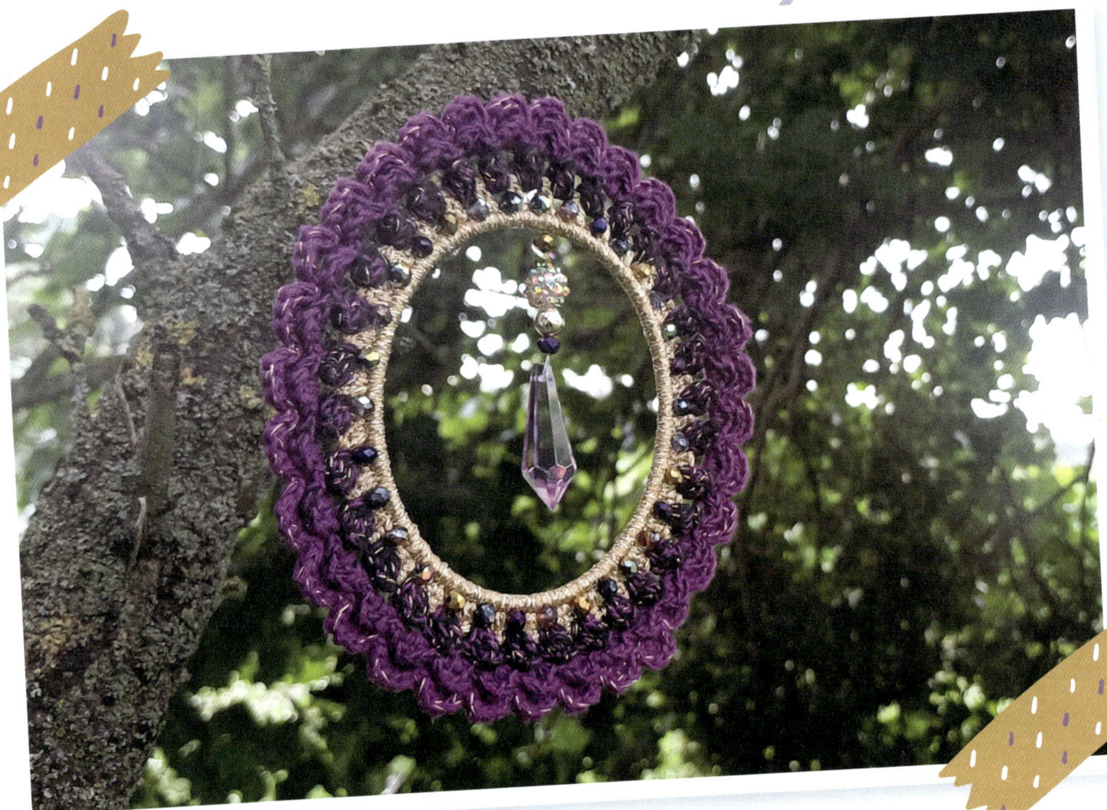

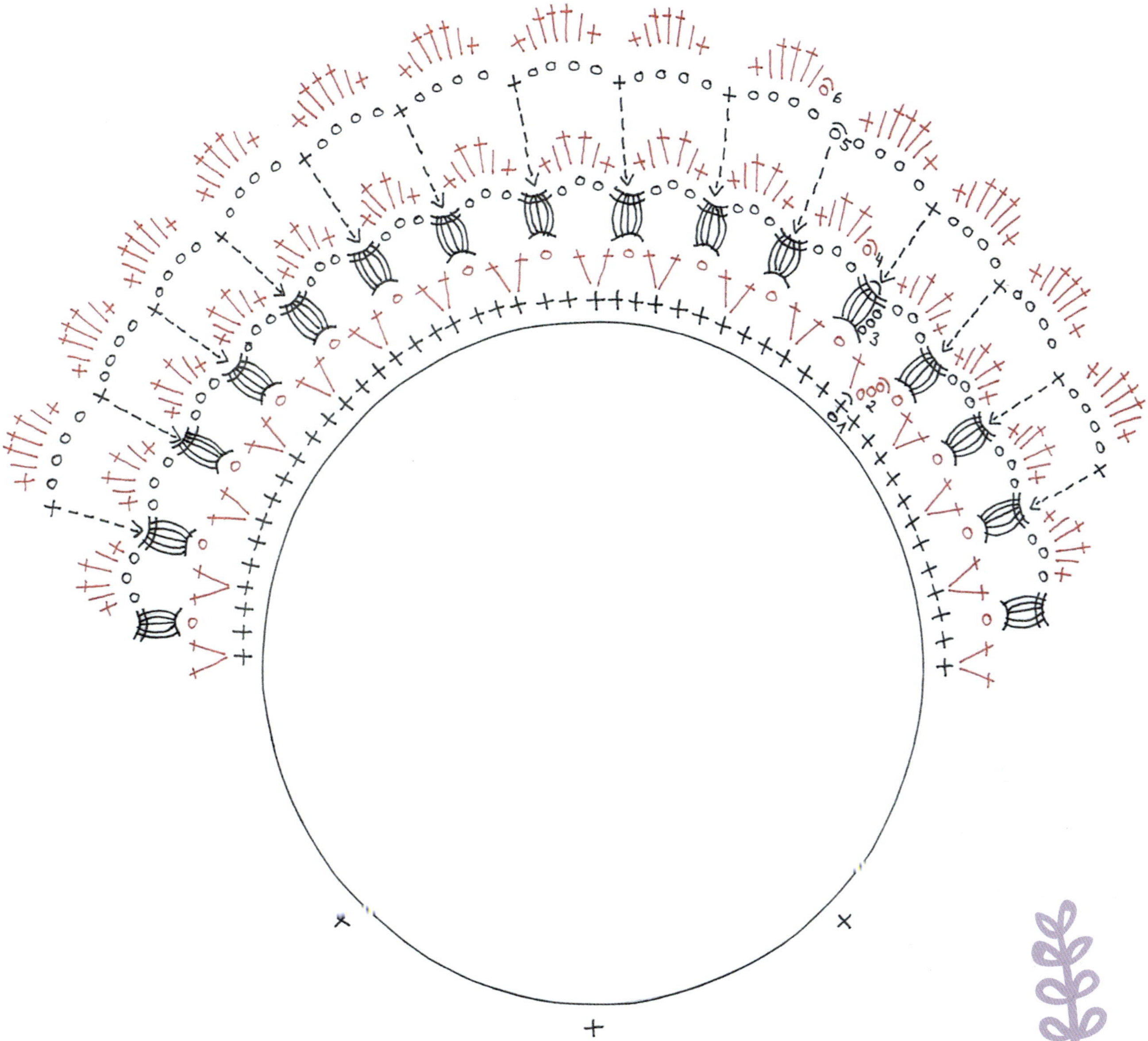

FOLGENDE TECHNIKEN UND MASCHEN WERDEN VERWENDET

Luftmasche · Kettmasche · Feste Masche · Halbes Stäbchen · Stäbchen

Popcornmasche aus 5 Stäbchen

RINGMANDALA

Durchmesser 22 cm

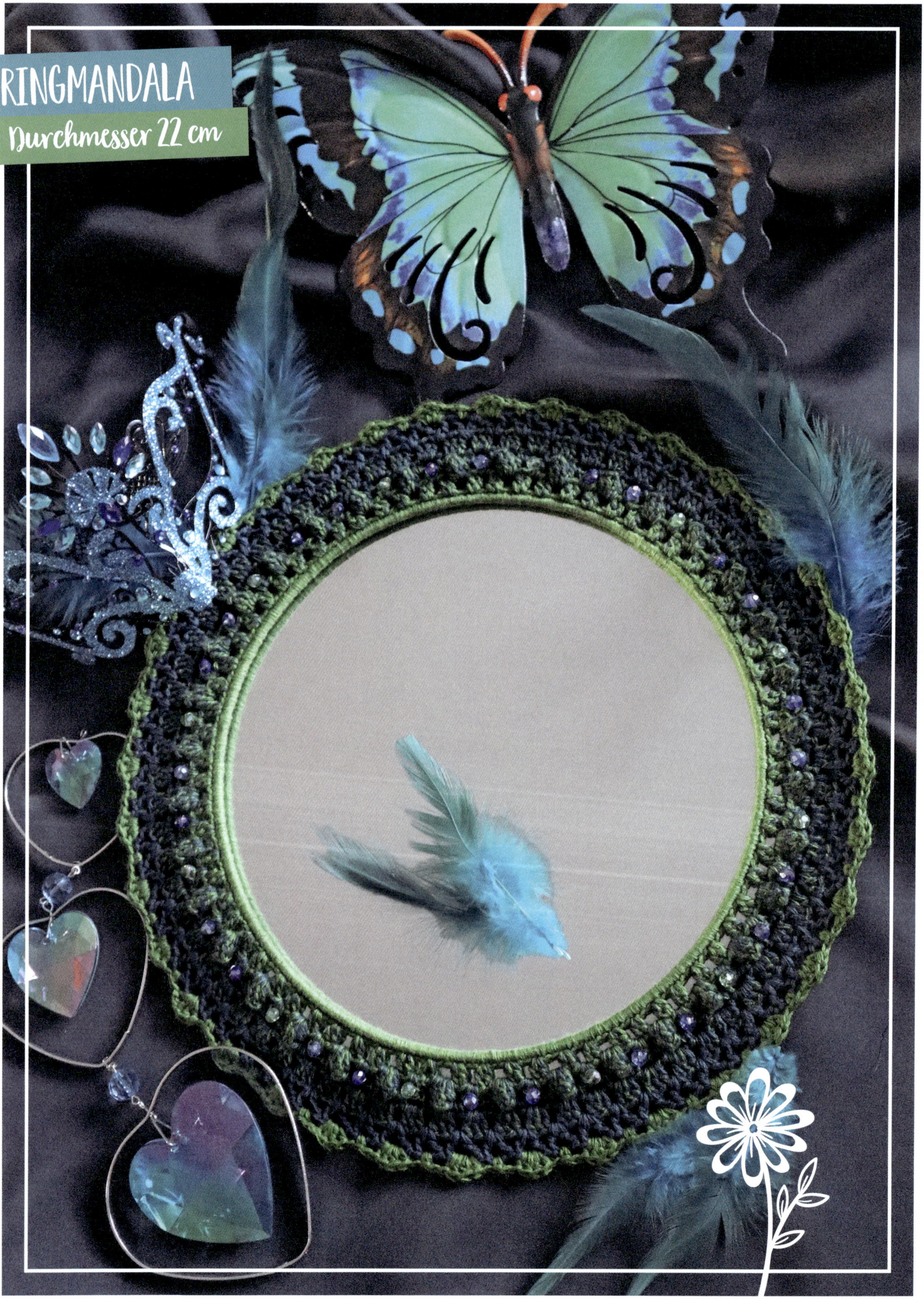

Spiegel Zauberhaft

Du brauchst

Set LoLa Charms Duo „Blaubeere“, 4-fädig, 50 % Baumwolle/50 % Polyacryl, von der Garnmanufaktur ❀ Häkelnadel, 3,0 mm, Nähnadel, Perlennadel Glasperlen in Blau und Grün, 6 mm ❀ Metallring, Durchmesser 22 cm Spiegel, rund, Durchmesser 25 cm Heißklebepistole ❀ Nylonfaden, 0,25 mm Deko-Festiger

FARBFOLGE

Runde 1 in Farbe 1
Runde 2 in Farbe 2
Runde 3 in Farbe 3
Runde 4 und 5 in Farbe 4
Runde 6 in Farbe 5
Runde 7 in Farbe 1

TIPP: Bei jedem Farbwechsel an einer anderen Stelle beginnen, das ergibt ein schöneres Bild.

FERTIGSTELLUNG

Wenn alles gehäkelt ist, die kleinen Glasperlen mit dem Nylonfaden in der 3. Runde auf den zwei abgemaschten halben Stäbchen annähen.
Danach auf die Rückseite verdünnten Deko-Festiger streichen, umdrehen und mit der Vorderseite nach oben auflegen, damit der Festiger nicht in die schöne Seite fließt. Über Nacht trocknen lassen. Falls das Mandala noch nicht standhaft genug ist, den Vorgang wiederholen.

ANLEITUNG

Mit Farbe Nr. 1 einmal anschlingen, 1 Luftmasche und 216 feste Maschen in den Ring häkeln. Mit 1 Kettmasche die Runde schließen und die Runden 2 bis 7 in der Farbfolge weiterarbeiten.

TIPP: Wenn die festen Maschen der 1. Runde zu fest sind, in der 2. Runde die festen Maschen von hinten zuerst lockern und dann die Masche häkeln.

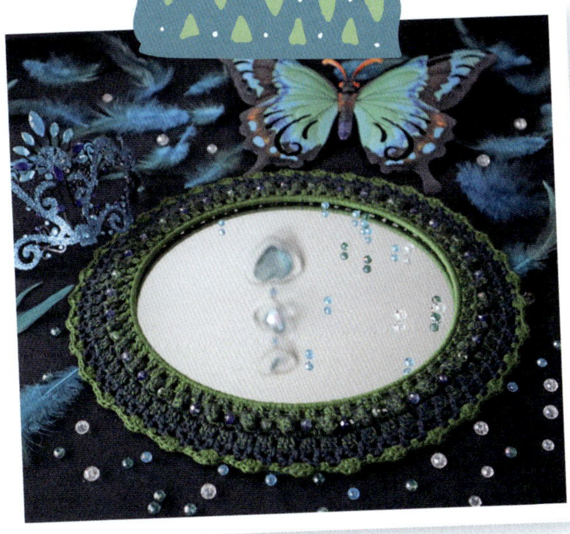

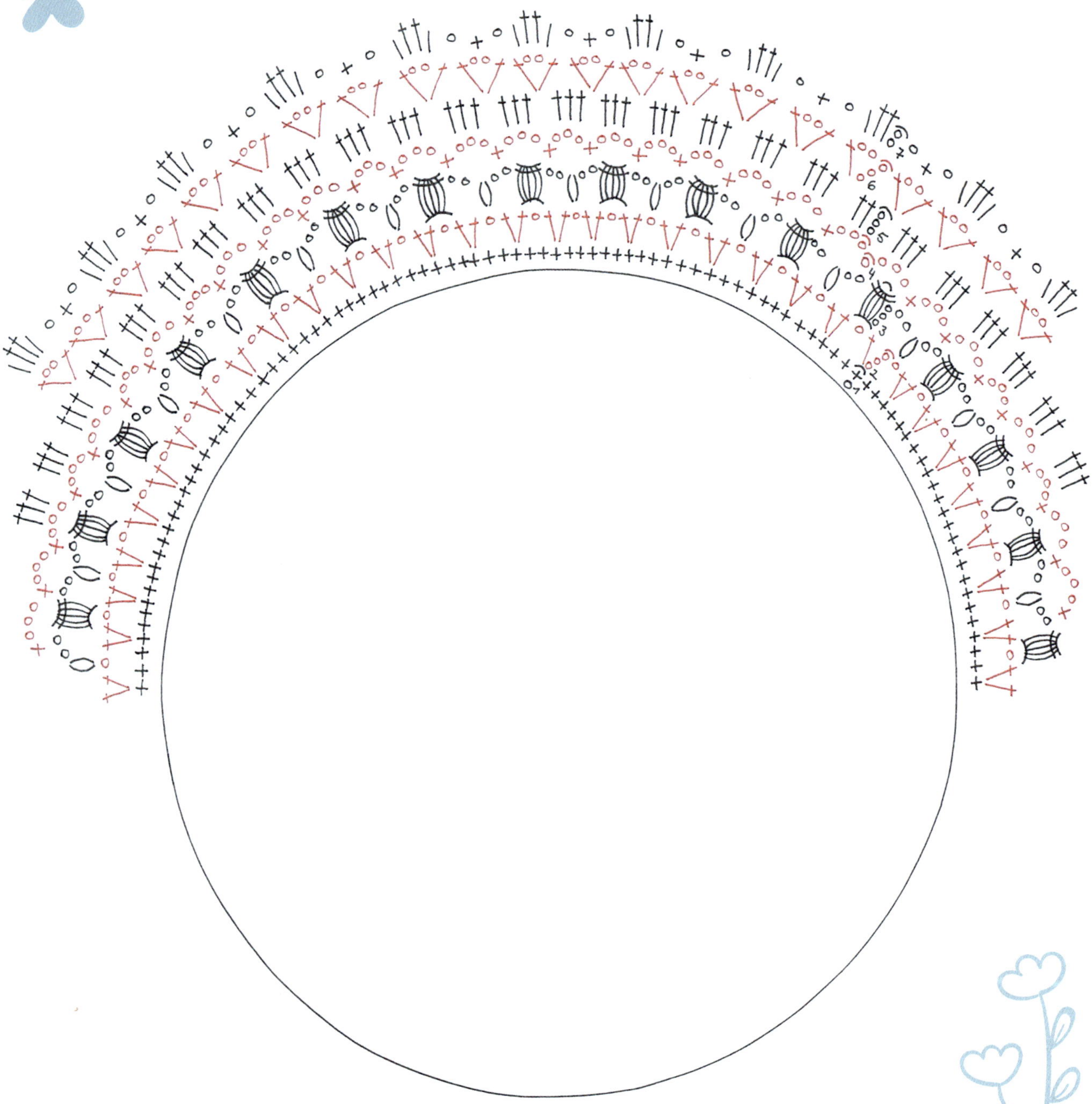

Folgende Techniken und Maschen werden verwendet

Luftmasche · Kettmasche · Feste Masche · Halbes Stäbchen · Stäbchen
2 zusammen abgemaschte halbe Stäbchen · Popcornmasche aus 5 Stäbchen

RINGMANDALA UND BLUMEN

Durchmesser 10 cm

Anleitung auf der nächsten Seite

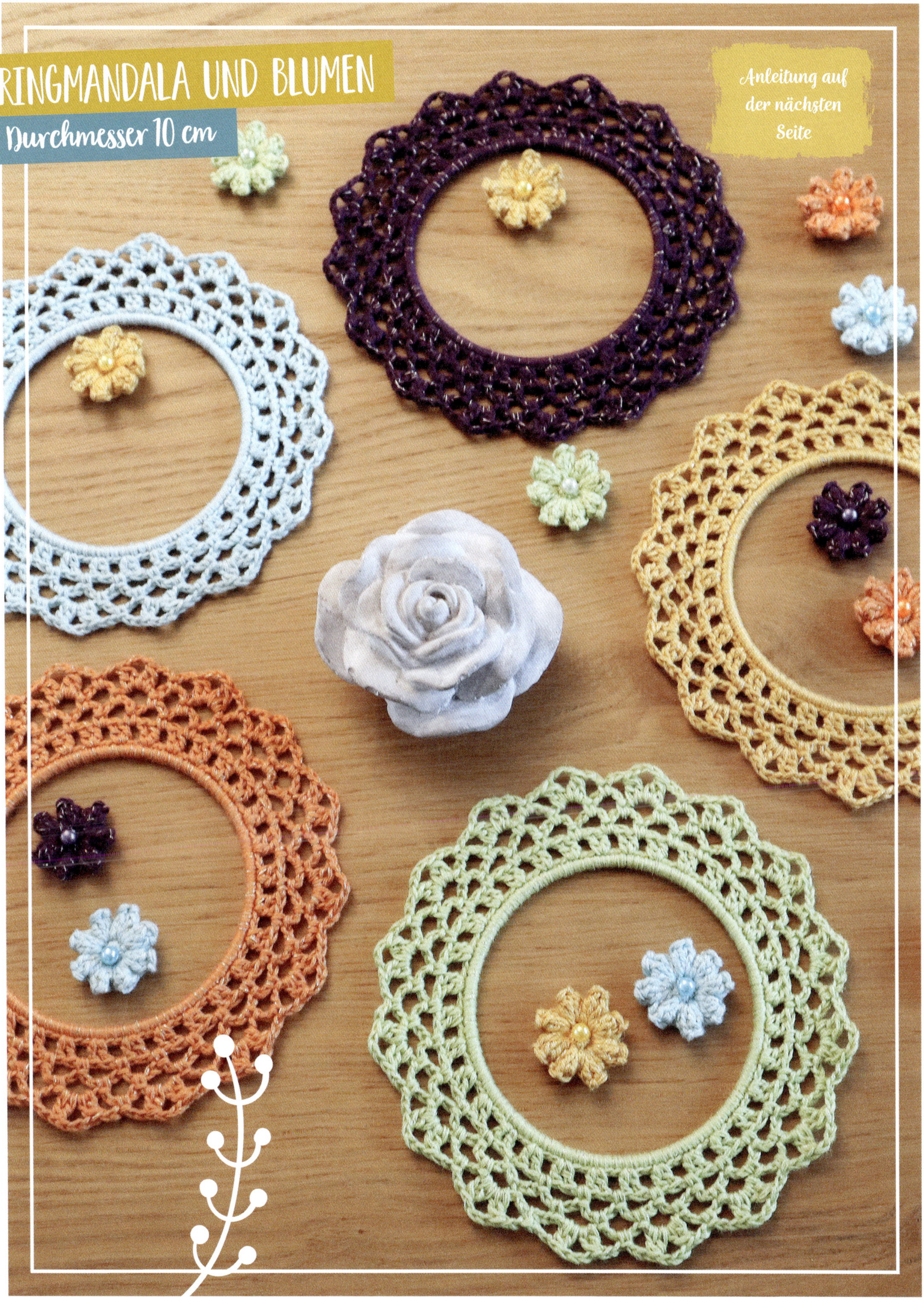

Strahlende Farbtupfer

Du brauchst

Uni-Knäuel, 4-fädig, 50 % Baumwolle/50 % Polyacryl, von Sparwolle, je 50 g in Kurkuma, Cognac, Kiwi, Viola und Pistazie ❀ Glitter „deluxe" 100 % Polyester, von Hobbii, in Gold
Häkelnadel, 3,0 mm, Nähnadel
5 Metallringe, Durchmesser 10 cm
Perlen in Perlmutt in den Farben der Wolle, Durchmesser6 cm
Nylonfaden, 0,25 mm ❀ Deko-Festiger

ANLEITUNG FÜR DAS RINGMANDALA

Mit einer der fünf Farben und Glitter Gold gemeinsam einmal anschlingen, 1 Luftmasche und 96 feste Maschen in den Ring häkeln. Mit 1 Kettmasche die Runde schließen und die Runden 2 bis 5 in der gleichen Farbe nach dem Häkeldiagramm für das Ringmandala weiterhäkeln.
Die anderen Ringmandalas in den weiteren Farben häkeln.

TIPP: Wenn die festen Maschen der 1. Runde zu fest sind, in der 2. Runde die festen Maschen von hinten zuerst lockern und dann die Masche häkeln.

ANLEITUNG FÜR DIE BLUMEN

Drei Blumen in der Farbe Ihrer Wahl nach der Häkelschrift für die Blume arbeiten und die passenden Perlen annähen.

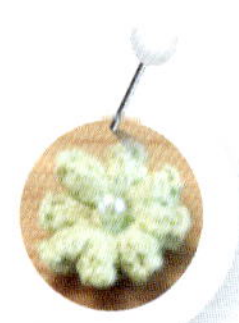

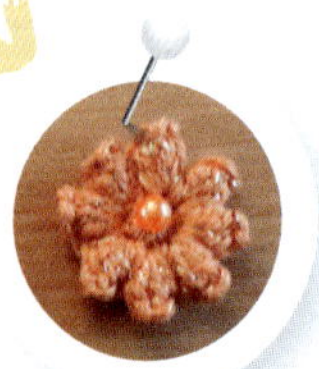

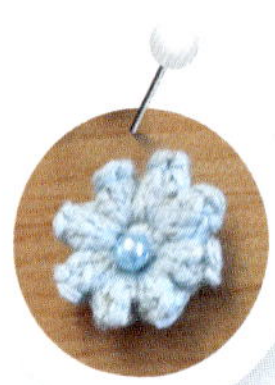

FERTIGSTELLUNG DES RINGMANDALAS

Danach auf der Rückseite verdünnten Deko-Festiger streichen, umdrehen und mit der Vorderseite nach oben auflegen, damit der Festiger nicht in die schöne Seite fließt. Am besten über Nacht trocknen lassen. Falls das Mandala noch nicht standhaft genug ist, den Vorgang wiederholen.

Ringmandala

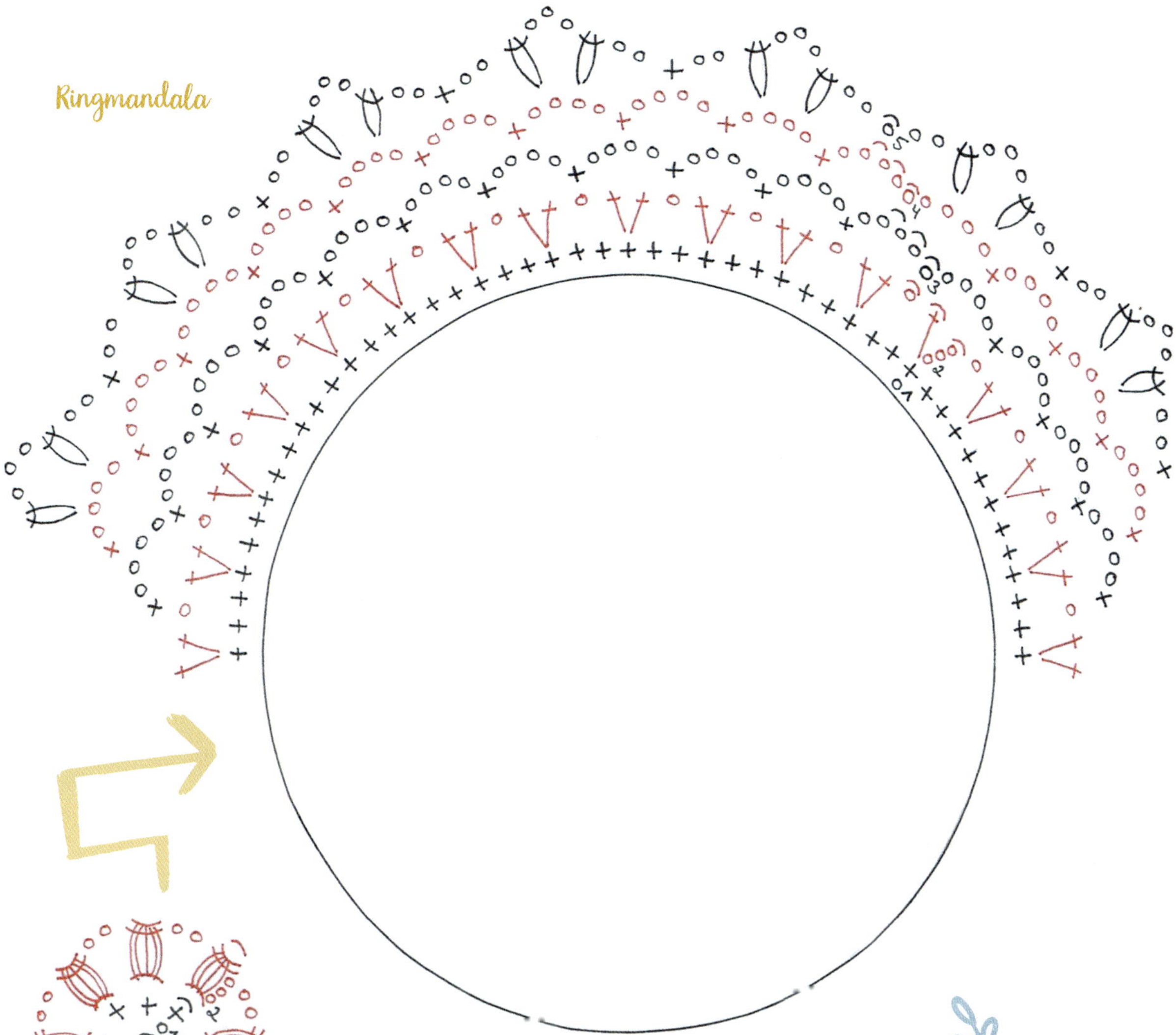

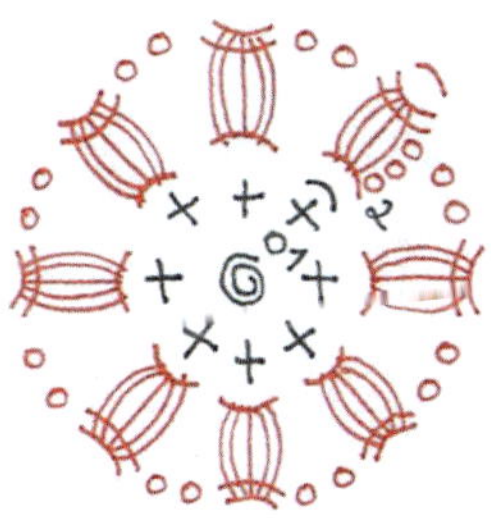

Blume

FOLGENDE TECHNIKEN UND MASCHEN WERDEN VERWENDET

Magischer Ring

Luftmasche Kettmasche

Feste Masche Stäbchen

2 zusammen abgemaschte Stäbchen Popcornmasche aus 5 Stäbchen

TRAUMFÄNGER UND KLEINE SONNENBLUMEN

Durchmesser 30 cm

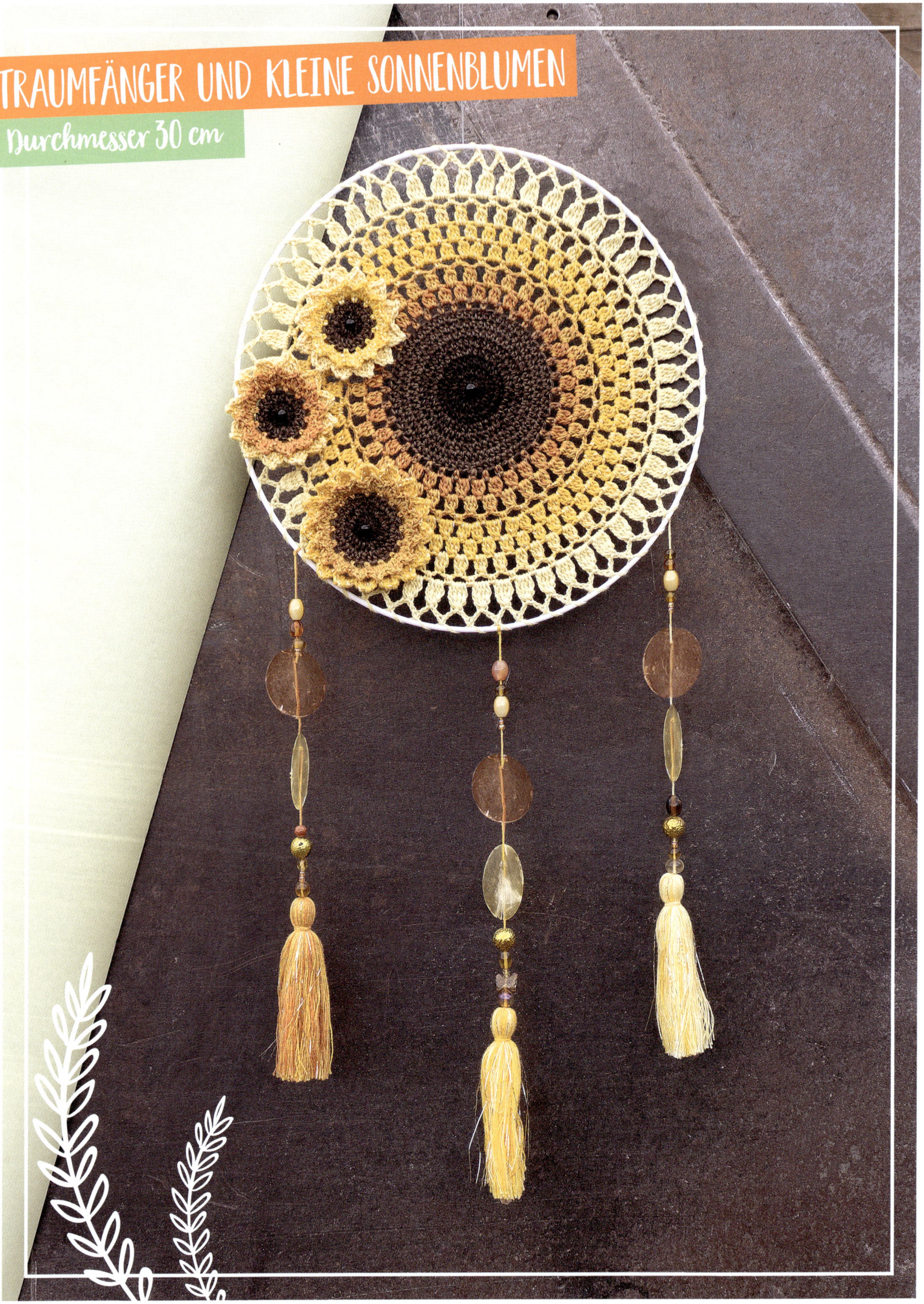

Sonnenblumen im Abendrot

Du brauchst

Schatzkiste „Land der Sonnenblumen“, 4-fädig, 50 % Baumwolle/50 % Polyacryl, von Lady Dee's, gesamt 250 g ❀ Glitzerfaden „Deluxe“, 100 % Polyester, von Hobbii, Kone, in Orange, Pure Gold, Gold irisierend
Metallring, Durchmesser 30 cm, in Weiß ❀ Häkelnadel, 3,0 mm
Verschiedene Perlen und Perlmuttscheiben in Orange und Gelb
3 Quasten aus der Wolle mit Glitzerfaden (siehe S. 17)

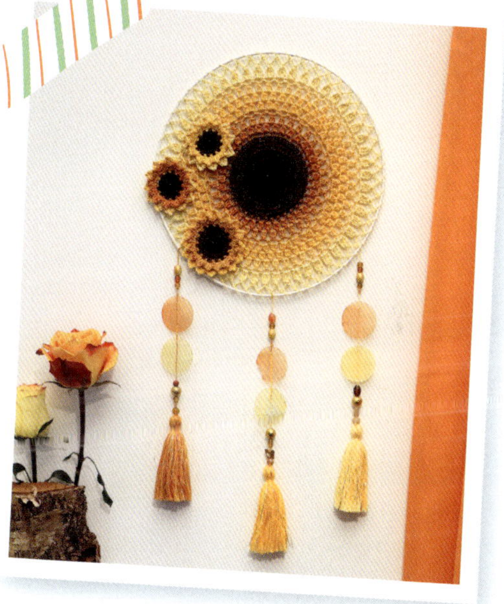

ANLEITUNG FÜR DEN TRAUMFÄNGER

Mit einem Fadenring beginnen und die Runden von 1 bis 17 in den Farbnummern häkeln.

FARBFOLGE FÜR DEN TRAUMFÄNGER

Runde 1 bis 3 in Farbe 1
Runde 4 und 5 in Farbe 2
Runde 6 bis 8 in Farbe 3
Runde 9 in Farbe 4 und Glitzerfaden in Orange
Runde 10 in Farbe 5 und Glitzerfaden in Orange
Runde 11 in Farbe 6 und Glitzerfaden in Orange
Runde 12 in Farbe 7 und Glitzerfaden in Pure Gold
Runde 13 in Farbe 8 und Glitzerfaden in Pure Gold
Runde 14 in Farbe 9 und Glitzerfaden in Pure Gold
Runde 15 in Farbe 10 und Glitzerfaden in Gold irisierend
Runde 16 in Farbe 11 und Glitzerfaden in Gold irisierend
Runde 17 in Farbe 12 und Glitzerfaden in Gold irisierend

FERTIGSTELLUNG DES TRAUMFÄNGERS

Den Abschlussfaden ca. 2 m länger hängen lassen und damit an den grünen Punkten in den Ring spannen und diesen einmal umwickeln. Den Faden zum Schluss auf der Rückseite vernähen und abschneiden.
Die Perlen und Perlmuttscheiben auf den Faden von der Quaste auffädeln. Den Traumfänger mit den Quasten, Perlen und Perlmuttscheiben verzieren. Zum Schluss die kleinen Sonnenblumen mit Sicherheitsnadeln an dem Traumfänger befestigen.

ANLEITUNG FÜR DIE BLUMEN

Mit einem Fadenring beginnen und die Runden von 1 bis 6 oder 7 in der angegebenen Farbfolge häkeln. Bei Blume 1 in der 5. Runde und bei Blume 2 in der 6. Runde auf der Rückseite zwischen 2 Stäbchen neu anschlingen und die Runde auf der Rückseite häkeln. Die letzte Runde dann wieder auf der Vorderseite arbeiten.

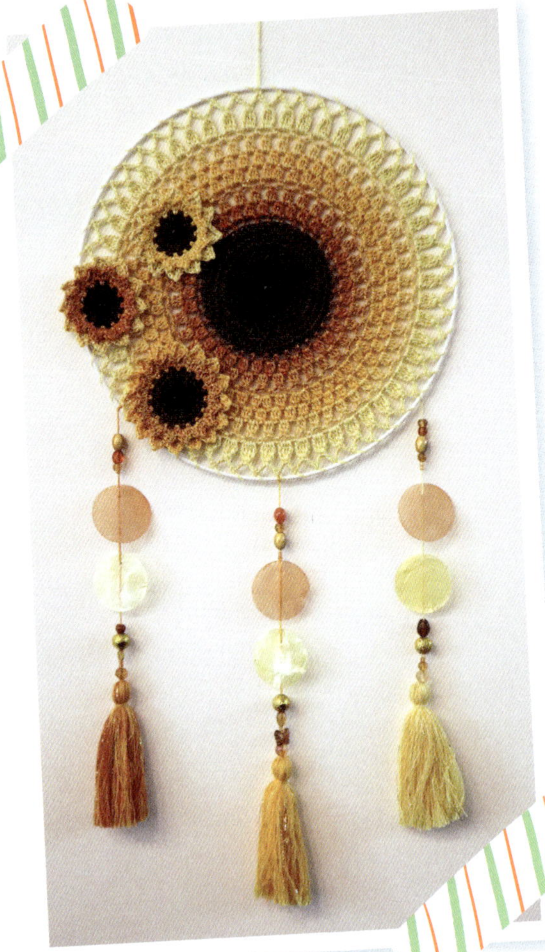

FERTIGSTELLUNG DER BLUMEN

Am Schluss den Faden abschneiden und auf der Rückseite vernähen.

TIPP: Bei jedem Farbwechsel an einer anderen Stelle beginnen, das ergibt ein schöneres Bild.

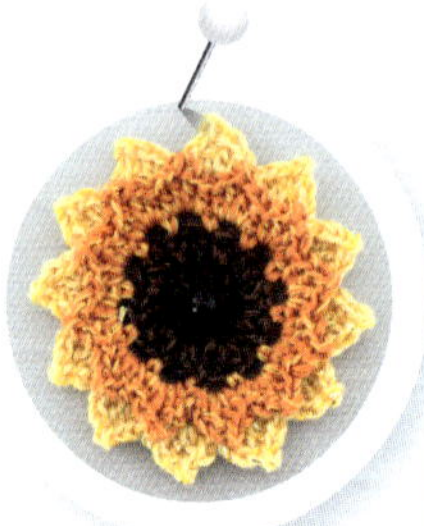

FARBFOLGE FÜR BLUME 1

Runde 1 in Farbe 2
Runde 2 in Farbe 3
Runde 3 und 4 in Farbe 9 und Glitzerfaden in Pure Gold
Runde 5 und 6 in Farbe 11 und Glitzerfaden in Gold irisierend
Und:
Runde 1 in Farbe 1
Runde 2 in Farbe 3
Runde 3 und 4 in Farbe 5 und Glitzerfaden in Orange
Runde 5 und 6 in Farbe 10 und Glitzerfaden in Gold irisierend

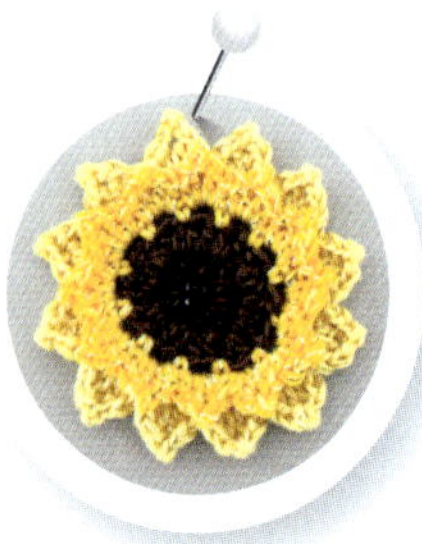

FARBFOLGE FÜR BLUME 2

Runde 1 in Farbe 1
Runde 2 in Farbe 2
Runde 3 in Farbe 3
Runde 4 und 5 in Farbe 6 und Glitzerfaden in Orange
Runde 6 und 7 in Farbe 9 und Glitzerfaden in Pure Gold

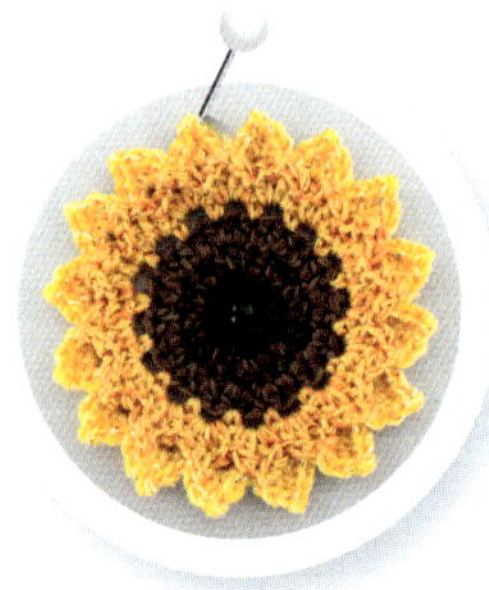

Traumfänger

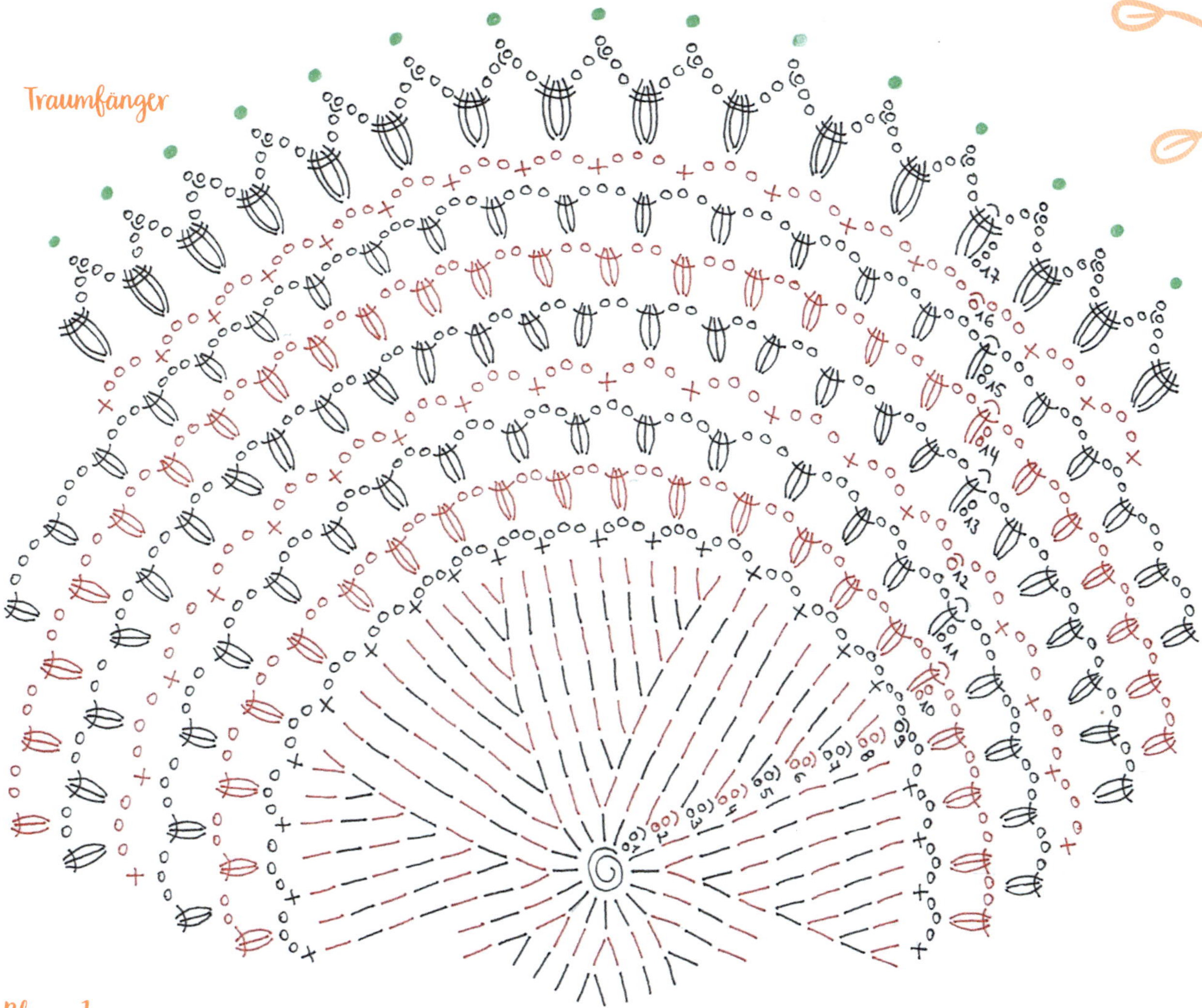

Blume 1

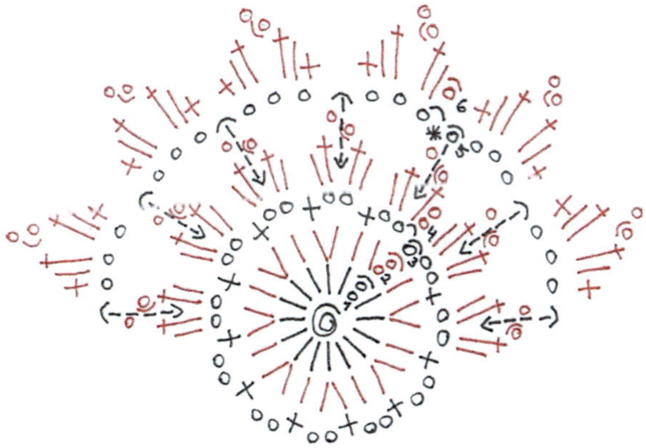

Blume 2

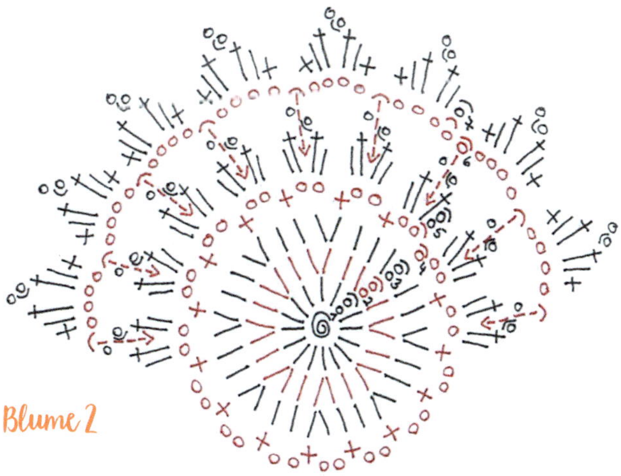

Folgende Techniken und Maschen werden verwendet

Magischer Ring · Luftmasche · Kettmasche · Stäbchen

3 zusammen abgemaschte Stäbchen

4 zusammen abgemaschte Doppelstäbchen

2 Luftmaschen arbeiten, dann in die 1. Luftmasche zurück 1 Kettmasche häkeln (Picot)

RINGMANDALAS

Durchmesser 5,5 cm

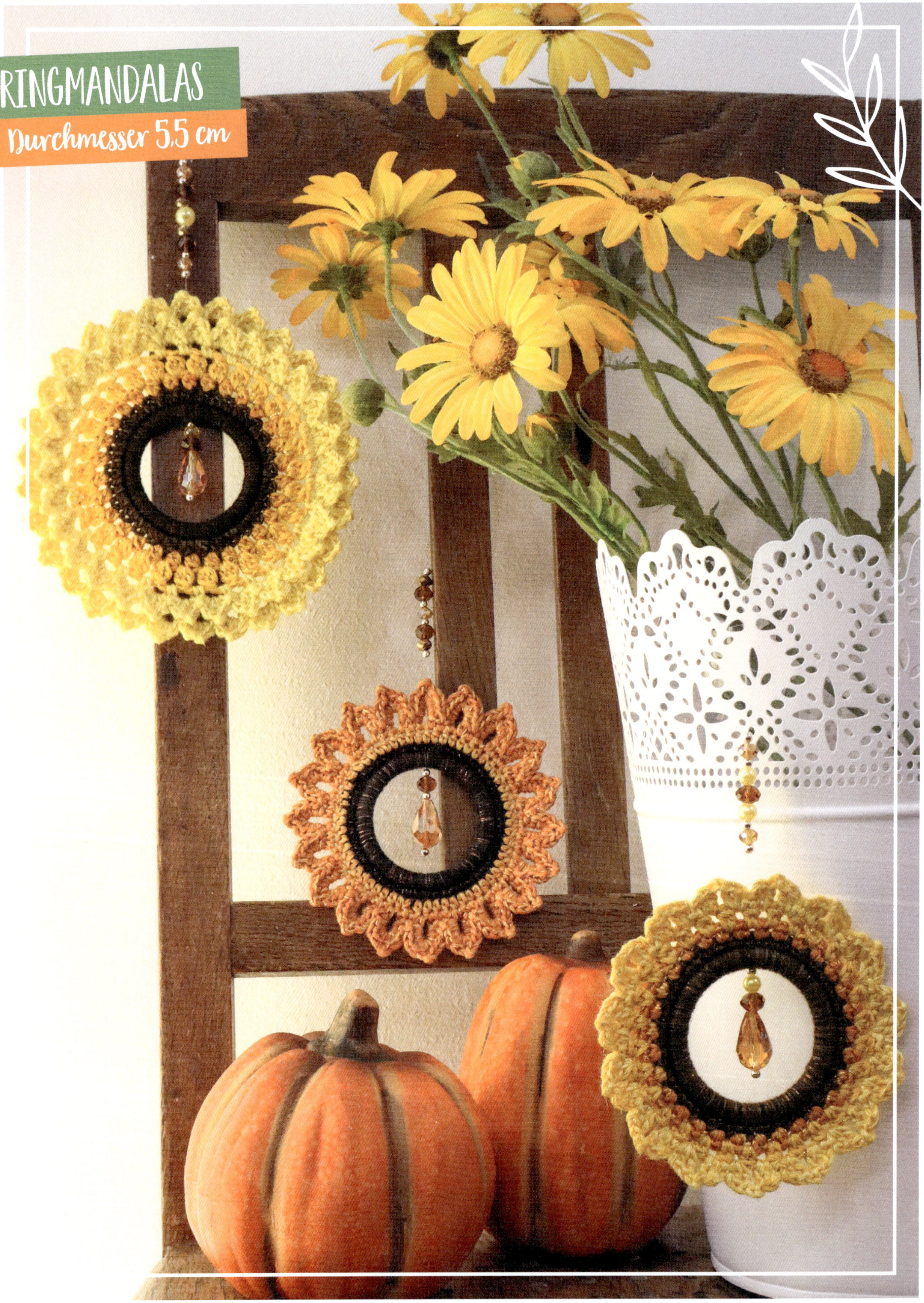

Kleine Sonnenblumen

Du brauchst

Schatzkiste „Land der Sonnenblumen“, 4-fädig, 50 % Baumwolle/50 % Polyacryl, von Lady Dee's, gesamt 250 g ❀ Glitzerfaden „Deluxe“, 100 % Polyester, von Hobbii, Kone, in Braun, Orange und Gold irisierend
3 Metall- oder Kunststoffringe, Durchmesser 5,5 cm
Häkelnadel, 3,0 mm ❀ Verschiedene Perlen und Glastropfen

ANLEITUNG FÜR RINGMANDALA 1

Mit Farbe 2 und Glitzerfaden in Braun gemeinsam einmal anschlingen, 1 Luftmasche und 60 feste Maschen in den Ring häkeln und mit 1 Kettmasche zur Runde schließen. Weiter die Runden 2 bis 5 in der angegebenen Farbfolge arbeiten.

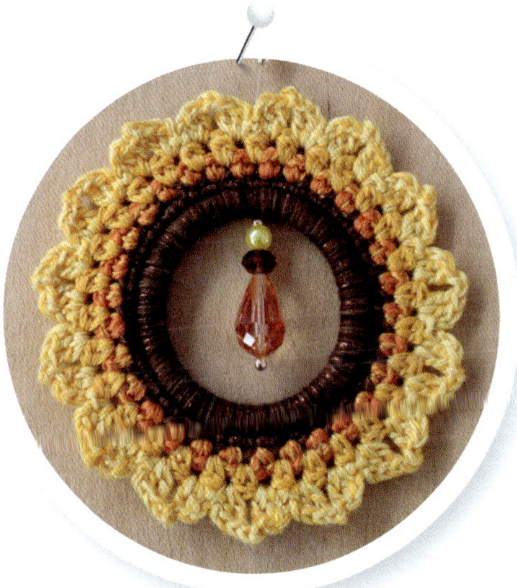

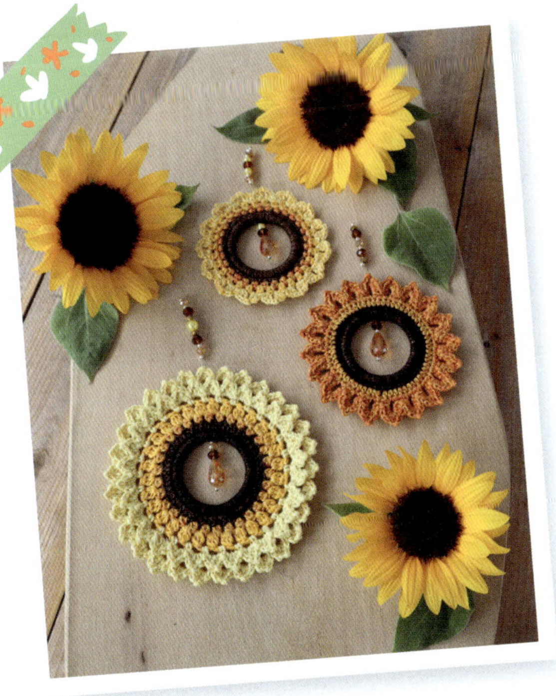

FARBFOLGE FÜR RINGMANDALA 1

Runde 2 in Farbe 3 und Glitzerfaden in Braun
Runde 3 in Farbe 5 und Glitzerfaden in Orange
Runde 4 in Farbe 7 und Glitzerfaden in Gold irisierend
Runde 5 in Farbe 10 und Glitzerfaden in Gold irisierend

ANLEITUNG FÜR RINGMANDALA 2

Mit Farbe 1 und Glitzerfaden in Braun einmal anschlingen, 1 Luftmasche und 60 feste Maschen in den Ring häkeln. Weiter die Runden 2 bis 5 in der angegebenen Farbfolge arbeiten.

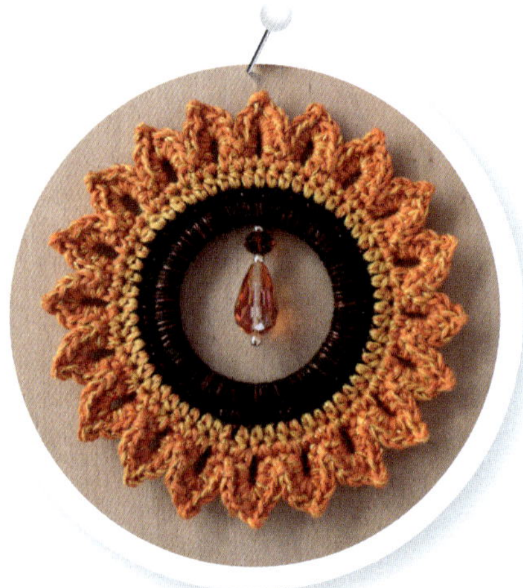

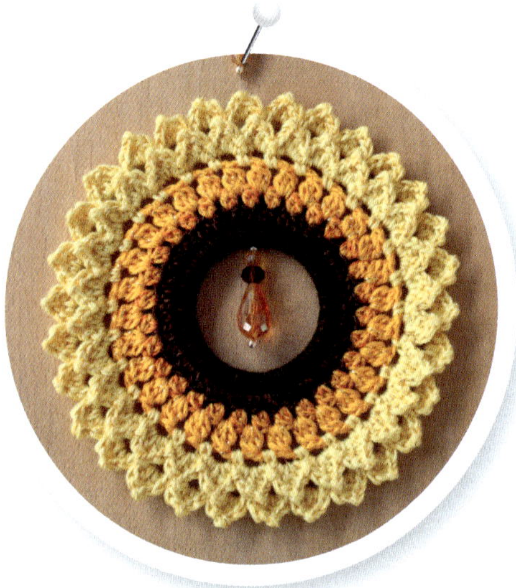

FARBFOLGE FÜR RINGMANDALA 2

Runde 2 in Farbe 1 und Glitzerfaden in Braun
Runde 3 in Farbe 6 und Glitzerfaden in Orange
Runde 4 und 5 in Farbe 5 und Glitzerfaden in Orange

TIPP: Bei jedem Farbwechsel an einer anderen Stelle beginnen, das ergibt ein schöneres Bild.

ANLEITUNG FÜR RINGMANDALA 3

Mit Farbe 1 einmal anschlingen, 1 Luftmasche und 60 feste Maschen in den Ring häkeln und mit 1 Kettmasche zur Runde schließen. Weiter die Runden 2 bis 8 in der angegebenen Farbfolge arbeiten. In der 7. Runde auf der Rückseite zwischen 2 Stäbchen neu anschlingen und die Runde auf der Rückseite häkeln. Die letzte Runde dann wieder auf der Vorderseite arbeiten.

FARBFOLGE FÜR RINGMANDALA 3

Runde 2 in Farbe 2
Runde 3 in Farbe 6 und Glitzerfaden in Orange
Runde 4 in Farbe 8 und Glitzerfaden in Gold irisierend
Runde 5 bis 8 in Farbe 12 und Glitzerfaden in Gold irisierend

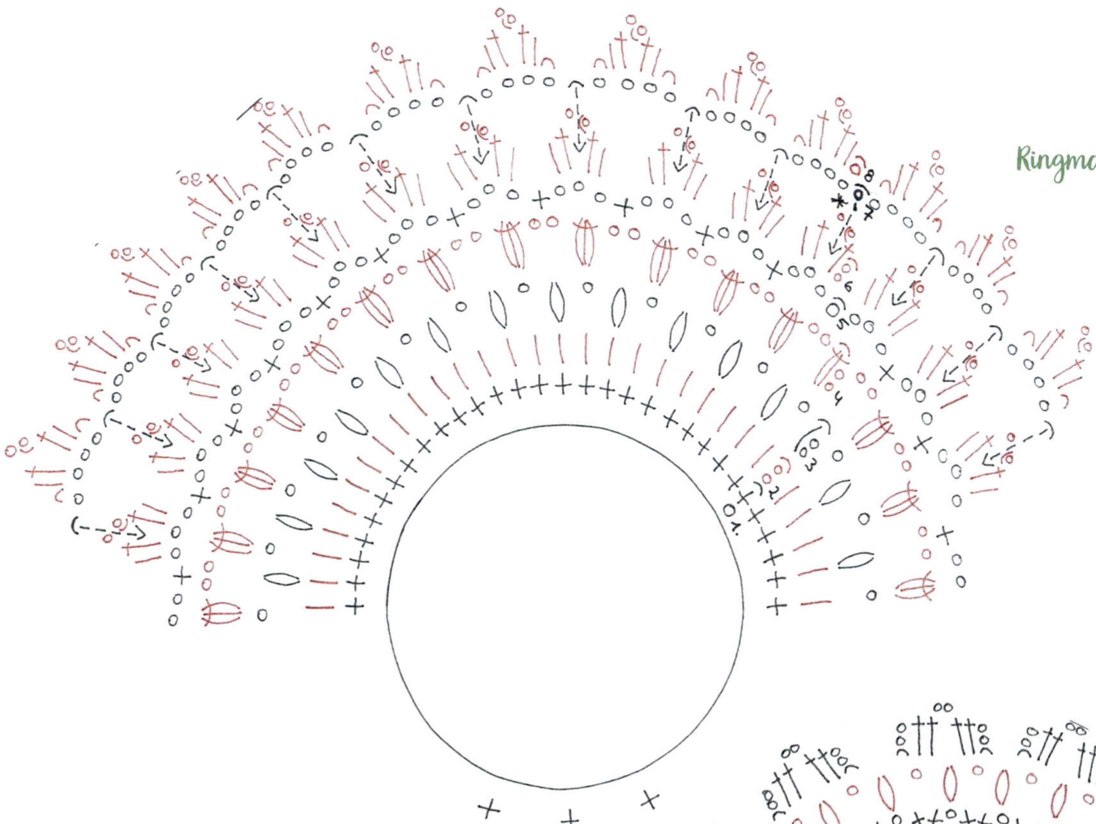

Ringmandala 3

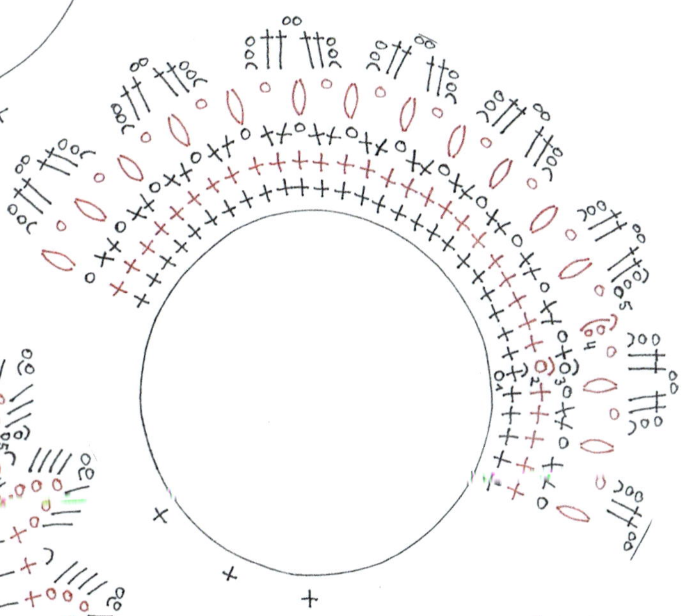

Ringmandala 1

Ringmandala 2

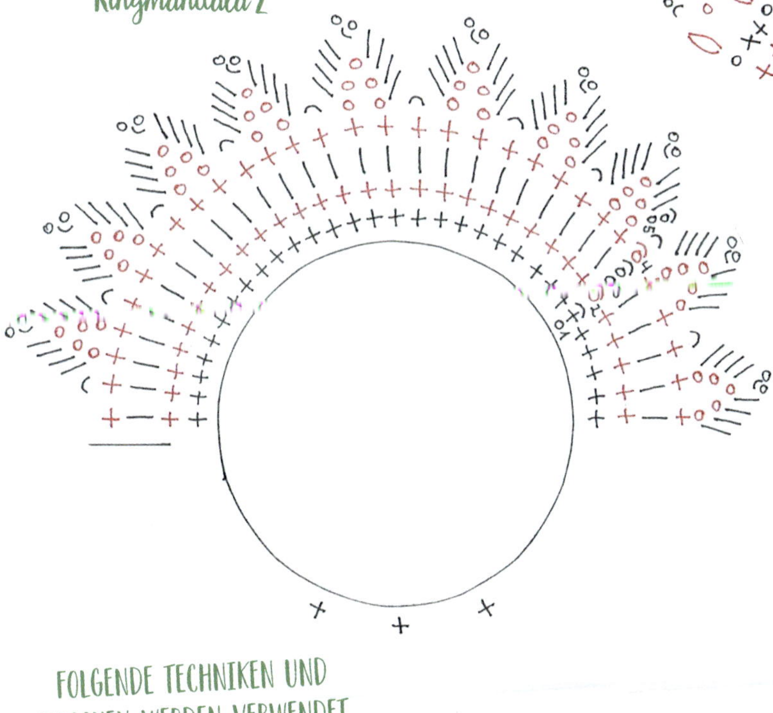

FOLGENDE TECHNIKEN UND MASCHEN WERDEN VERWENDET

∘ Luftmasche ⌒ Kettmasche + Feste Masche | Halbes Stäbchen † Stäbchen

() 2 zusammen abgemaschte halbe Stäbchen 3 zusammen abgemaschte Stäbchen

Popcornmasche aus 5 Stäbchen 1 Stäbchen um die Popcornmasche häkeln

2 Luftmaschen arbeiten, dann in die 1. Luftmasche zurück 1 Kettmasche häkeln (Picot)

QUADRATE

Seitenlänge 15 cm

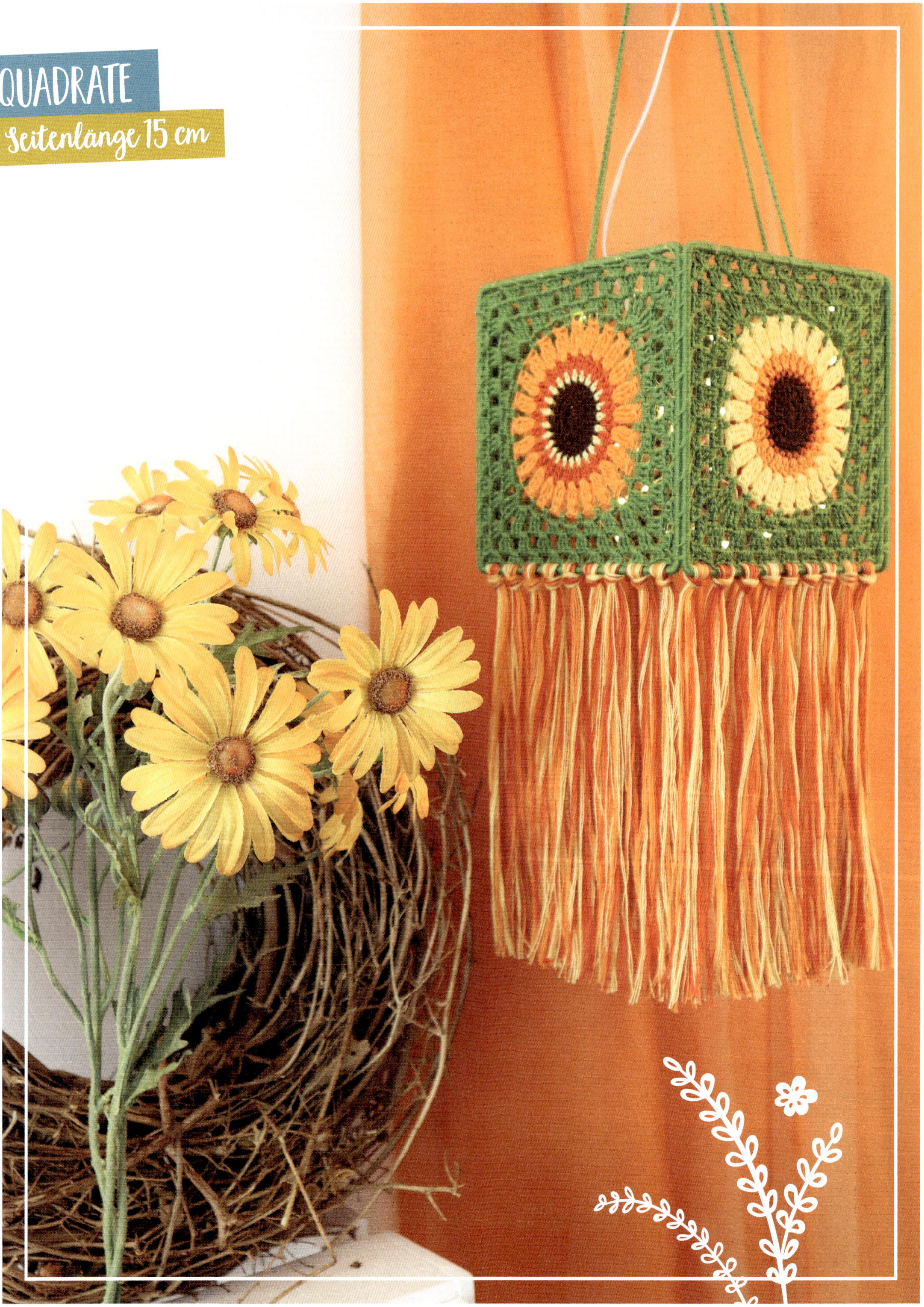

Windlicht Sonnenblume

Du brauchst

Einfarbig „LoLa“, 4-fädig, 50 % Baumwolle/50 % Polyacryl, von der Garnmanufaktur, je 50 g in Braun, Farn, Gold, Orange und Rost
Häkelnadel, 3,0 mm und 4,5 mm, Nähnadel ❀ 4 quadratische Metallringe, Seitenlänge 15 cm
Dünner Deko-Draht, 0,3 mm ❀ LED-Lichterkette mit 40 Lämpchen
Kleiner Metall- oder Holzring, ca. 2–3 cm Durchmesser, zum Aufhängen
Klebstoff

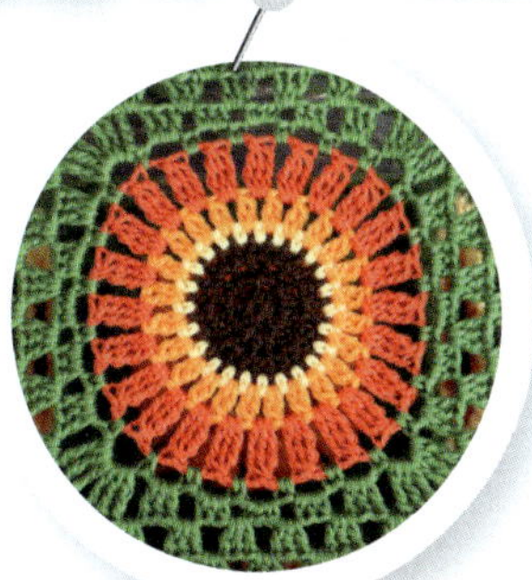

FARBFOLGE FÜR SEITE 1

Runde 1 bis 3 in Braun
Runde 4 in Gold
Runde 5 in Orange
Runde 6 in Rost
Runde 7 bis 10 in Farn

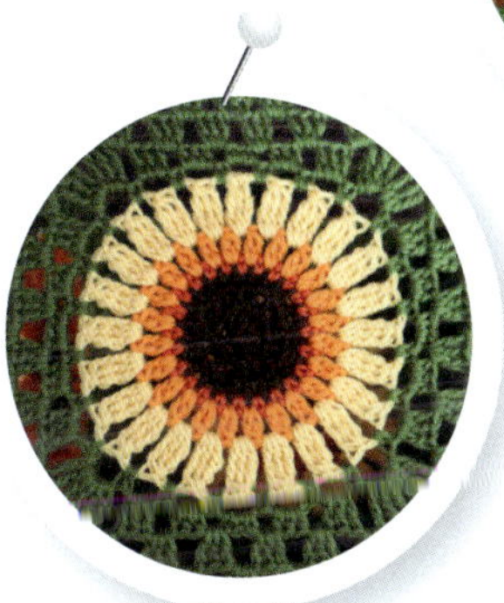

FARBFOLGE FÜR SEITE 2

Runde 1 bis 3 in Braun
Runde 4 in Rost
Runde 5 in Orange
Runde 6 in Gold
Runde 7 bis 10 in Farn

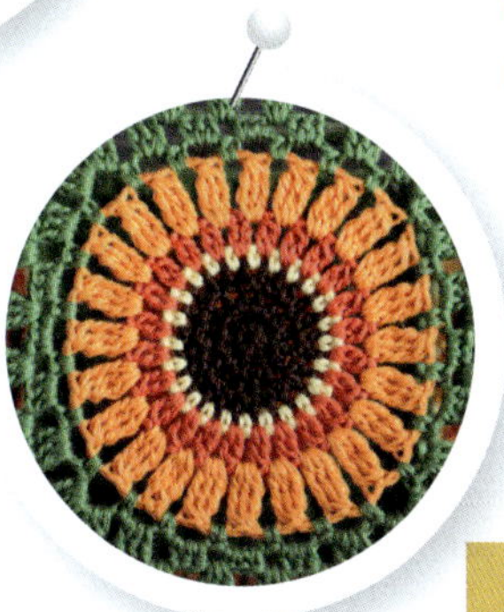

FARBFOLGE FÜR SEITE 3

Runde 1 bis 3 in Braun
Runde 4 in Gold
Runde 5 in Rost
Runde 6 in Orange
Runde 7 bis 10 in Farn

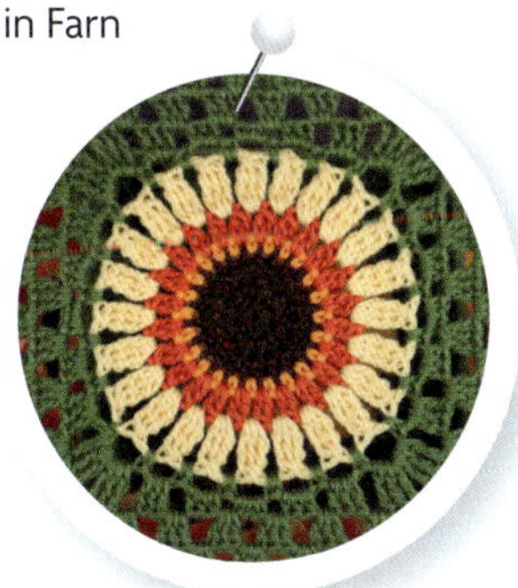

FARBFOLGE FÜR SEITE 4

Runde 1 bis 3 in Braun
Runde 4 in Orange
Runde 5 in Rost
Runde 6 in Gold
Runde 7 bis 10 in Farn

ANLEITUNG

Alle 4 quadratischen Metallringe mit der Farbe Farn und etwas Klebstoff umwickeln. Dazu ca. 4 m vom Garn abschneiden.
4 Quadrate nach der Häkelschrift herstellen.
Die Häkelquadrate in die umwickelten Metallringe spannen. Dafür ca. 1,30 m der grünen Wolle (Farn) abschneiden, auf der Rückseite um eine Ecke binden und verknoten. Alle Seiten an den grünen Punkten in den Metallring spannen. Am Schluss mit dem Anfangsfaden verknoten.
Die 4 Quadrate mit der grünen Wolle fest zu einem Windlicht zusammenbinden.
Zur Stabilität und um die Lichterkette aufzuhängen, den dünnen Draht kreuzweise in die obere Öffnung spannen. Dazu ca. 2 m abschneiden.
An 4 Seiten eine Kette aus ca. 60 Luftmaschen befestigen und an deren oberen Ende einen kleinen Ring, der vorher mit grüner Wolle und Klebstoff umwickelt worden ist, daran befestigen.
Die Lichterkette an das Drahtgeflecht hängen.
Zum Schluss ca. 46 cm lange Fäden mit der Wolle und der 4,5-mm-Häkelnadel als Fransen an der Unterseite anknüpfen.

TIPP: Bei jedem Farbwechsel an einer anderen Stelle beginnen, das ergibt ein schöneres Bild.

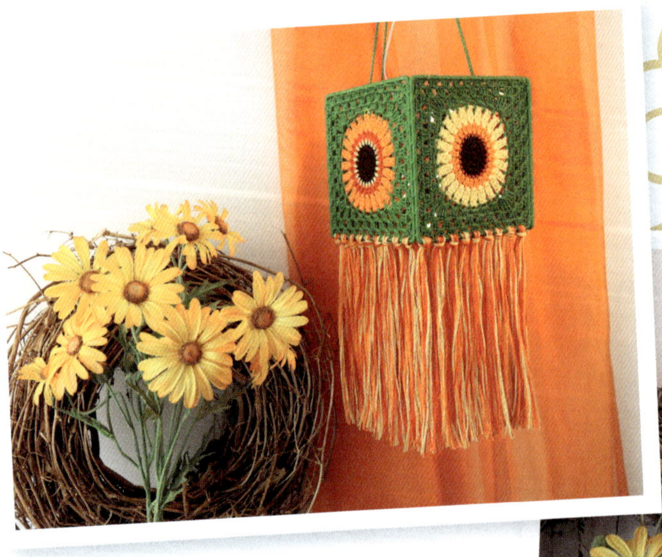

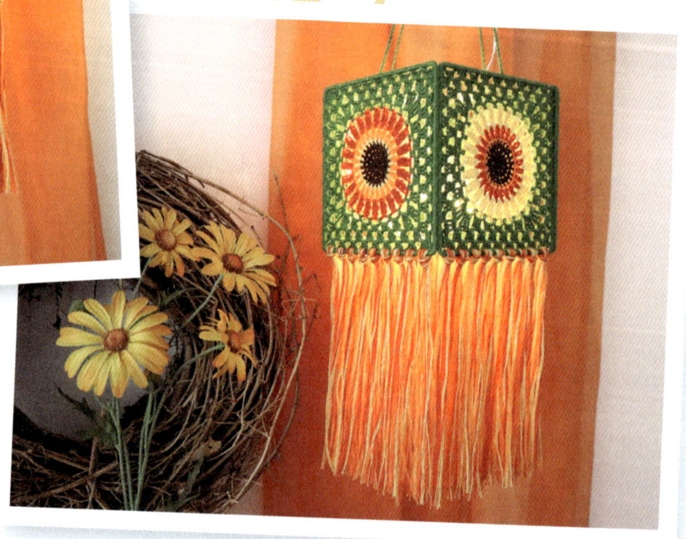

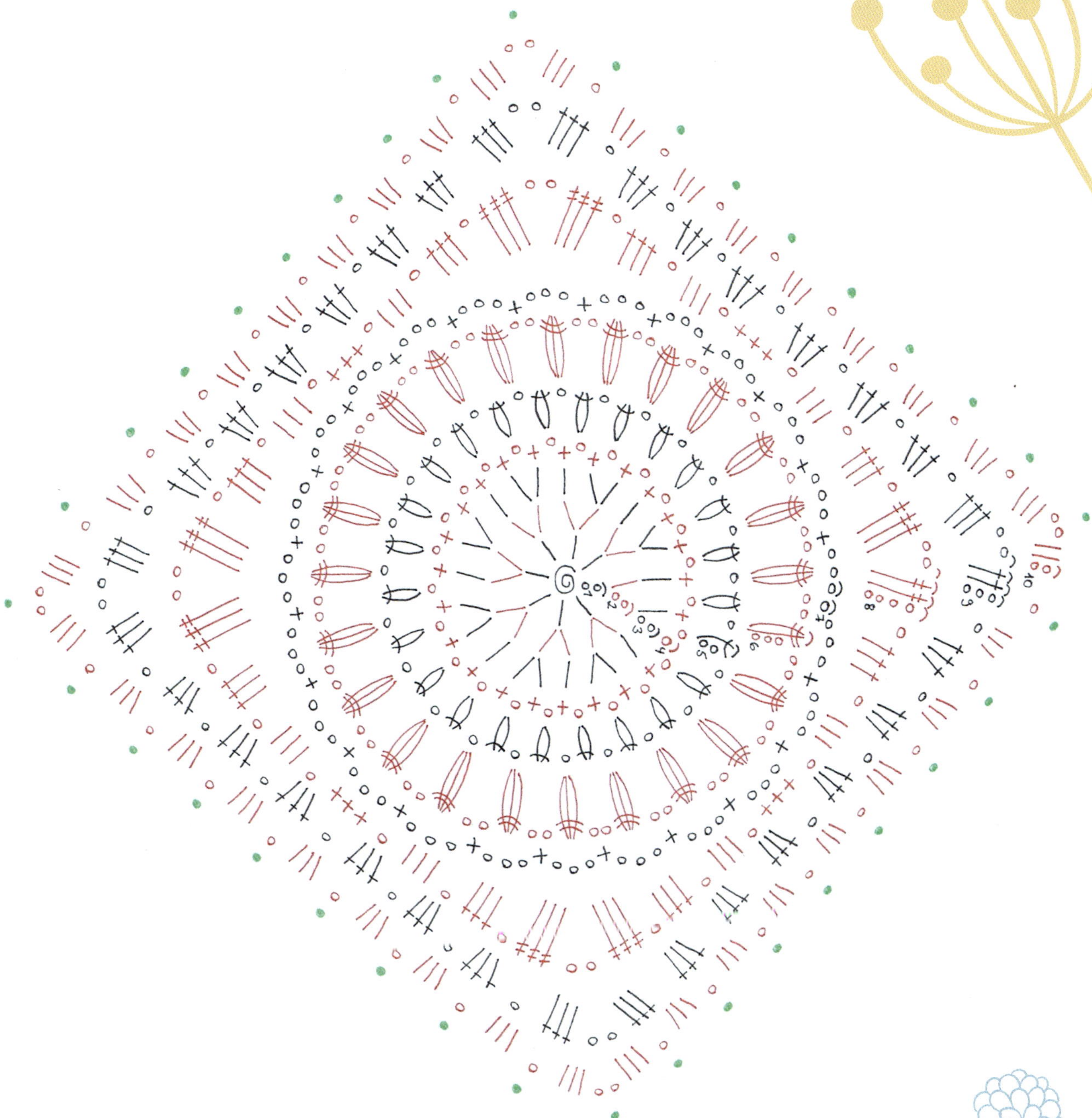

Folgende Techniken und Maschen werden verwendet

Magischer Ring · Luftmasche · Kettmasche · Feste Masche · Halbes Stäbchen · Stäbchen · Doppelstäbchen · 2 zusammen abgemaschte Stäbchen · 3 zusammen abgemaschte Doppelstäbchen

QUADRATISCHER TRAUMFÄNGER UND RINGMANDALAS

Seitenlänge 25 cm, Durchmesser 6 cm

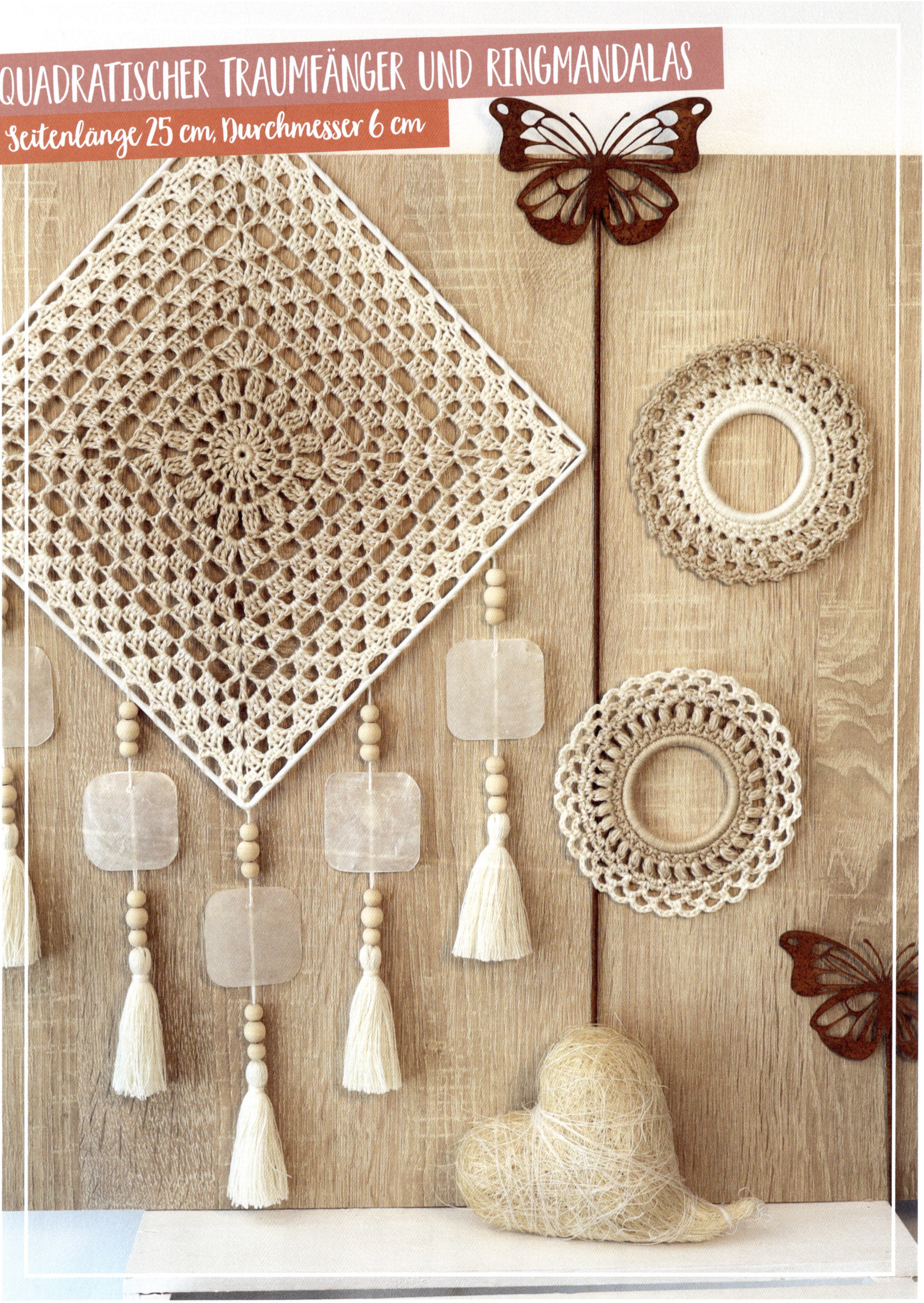

Natur Pur

Du brauchst

Set LoLa Charms Duo „Düne“, 4-fädig, 50 % Baumwolle/50 % Polyacryl, von der Garnmanufaktur ❀ Häkelnadel, 3,0 mm, Nähnadel
Quadratischer Metallrahmen, Seitenlänge 25 cm, in Weiß
2 kleine Metallringe, Durchmesser 6 cm, außen gemessen
Verschiedene Holzperlen, 8 mm und 10 mm ❀ 5 quadratische Perlmuttscheiben in Weiß
5 Quasten (siehe S. 17) ❀ Deko-Festiger

FARBFOLGE FÜR DEN TRAUMFÄNGER

Runde 1 bis 4 in Farbe 5
Runde 5 bis 7 in Farbe 4
Runde 8 bis 10 in Farbe 3
Runde 11 und 12 in Farbe 2
Runde 13 und 14 in Farbe 1

ANLEITUNG

Den Traumfänger von Runde 1 bis 14 häkeln. Den Faden nicht gleich abschneiden, sondern ca. 2 m oder länger hängen lassen und damit den Traumfänger in den Rahmen spannen. An den grünen Punkten und dazwischen einmal um den Ring wickeln. Zuletzt den Faden auf der Rückseite vernähen.

TIPP: Damit der Faden an den vier Ecken nicht verrutscht, fixieren Sie ihn zuerst mit einem Klebestreifen. Wenn der Traumfänger dann fertig gespannt ist, entfernen Sie die Klebestreifen und fixieren Sie den Faden auf der Rückseite mit Klebstoff. Dann bleibt er an der richtigen Stelle.

FERTIGSTELLUNG

Zum Ausdekorieren 5 Quasten mit dem Knäuel Nr. 1 herstellen und den Faden an der oberen Seite der Quaste länger hängen lassen. Daran die Holzperlen und je eine Perlmuttscheibe anbringen. Die Perlmuttscheibe mit einem Knoten auf der Rückseite an die richtige Stelle setzen und die erste Perle darüber mit Klebstoff an der gewünschten Stelle fixieren. Dann den Faden an den Ring knoten.

FARBFOLGE FÜR RINGMANDALA 1

Runde 1 und 2 in Farbe 5
Runde 3 in Farbe 4
Runde 4 in Farbe 3
Runde 5 in Farbe 2
Runde 6 in Farbe 1

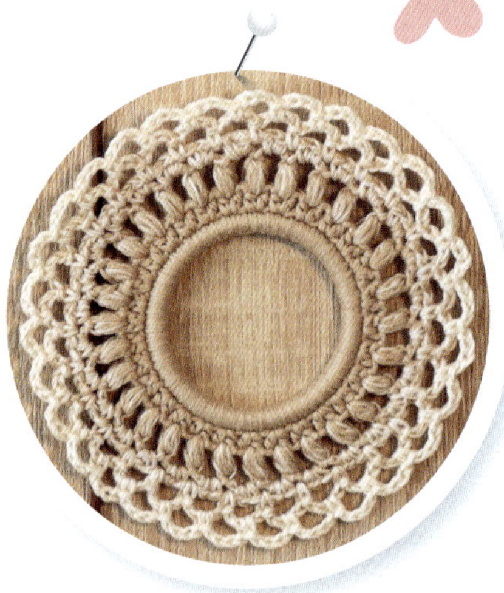

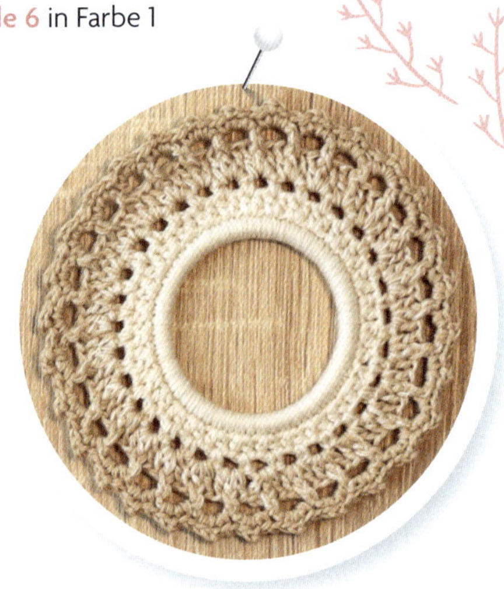

FARBFOLGE FÜR RINGMANDALA 2

Runde 1 und 2 in Farbe 1
Runde 3 in Farbe 2
Runde 4 in Farbe 3
Runde 5 in Farbe 4
Runde 6 in Farbe 5

ANLEITUNG

Mit der jeweiligen Farbe einmal anschlingen, 1 Luftmasche und 60 feste Maschen in den Ring häkeln. Mit 1 Kettmasche die Runde schließen und die Runden 2 bis 6 in der Farbfolge weiterarbeiten.

TIPP: Bei jedem Farbwechsel an einer anderen Stelle beginnen, das ergibt ein schöneres Bild.

TIPP: Wenn die festen Maschen der 1. Runde zu fest sind, in der 2. Runde die festen Maschen von hinten zuerst lockern und dann die Masche häkeln.

FERTIGSTELLUNG

Wenn die Ringmandalas fertiggehäkelt sind, auf die Rückseite verdünnten Deko-Festiger streichen, umdrehen und mit der Vorderseite nach oben auflegen, damit der Festiger nicht in die schöne Seite fließt. Über Nacht trocknen lassen. Falls die Mandalas noch nicht standhaft genug sind, den Vorgang wiederholen.

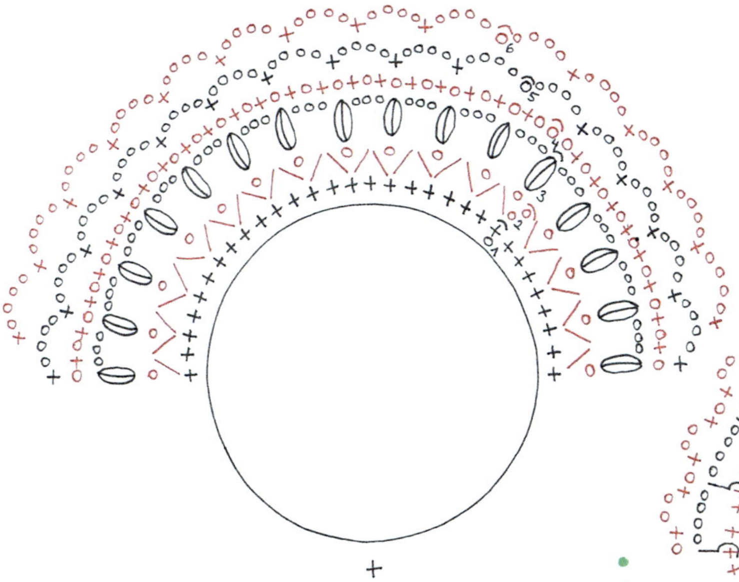

Ringmandala 1

Ringmandala 2

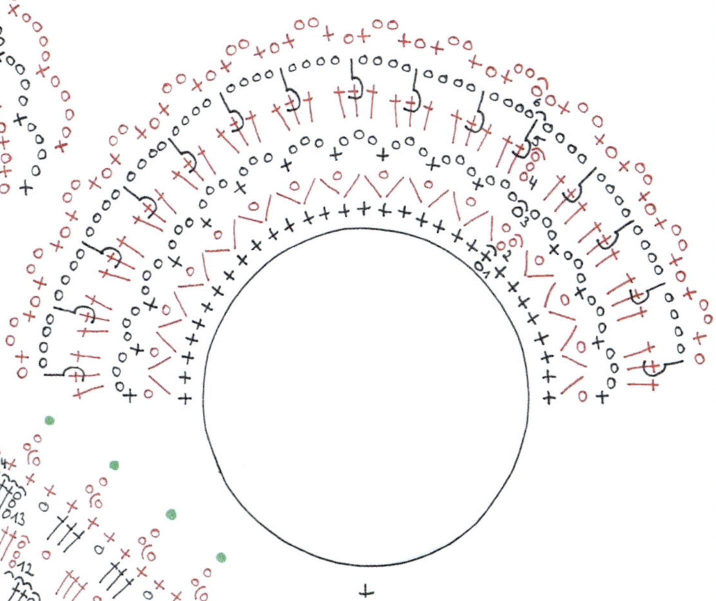

Traumfänger

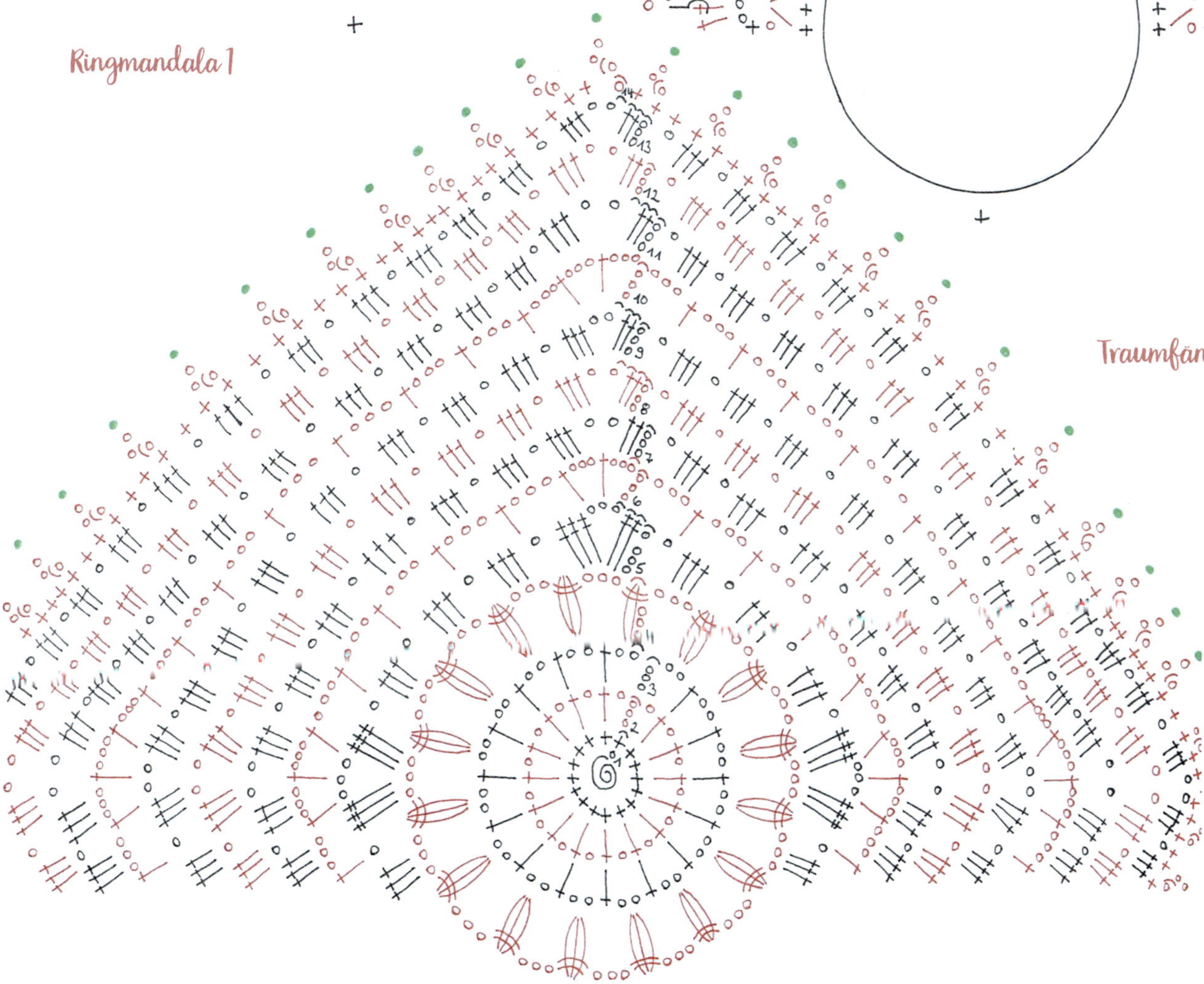

FOLGENDE TECHNIKEN UND MASCHEN WERDEN VERWENDET

Magischer Ring · Luftmasche · Kettmasche · Feste Masche · Halbes Stäbchen · Stäbchen · Doppelstäbchen · 3 zusammen abgemaschte Doppelstäbchen · Büschelmasche aus 3 Umschlägen · 1 halbes Stäbchen um das Stäbchen der Vorreihe häkeln, Reliefmasche vorne

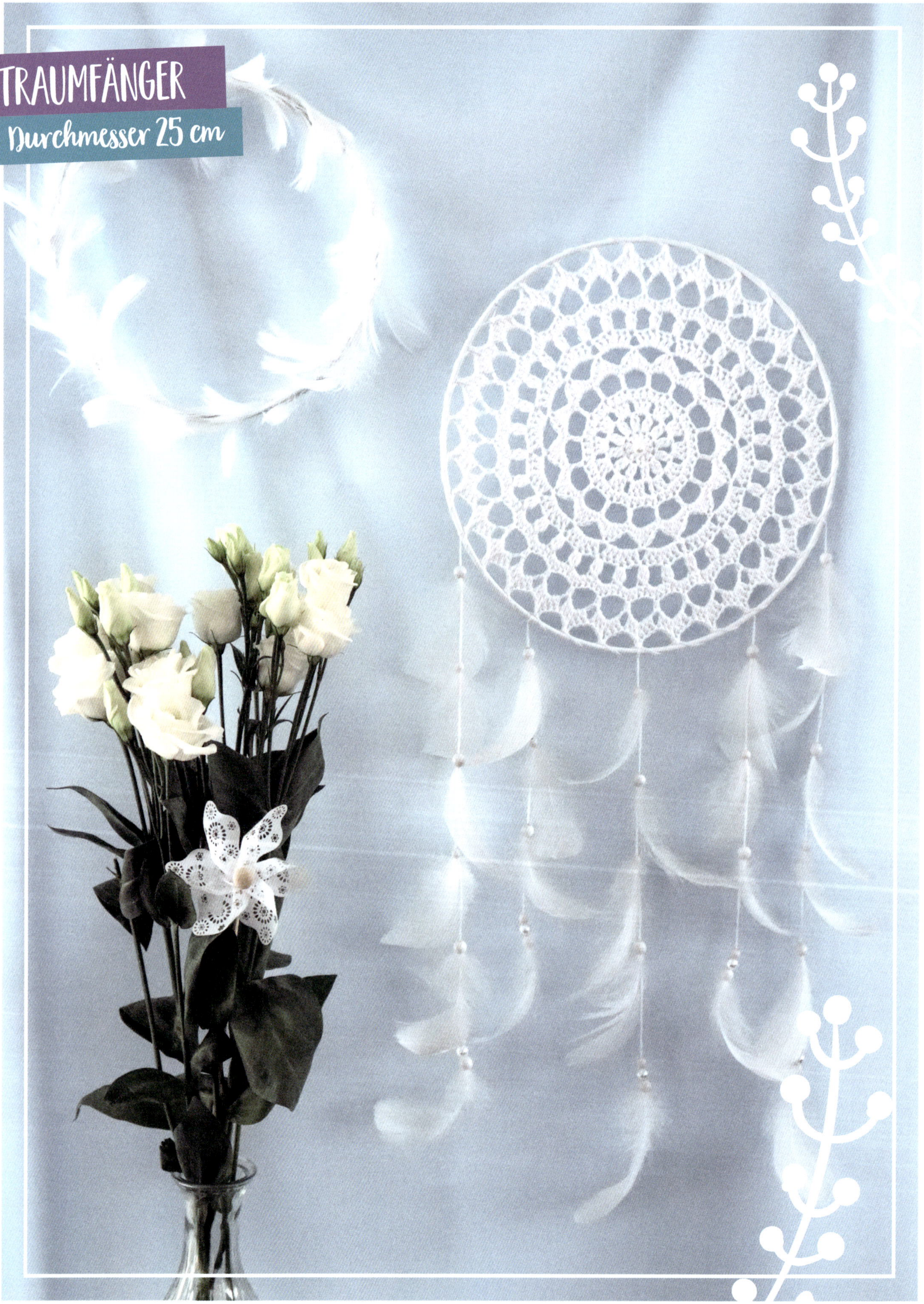
TRAUMFÄNGER
Durchmesser 25 cm

Federleicht

Du brauchst

Uni-Knäuel „LoLa", 4-fädig, 50 % Baumwolle/50 % Polyacryl, von der Garnmanufaktur, 50 g in Weiß ❀ Häkelnadel, 3,0 mm, Nähnadel
Metallring, Durchmesser 25 cm, in Weiß
Weiße Federn, verschiedene Perlen in Weiß und Silber

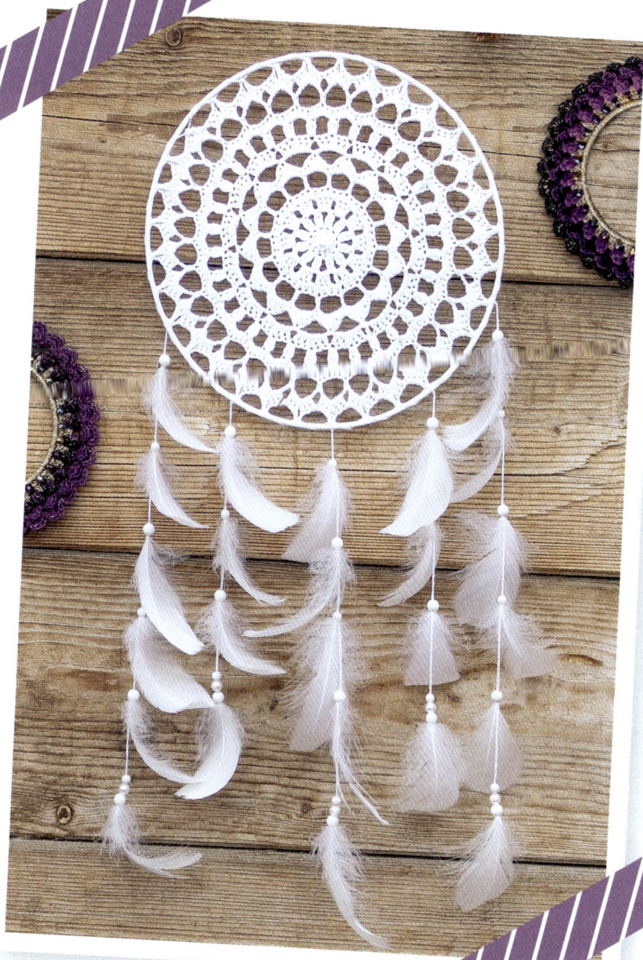

ANLEITUNG

Den Traumfänger von Runde 1 bis 12 in Weiß häkeln. Am Schluss ca. 3 m Faden stehen lassen und den Traumfänger damit in den Ring spannen. An den grünen Punkten und dazwischen einmal um den Ring wickeln. Am Ende den Faden auf der Rückseite vernähen.

FERTIGSTELLUNG

Zum Ausdekorieren Federn und Perlen an 5 Fäden anbringen und diese an der unteren Seite des Ringes befestigen. Zum Schluss eine Perle in der Mitte annähen.

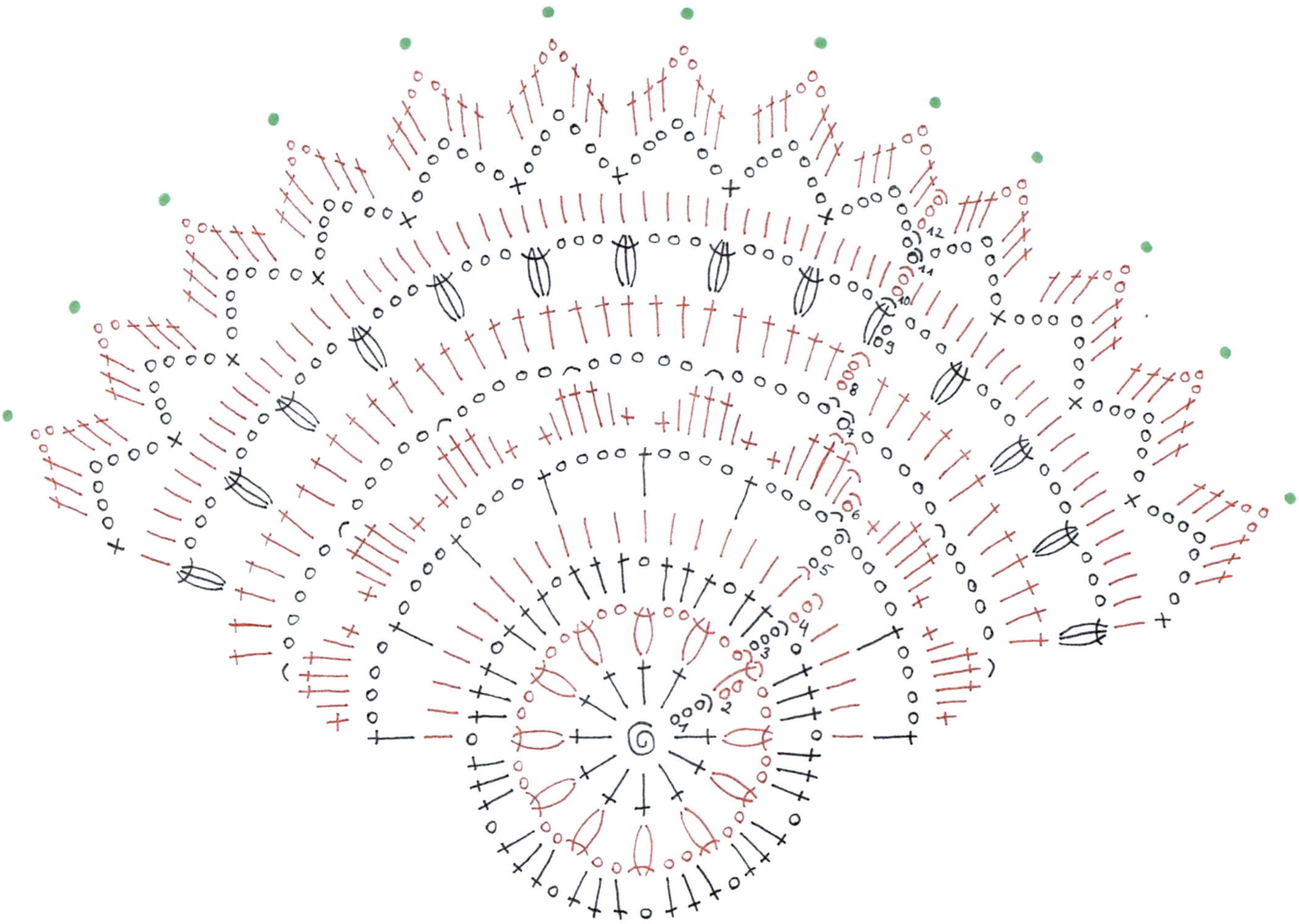

FOLGENDE TECHNIKEN UND MASCHEN WERDEN VERWENDET

Magischer Ring · Luftmasche
Kettmasche · Feste Masche
Halbes Stäbchen · Stäbchen
2 zusammen abgemaschte Stäbchen
3 zusammen abgemaschte Stäbchen

RINGMANDALAGIRLANDE

Durchmesser 10 cm

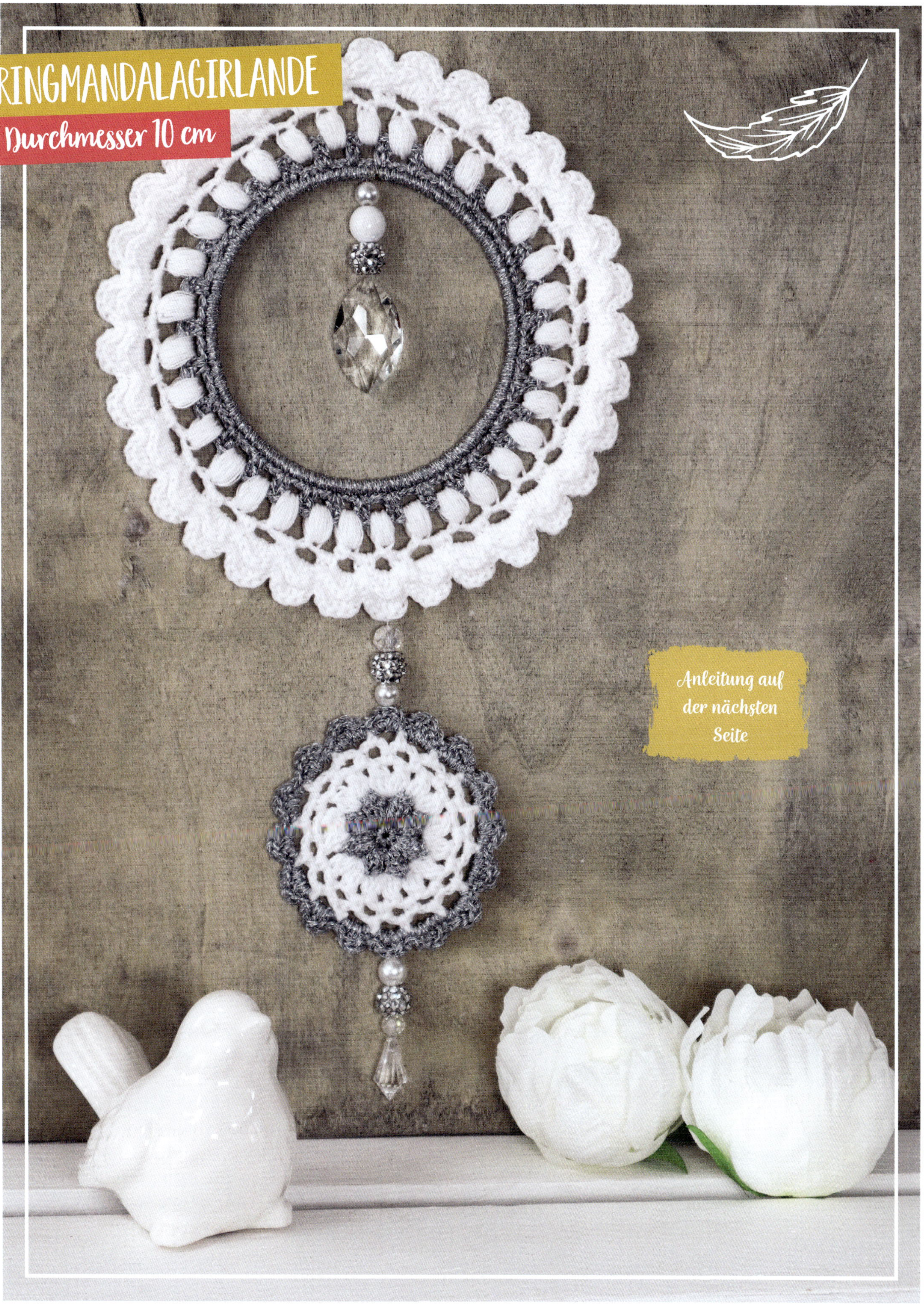

Anleitung auf der nächsten Seite

Edel in Silber und Weiß

Du brauchst

Uni-Knäuel „LoLa", 4-fädig, 50 % Baumwolle/50 % Polyacryl, von der Garnmanufaktur, 50 g in Weiß
Cocktail „deluxe", 100 % Polyester, von Hobbii, 2 x 50 g in Silver
Häkelnadel, 3,0 mm, Nähnadel, Perlennadel ❀ Metallring, Durchmesser 10 cm
Verschiedene Perlen und Glastropfen in Weiß und Silber
Nylonfaden, 0,25 mm ❀ Deko-Festiger

ANLEITUNG

Cocktail „deluxe" 2-fädig nehmen und einmal anschlingen, 1 Luftmasche und 96 feste Maschen in den Ring häkeln. Mit 1 Kettmasche die Runde schließen und einfädig mit Cocktail „deluxe" die Runde 2 weiterhäkeln. Die weiteren Runden mit der Farbe Weiß. In der 6. Runde auf der Rückseite zwischen 2 festen Maschen neu anschlingen und die Runde auf der Rückseite häkeln. Die letzte Runde dann wieder auf der Vorderseite arbeiten.

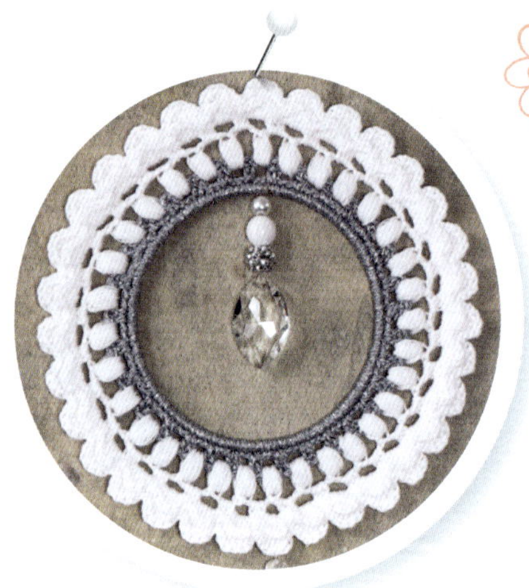

FARBFOLGE FÜR RINGMANDALA 1

Runde 1 mit doppeltem Faden in Silver
Runde 2 einfädig in Silver
Runde 3 bis 7 in Weiß

FARBFOLGE FÜR RINGMANDALA 2

Runde 1 und 2 in Silver
Runde 3 bis 5 in Weiß
Runde 6 in Silver

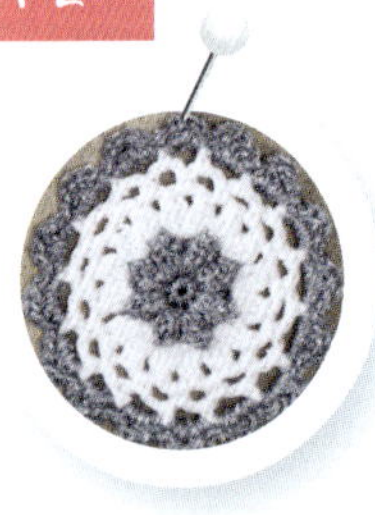

FERTIGSTELLUNG

Wenn das Mandala fertiggehäkelt ist, Perlen und Glastropfen auf den Nylonfaden auffädeln und in der Mitte vom Ring annähen.
Dann mit dem Nylonfaden verschiedene Perlen zwischen den beiden Mandalas befestigen und am Ende noch einen kleinen Glastropfen am unteren Rand der Girlande befestigen.
Zuletzt auf die Rückseite verdünnten Deko-Festiger streichen, umdrehen und mit der Vorderseite nach oben auflegen, damit der Festiger nicht in die schöne Seite fließt. Über Nacht trocknen lassen. Falls die Mandalas noch nicht standhaft genug sind, den Vorgang wiederholen.

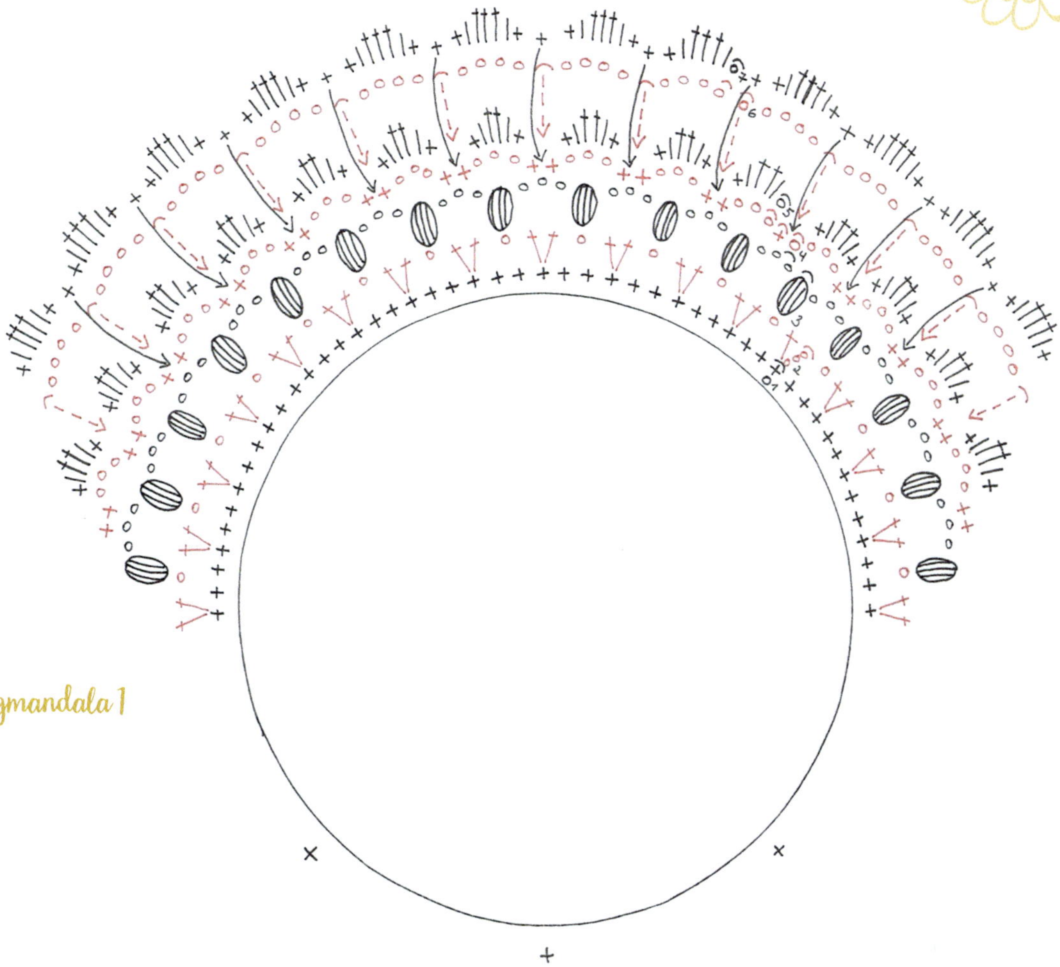

Ringmandala 1

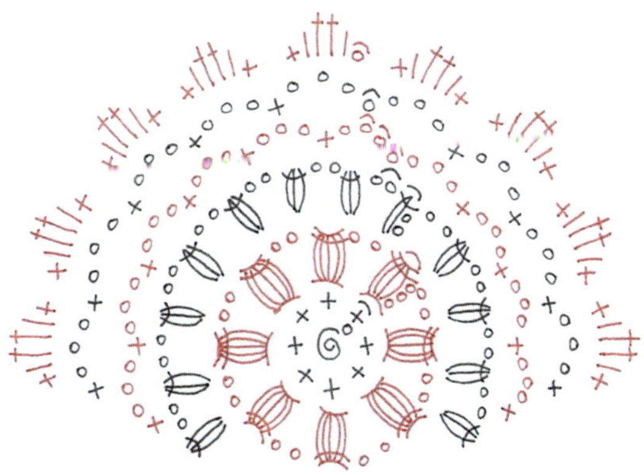

Ringmandala 2

FOLGENDE TECHNIKEN UND MASCHEN WERDEN VERWENDET

Magischer Ring · Luftmasche · Kettmasche · Feste Masche · Halbes Stäbchen · Stäbchen

3 zusammen abgemaschte Stäbchen · Büschelmasche aus 5 Umschlägen

Popcornmasche aus 5 Stäbchen

1 feste Masche zwischen die 2 festen Maschen in Runde 4 häkeln.

TRAUMFÄNGER

Durchmesser 35 cm und 20 cm

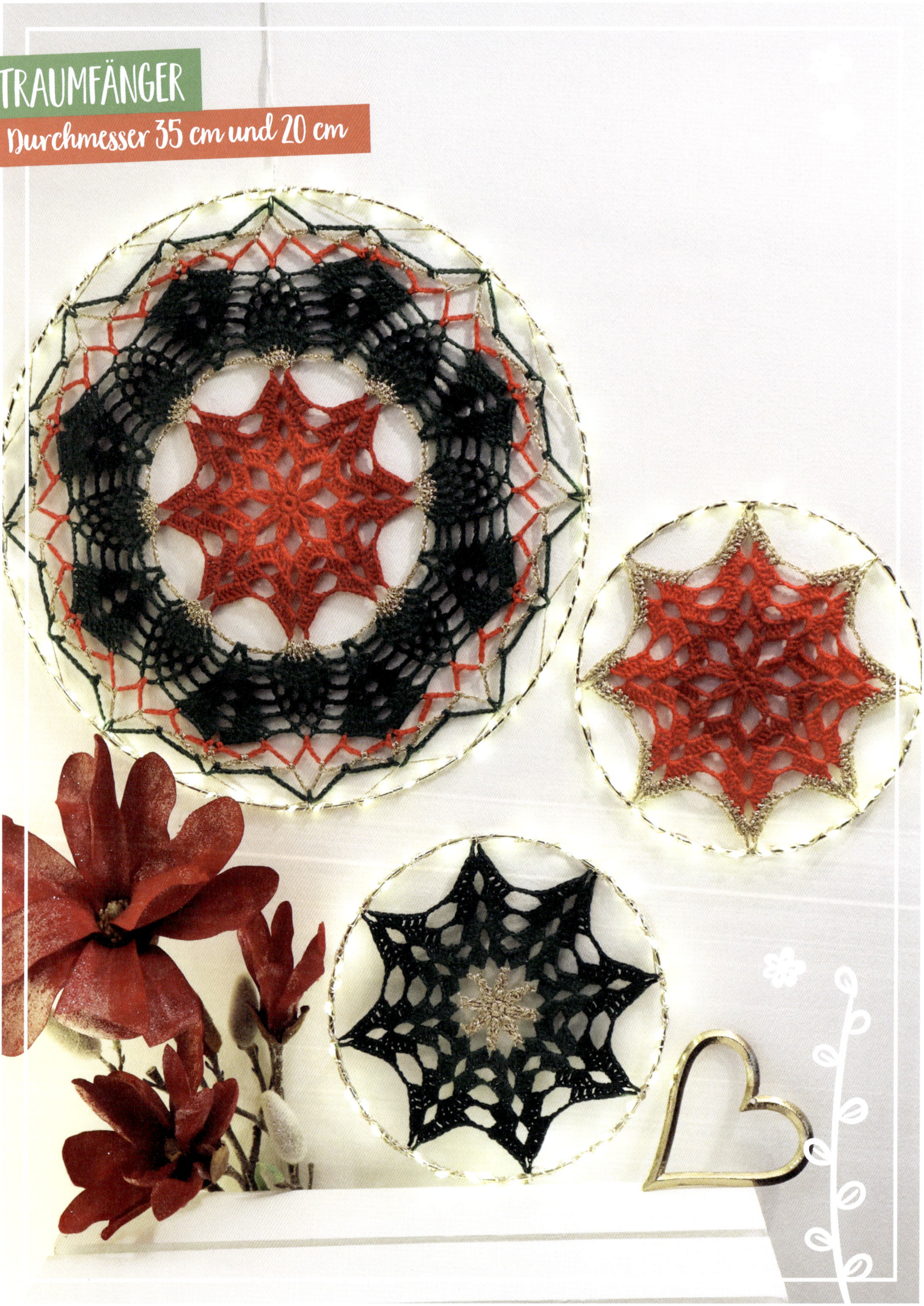

Weihnachtsleuchten

Du brauchst

Uni-Knäuel „LoLa“, 4-fädig, 50 % Baumwolle/50 % Polyacryl, von der Garnmanufaktur, je 50 g in Kirsche, Rot, Smaragd und Tannengrün
Cocktail „Deluxe“ von Hobbii, 50 g in Gold ❀ Häkelnadel, 3,0 mm, Nähnadel
3 Metallringe in Gold, Durchmesser 35 cm (1 x) und 20 cm (2 x)
1 Lichterkette, 100 LEDs, 5 m ❀ 2 Lichterketten, 40 LEDs, 2 m

FARBFOLGE FÜR TRAUMFÄNGER 35 CM

Runde 1 bis 3 in Kirsche
Runde 4 und 5 in Rot
Runde 6 in Gold
Runde 7 und 8 in Smaragd
Runde 9 und 10 in Tannengrün
Runde 11 und 12 in Smaragd
Runde 13 in Kirsche
Runde 14 in Gold
Runde 15 in Smaragd

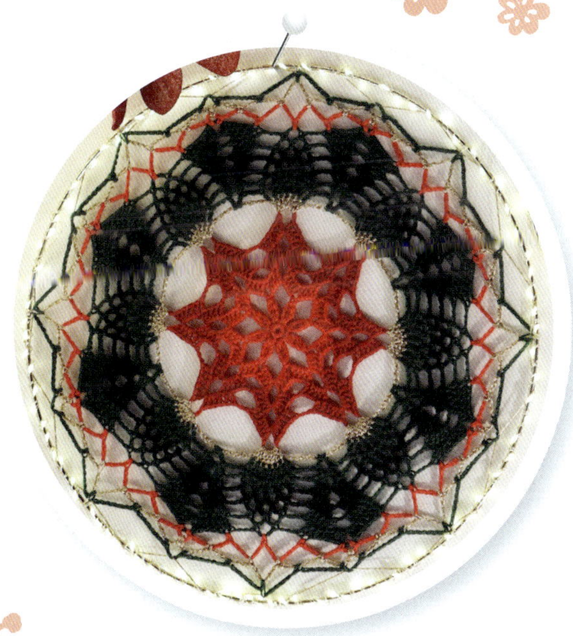

FARBFOLGE FÜR TRAUMFÄNGER 20 CM IN GRÜN/GOLD

Runde 1 und 2 in Gold
Runde 3 und 4 in Smaragd
Runde 5 und 6 in Tannengrün

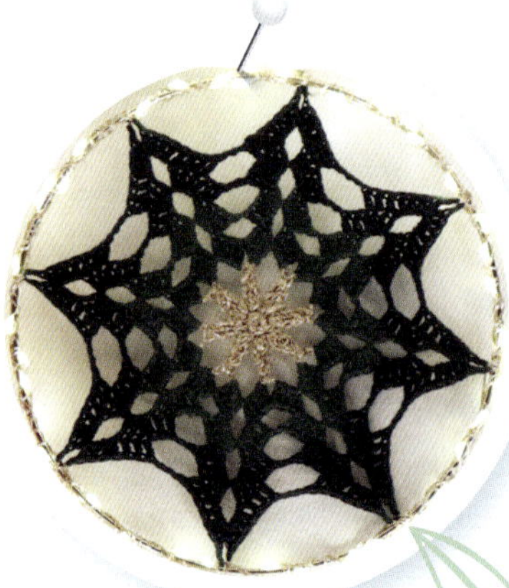

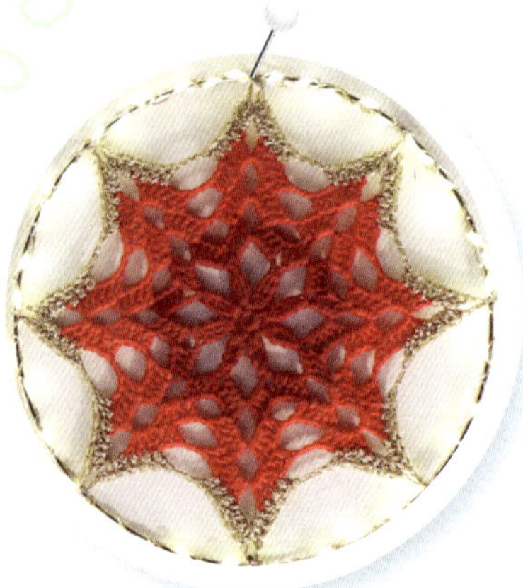

FARBFOLGE FÜR TRAUMFÄNGER 20 CM IN ROT/GOLD

Runde 1 und 3 in Rot
Runde 4 und 5 in Kirsche
Runde 6 in Gold

HINWEIS: Am Beginn von Runde 14 und 15 den Faden neu anschlingen.

FERTIGSTELLUNG

Vor dem Aufspannen der Traumfänger die Lichterketten um die jeweiligen Ringe wickeln.
Bei zwei grünen Punkten im Diagramm zuerst die goldene Wolle an der Rückseite verknoten, dann die Wolle weiter an diesen Punkten um den Ring mit der Lichterkette spannen. Bei zwei grünen Punkten zweimal durchfädeln, bei einem Punkt einmal. Zwischen den Punkten einmal um den Ring spannen, bei den kleinen Traumfängern zweimal.

TIPP: Bei jedem Farbwechsel an einer anderen Stelle beginnen, das ergibt ein schöneres Bild.

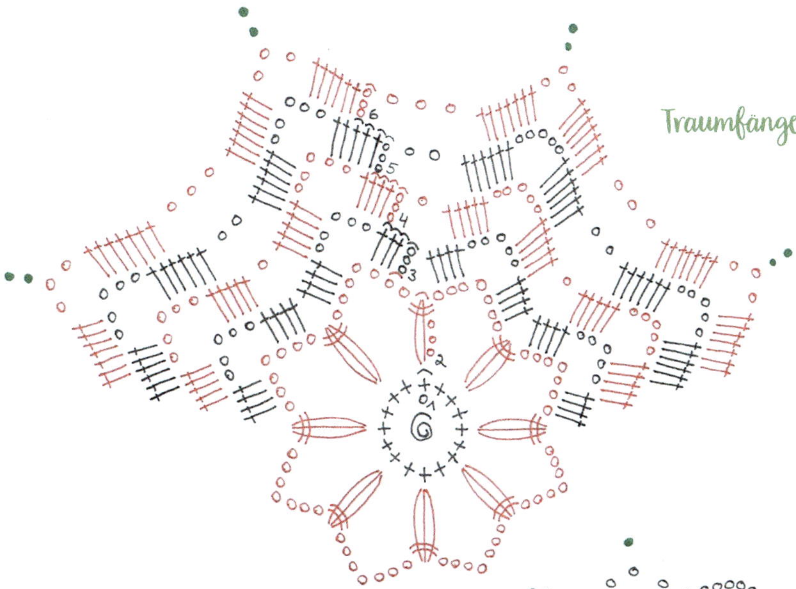

Traumfänger 2

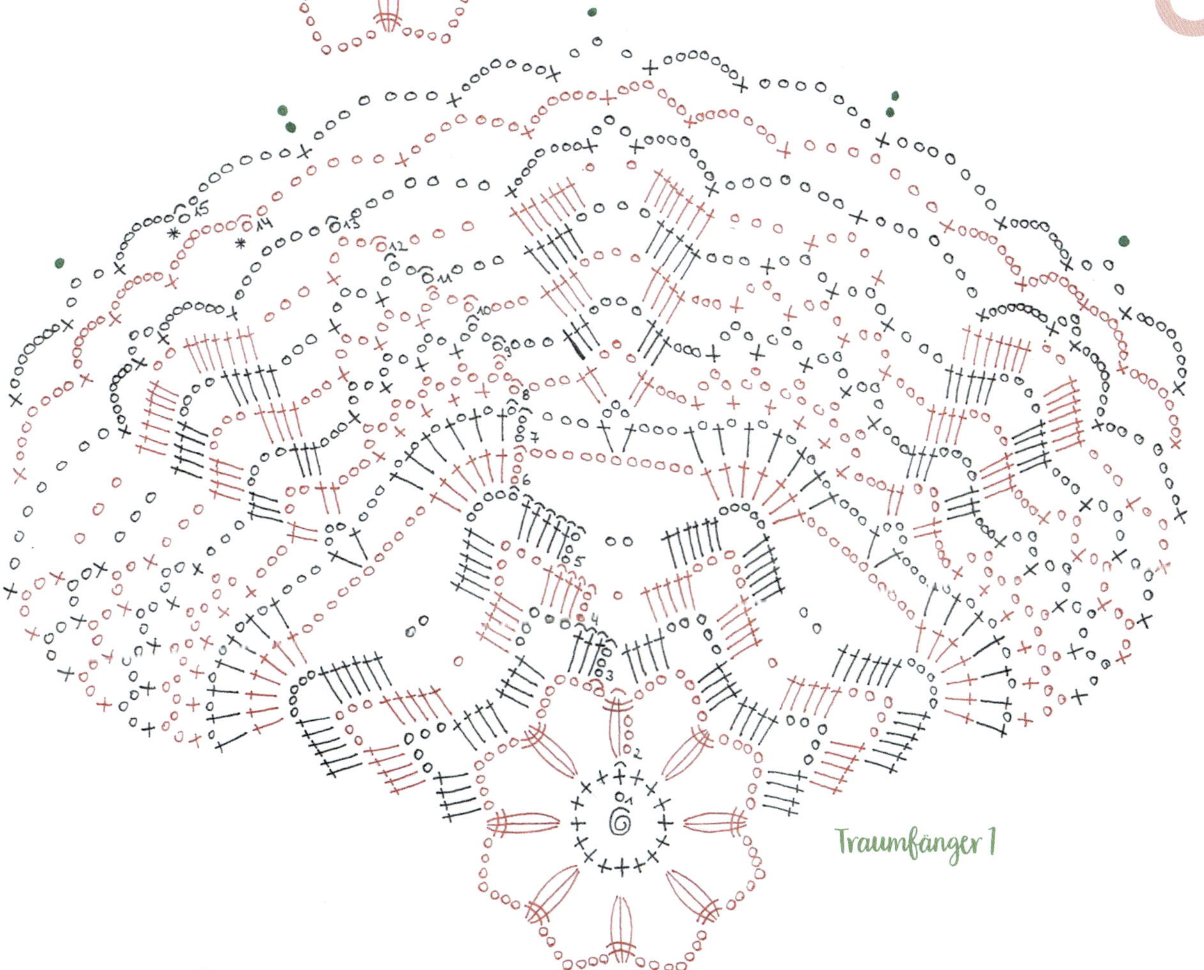

Traumfänger 1

FOLGENDE TECHNIKEN UND MASCHEN WERDEN VERWENDET

- Magischer Ring
- Luftmasche
- Kettmasche
- Feste Masche
- Stäbchen
- 3 zusammen abgemaschte Doppelstäbchen
- Den Faden neu anschlingen.

TRAUMFÄNGER

Durchmesser 35 cm

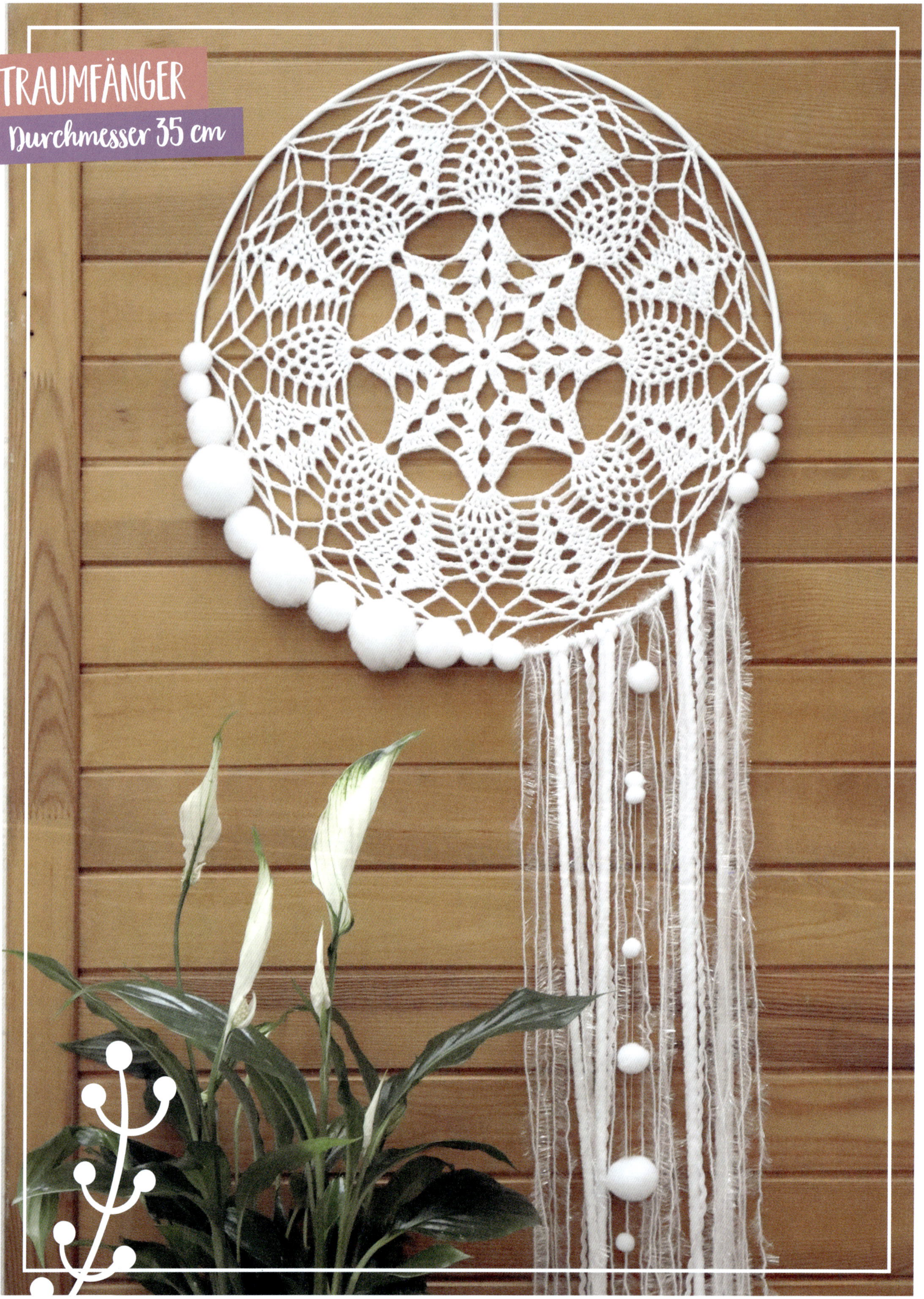

Schneeweiß

Du brauchst

Uni-Knäuel „LoLa“, 4-fädig, 50 % Baumwolle/50 % Polyacryl, von der Garnmanufaktur, 50 g in Weiß

Häkelnadel, 3,0 mm, Nähnadel ❀ Metallring, Durchmesser 35 cm, in Weiß

Verschiedene Wollfäden, weiße Pompons in unterschiedlichen Größen

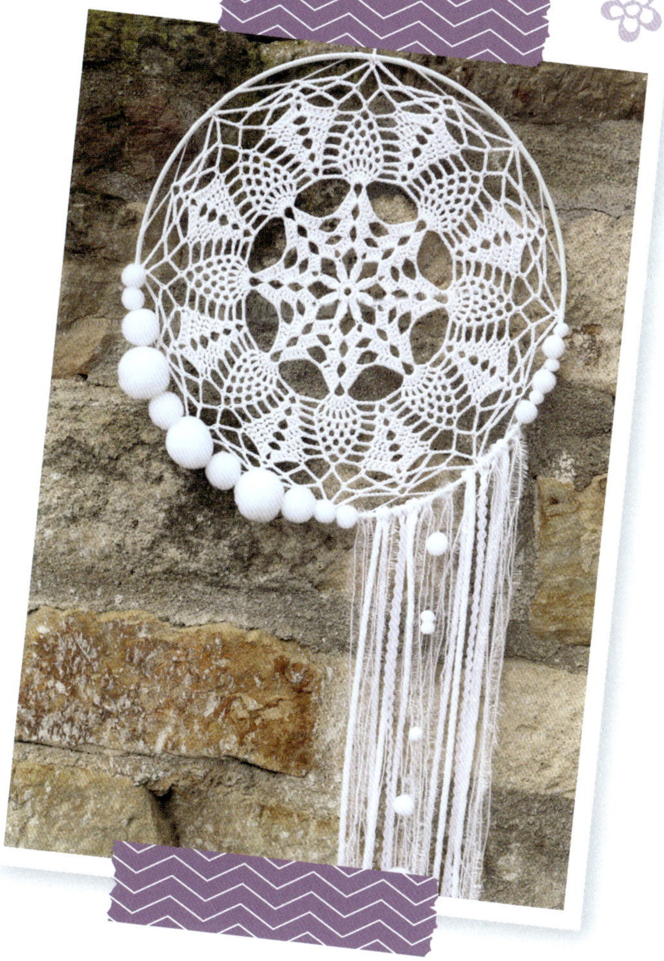

HINWEIS: Am Beginn von Runde 14 und 15 den Faden neu anschlingen.

FERTIGSTELLUNG

Den Traumfänger ganz in Weiß häkeln.
Bei zwei grünen Punkten im Diagramm zuerst die Wolle an der Rückseite verknoten, dann die Wolle weiter an diesen Punkten um den Ring spannen. Bei zwei grünen Punkten zweimal durchfädeln, bei einem Punkt einmal. Zwischen den Punkten einmal um den Ring spannen. Zuletzt mit verschiedenen Wollfäden und Pompons verzieren.

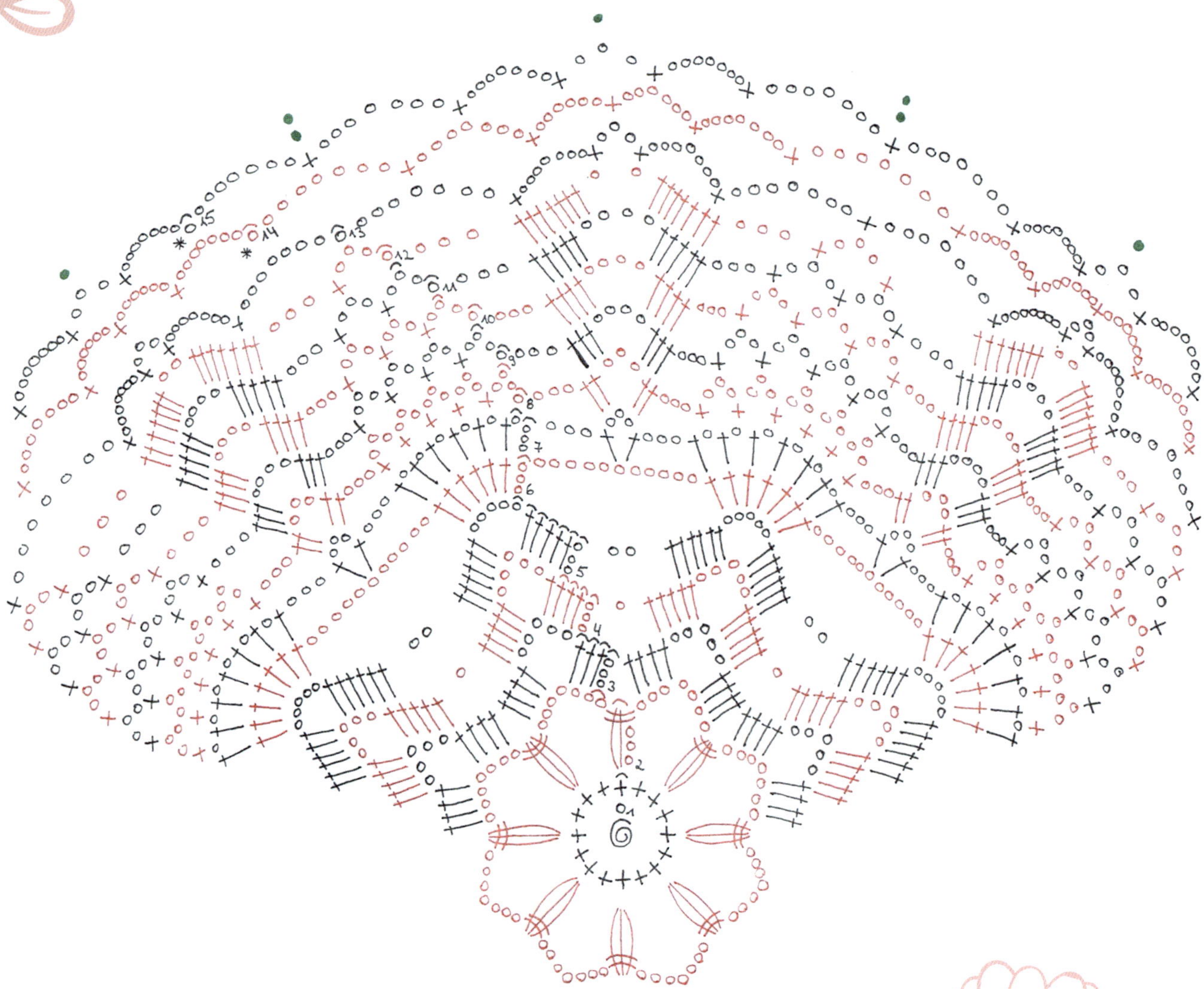

FOLGENDE TECHNIKEN UND MASCHEN WERDEN VERWENDET

Magischer Ring

Luftmasche Kettmasche

Feste Masche Stäbchen

3 zusammen abgemaschte Doppelstäbchen

Den Faden neu anschlingen

TRAUMFÄNGER

Durchmesser 30 cm

Anleitung auf der nächsten Seite

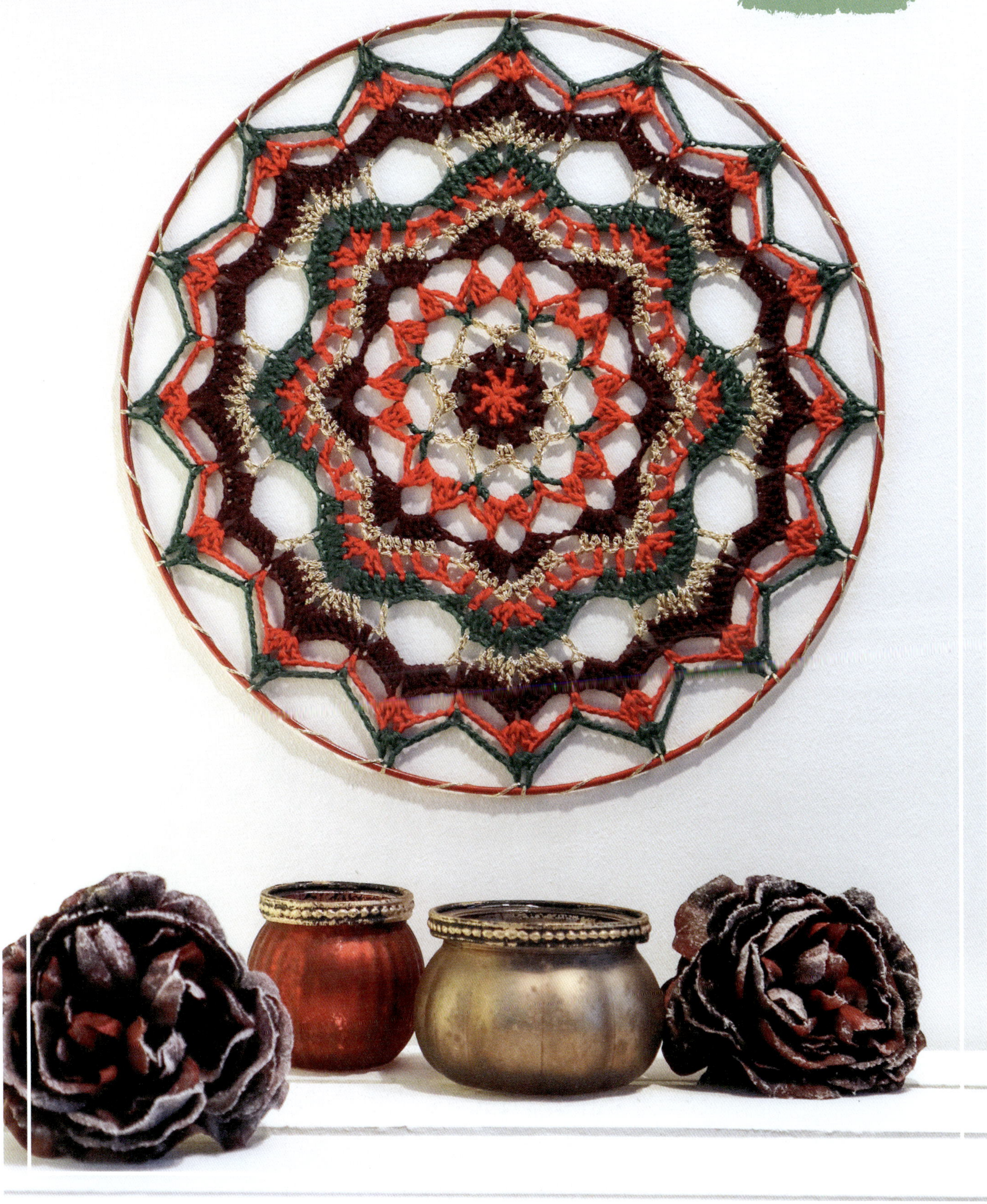

It's Christmas Time

Du brauchst

Uni-Knäuel „LoLa", 4-fädig, 50 % Baumwolle/50 % Polyacryl, von der Garnmanufaktur, je 50 g in Rot, Chianti und Smaragd
Cocktail „Deluxe", 100 % Polyester, von Hobbii, Kone, 50 g in Gold
Häkelnadel, 3,0 mm, Nähnadel
Metallring in Rot, Durchmesser 30 cm

FARBFOLGE

Runde 1 in Rot
Runde 2 in Chianti
Runde 3 in Gold
Runde 4 in Smaragd
Runde 5 in Rot
Runde 6 in Chianti
Runde 7 in Gold
Runde 8 in Rot
Runde 9 in Smaragd
Runde 10 in Gold
Runde 11 in Chianti
Runde 12 in Rot
Runde 13 in Smaragd

TIPP: Bei jedem Farbwechsel an einer anderen Stelle beginnen, das ergibt ein schöneres Bild.

FERTIGSTELLUNG

An der Stelle, an der im Diagramm die grünen Punkte eingezeichnet sind, zuerst die goldene Wolle an der Rückseite festknoten, dann zweimal umwickeln. Zwischen den Punkten zweimal um den Ring wickeln.

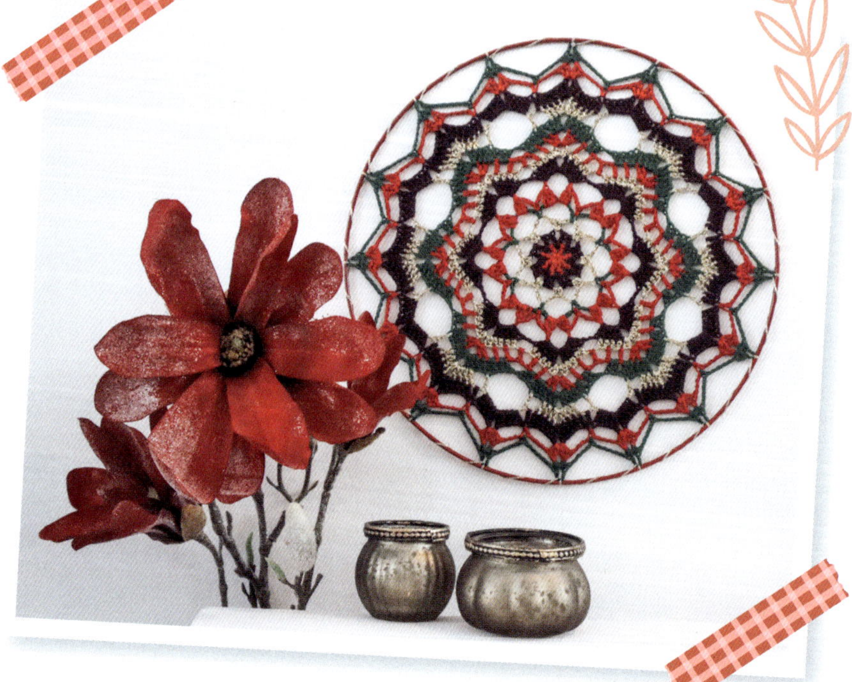

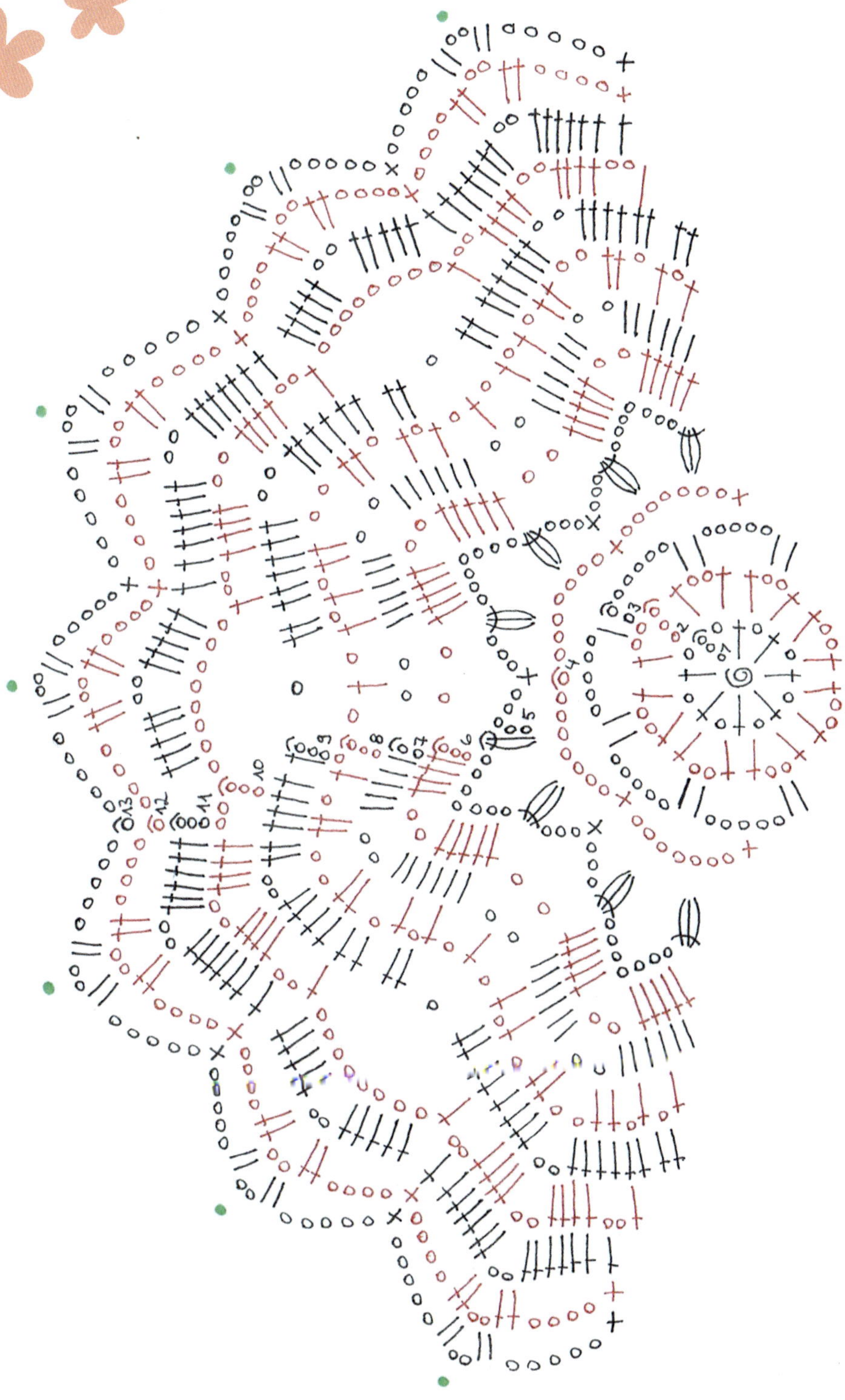

FOLGENDE TECHNIKEN UND MASCHEN WERDEN VERWENDET

Magischer Ring

Luftmasche ◠ Kettmasche

\+ Feste Masche | Halbes Stäbchen † Stäbchen

3 zusammen abgemaschte Stäbchen

GROß UND KLEIN

Durchmesser 15 cm und 10 cm

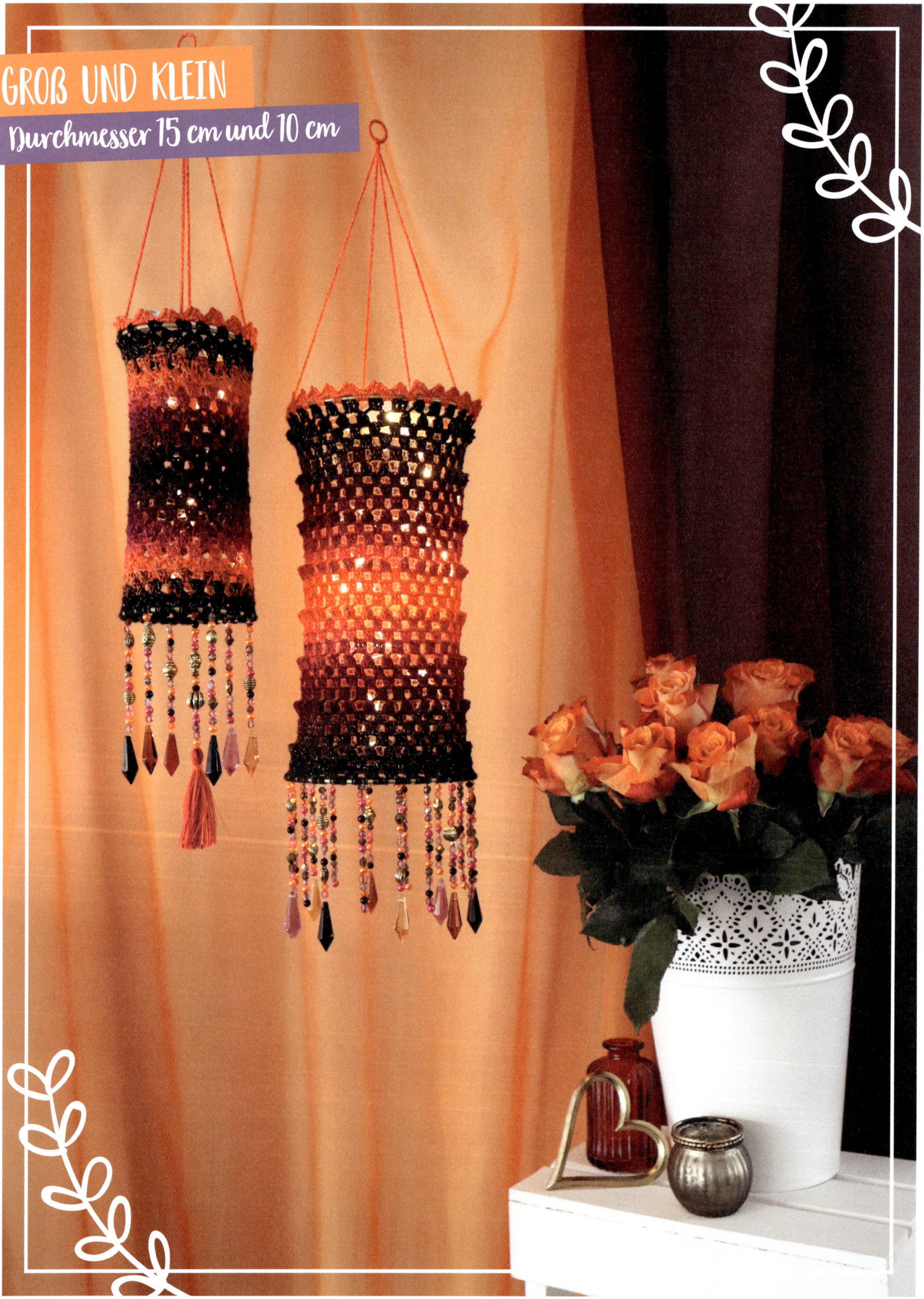

Bezaubernde Windlichter mit Perlen

Du brauchst

Schatzkiste „Abendland“, 12 Bobbel, 4-fädig, 50 % Baumwolle/50 % Polyacryl, von Lady Dee's Traumgarne ❀ Glitzerfaden (Gf) von Hobbii, in Gold irisierend und Pink
Häkelnadel, Nr. 3,0 mm ❀ 2 Metallringe, Durchmesser 10 cm und 15 cm, in Gold
Verschiedene Perlen und Glastropfen
Metallring, Durchmesser 1,5 cm ❀ Nylonfaden, 0,25 mm
Draht, 0,3 mm, in Gold ❀ 10-er- und 20-er-LED-Lichterkette

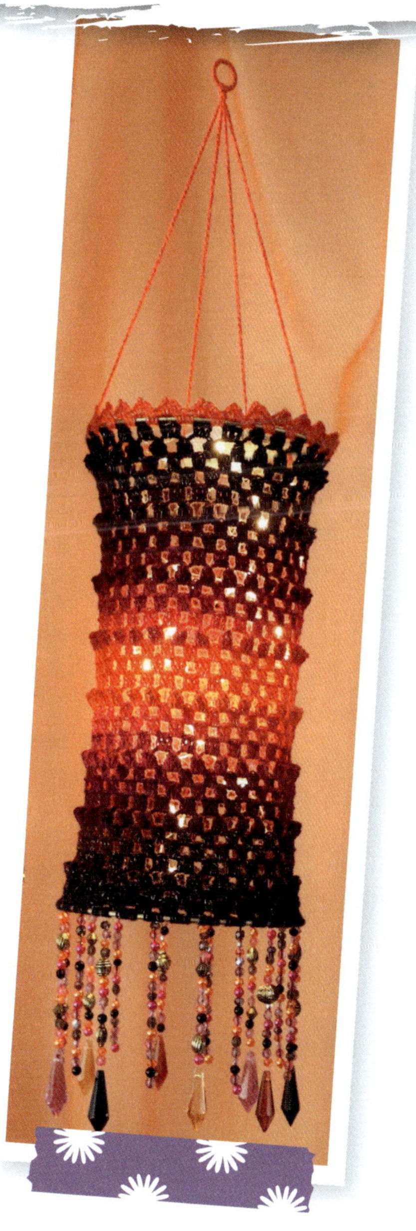

ANLEITUNG FÜR DAS GROSSE WINDLICHT

Alle Runden in der angegebenen Farbfolge arbeiten. In den Ring mit 1 Luftmasche anschlingen und weiter 3 feste Maschen und 2 Luftmaschen häkeln. In dieser Reihenfolge noch 27-mal wiederholen (insgesamt 28-mal). Mit 1 Kettmasche in die 1. feste Masche die Runde schließen. Dann weiter die Runden 2 und 3 häkeln. Jeweils das 1. Stäbchen mit 3 Luftmaschen und auch die Popcornmasche ersetzen. Die Runden immer mit 1 Kettmasche schließen. Weiter die Runden 4 bis 7 insgesamt 7-mal häkeln. Anschließend die Runden 32 und 33 häkeln. Für die Runde 34 den 2. Ring dazunehmen und wieder, wie im Muster beschrieben, 3 feste Maschen um den Ring und in die Luftmaschen der Vorrunde und 2 Luftmaschen in den Ring häkeln. In dieser Reihenfolge insgesamt 28-mal häkeln. Nun die Runde 35 als Abschlussrunde arbeiten. Mit 1 Kettmasche die Runde schließen.

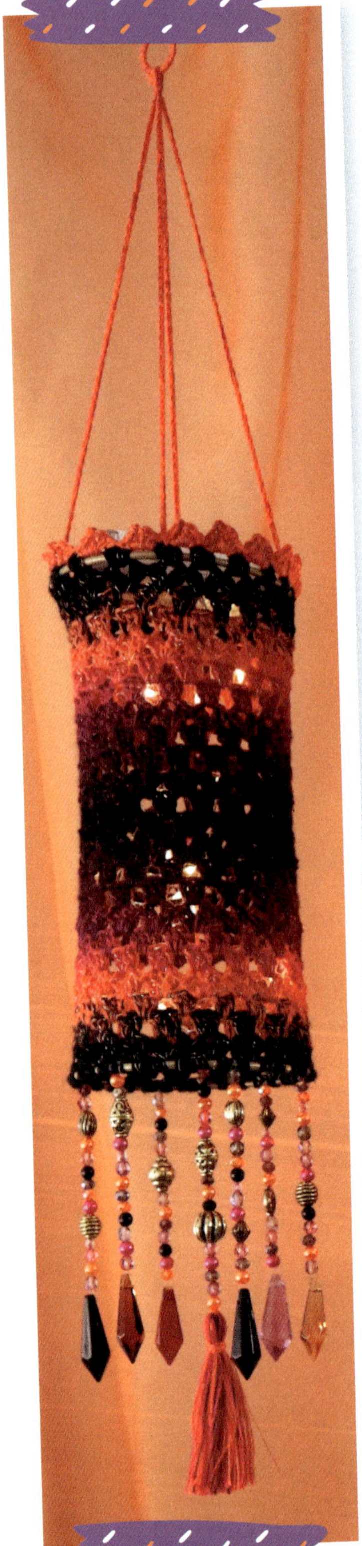

FARBFOLGE FÜR DAS GROSSE WINDLICHT

Runde 1 bis 3 in Farbe 11 und Gf Gold irisierend
Runde 4 und 5 in Farbe 10 und Gf Gold irisierend
Runde 6 und 7 in Farbe 9 und Gf Gold irisierend
Runde 8 und 9 in Farbe 8 und Gf Pink
Runde 10 und 11 in Farbe 7 und Gf Pink
Runde 12 und 13 in Farbe 6 und Gf Pink
Runde 14 und 15 in Farbe 5 und Gf Pink
Runde 16 bis 19 in Farbe 4 und Gf Gold irisierend
Runde 20 und 21 in Farbe 5 und Gf Gold irisierend
Runde 22 und 23 in Farbe 6 und Gf Gold irisierend
Runde 24 und 25 in Farbe 7 und Gf Pink
Runde 26 und 27 in Farbe 8 und Gf Pink
Runde 28 und 29 in Farbe 9 und Gf Gold irisierend
Runde 30 und 31 in Farbe 10 und Gf Gold irisierend
Runde 32 und 33 in Farbe 11 und Gf Gold irisierend
Runde 34 und 35 in Farbe 4 und Gf Gold irisierend

ANLEITUNG FÜR DAS KLEINE WINDLICHT

Alle Runden in der Farbfolge und nach Häkelschrift arbeiten. In den Ring mit 1 Luftmasche anschlingen und weiter 3 feste Maschen und 2 Luftmaschen in den Ring häkeln. In dieser Reihenfolge noch 17-mal wiederholen (insgesamt 18-mal). Mit 1 Kettmasche in die 1. feste Masche die Runde schließen.

Dann weiter die Runden 2 bis 4 häkeln. Diese drei Runden insgesamt 7-mal häkeln, bis Runde 22 beendet ist, dann Runde 23 arbeiten.

Danach den 2. Ring dazunehmen und, wie im Muster beschrieben, 4 feste Maschen um den Ring und die Luftmasche der Vorrunde arbeiten und 2 Luftmaschen dazwischen häkeln. In dieser Reihenfolge insgesamt 18-mal häkeln.

Nun die Runde 25 als Abschlussrunde arbeiten. Mit 1 Kettmasche die Runde schließen.

Farbfolge für das kleine Windlicht

Runde 1 und 2 in Farbe 1 und Gf Gold irisierend
Runde 3 in Farbe 2 und Gf Gold irisierend
Runde 4 in Farbe 3 und Gf Gold irisierend
Runde 5 in Farbe 4 und Gf Gold irisierend
Runde 6 in Farbe 5 und Gf Gold irisierend
Runde 7 in Farbe 6 und Gf Pink
Runde 8 in Farbe 7 und Gf Pink
Runde 9 in Farbe 8 und Gf Pink
Runde 10 in Farbe 9 und Gf Pink
Runde 11 in Farbe 10 und Gf Pink
Runde 12 und 13 in Farbe 11 und Gf Pink
Runde 14 in Farbe 10 und Gf Pink
Runde 15 in Farbe 9 und Gf Pink
Runde 16 in Farbe 8 und Gf Pink
Runde 17 in Farbe 7 und Gf Pink
Runde 18 in Farbe 6 und Gf Pink
Runde 19 in Farbe 5 und Gf Gold irisierend
Runde 20 in Farbe 4 und Gf Gold irisierend
Runde 21 in Farbe 3 und Gf Gold irisierend
Runde 22 in Farbe 2 und Gf Gold irisierend
Runde 23 und 24 in Farbe 1 und Gf Gold irisierend
Runde 25 in Farbe 4 und Gf Gold irisierend

Fertigstellung der beiden Windlichter

Um die Lichterkette aufzuhängen, den dünnen Draht kreuzweise und fest in den oberen Ring spannen. Ca. 1 bis 1,5 m Draht dafür abschneiden.
An vier Punkten am oberen Ring eine Luftmaschenkette mit je 45 Maschen befestigen und an deren Ende den kleinen Ring, den Sie vorher mit Wolle (Farbe Nr. 4) umwickelt haben, mit etwas Klebstoff daran befestigen.
Auf einen Nylonfaden verschiedenfarbige Perlen und Glastropfen auffädeln und an dem unteren Ring befestigen. Beim kleinen Windlicht eine Quaste herstellen, daran Perlen auffädeln und an das Drahtgestell binden.
Zum Schluss die Lichterkette in das Windlicht hängen.

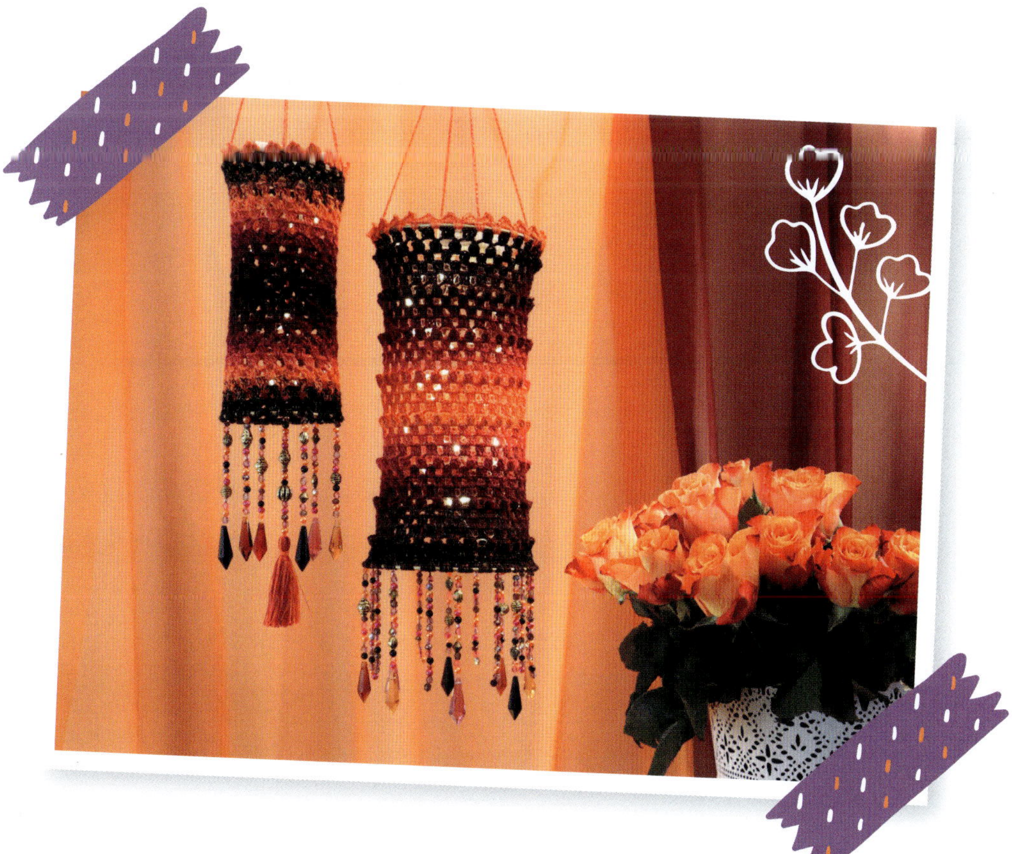

Kleines Windlicht

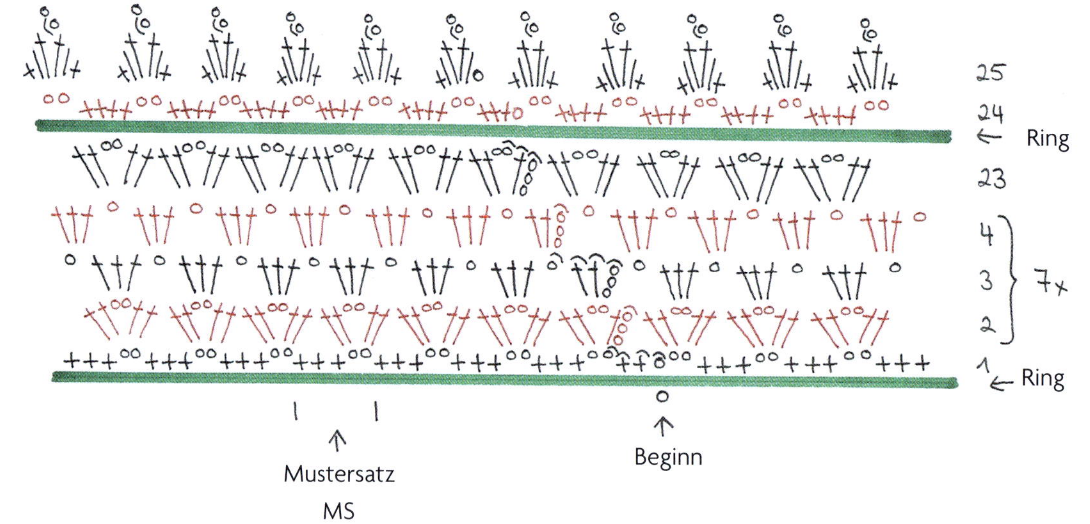

Großes Windlicht

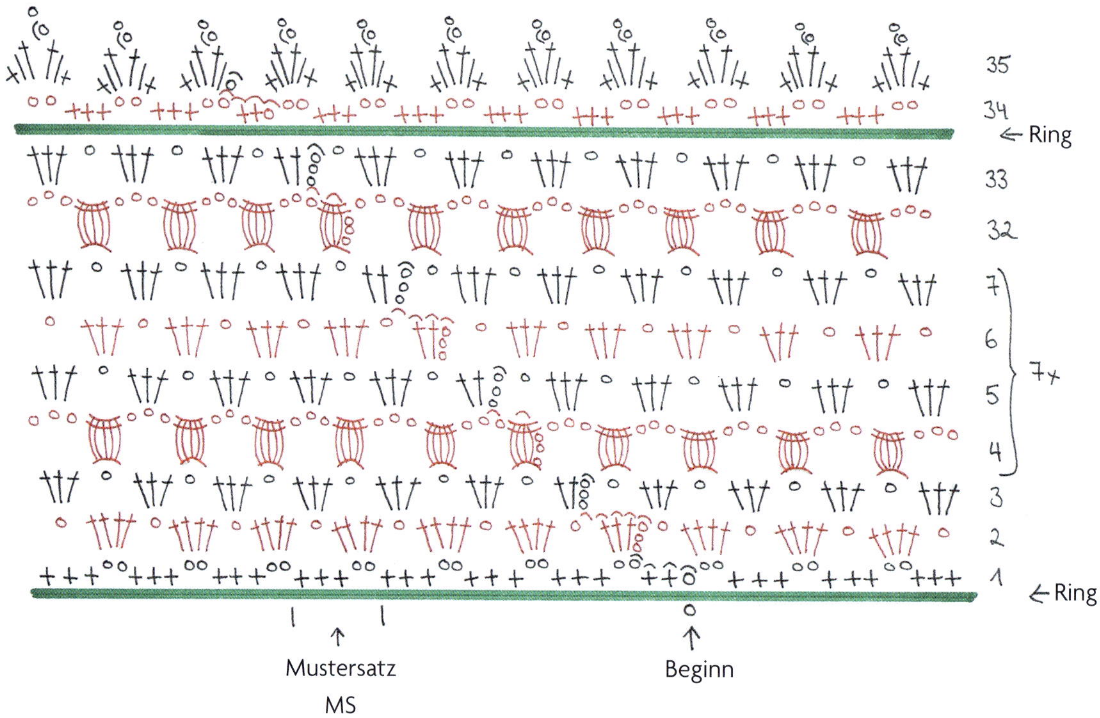

Folgende Techniken und Maschen werden verwendet

° Luftmasche

⌒ Kettmasche + Feste Masche

| Halbes Stäbchen † Stäbchen

2 Luftmaschen arbeiten, dann in die 1. Luftmasche zurück 1 Kettmasche häkeln (Picot)

RINGMANDALA

Durchmesser 15 cm

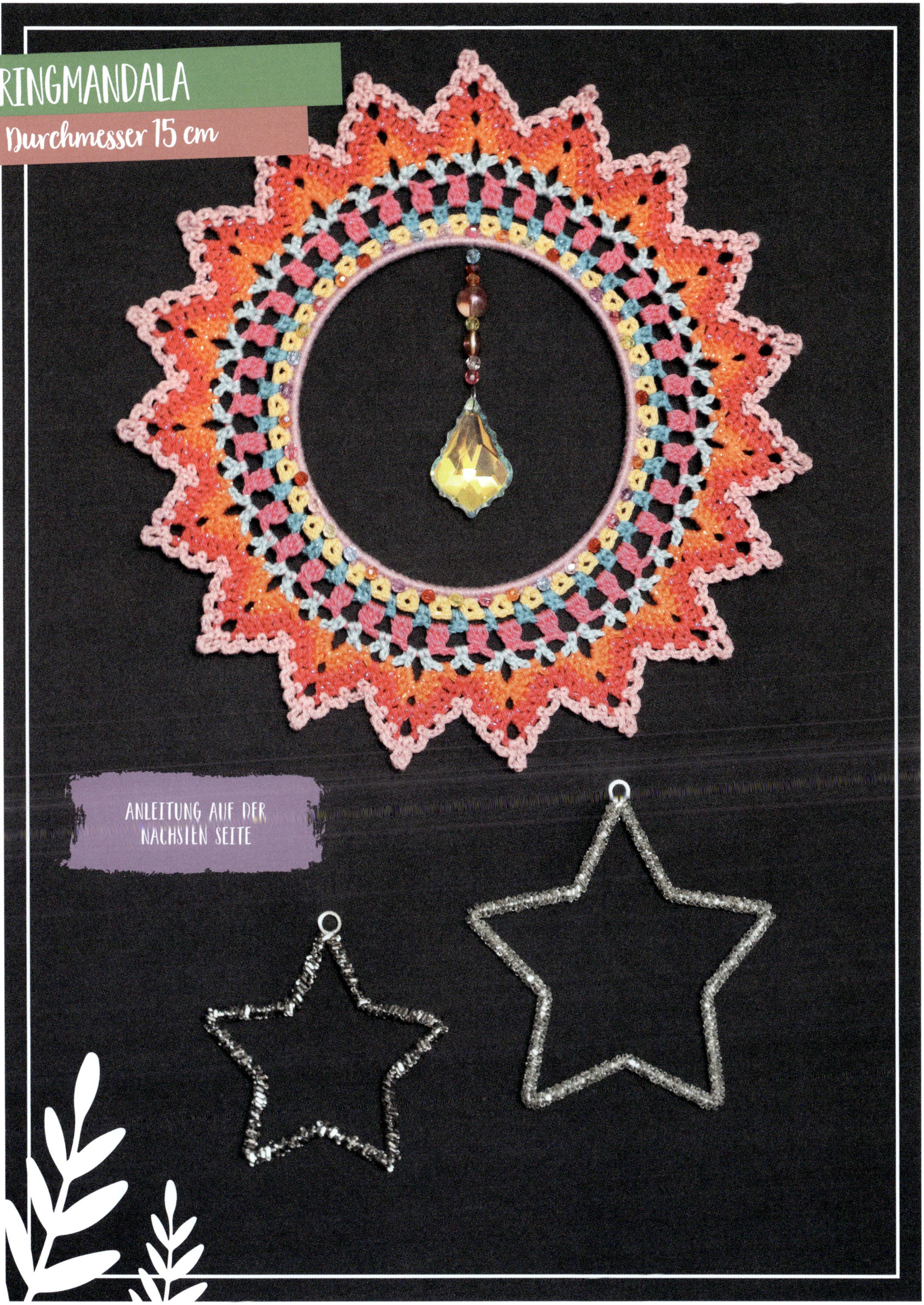

ANLEITUNG AUF DER NÄCHSTEN SEITE

Stern Farbenfroh

Du brauchst

Uni-Knäule, 4-fädig, 50 % Baumwolle/50 % Polyacryl, von Lady Dee's Traumgarne, je 50 g in Kurkuma, Apfelsine, Nelke, Brick, Anemone, Amethyst, Jade und Lagune
Glitter „Deluxe", 100 % Polyester, von Hobbii, Kone, in White, Pink, Gold, Blue und Purple
Häkelnadel, 3,0 mm, Nähnadel und Perlennadel
Metallring, Durchmesser 15 cm, in Weiß ❀ Metallring in Sternform
Draht, 0,3 mm ❀ Verschiedene Perlen, 0,6 mm, in den Farben vom Stern und andere Perlen, 0,3 mm, Glastropfen ❀ Nylonfaden, 0,25 mm ❀ Deko-Festiger

ANLEITUNG

Mit den Farben Amethyst und Glitter Purple gemeinsam einmal anschlingen, 1 Luftmasche und 152 feste Maschen in den Ring häkeln und mit 1 Kettmasche die Runde schließen. Weiter mit Runde 2 arbeiten und die Runde 2 bis 8 in der Farbfolge häkeln.

TIPP: Wenn die festen Maschen der 1. Runde zu fest sind, in der 2. Runde die festen Maschen von hinten zuerst lockern und dann die Masche häkeln.

FARBFOLGE

Runde 1 in Amethyst und Glitter Purple
Runde 2 in Kurkuma und Glitter Gold
Runde 3 in Opal und Glitter Blue
Runde 4 in Nelke und Glitter Pink
Runde 5 in Jade und Glitter White
Runde 6 in Apfelsine und Glitter Gold
Runde 7 in Brick und Glitter White
Runde 8 in Anemone und Glitter Purple

TIPP: Bei jedem Farbwechsel an einer anderen Stelle beginnen, das ergibt ein schöneres Bild.

FERTIGSTELLUNG

Wenn das Ringmandala fertiggehäkelt ist, kleine Perlen mit dem Nylonfaden zwischen der 1. Runde und den Stäbchen der 2. Runde annähen. Für die Mitte des Rings den Glastropfen und verschiedene Perlen auf den Nylonfaden auffädeln und oben am Ring befestigen.
Danach auf die Rückseite verdünnten Deko-Festiger streichen, umdrehen und mit der Vorderseite nach oben auflegen, damit der Festiger nicht in die schöne Seite fließt. Über Nacht trocknen lassen. Falls das Mandala noch nicht standhaft genug ist, den Vorgang wiederholen.

ANLEITUNG FÜR DEN METALLSTERN

Die Perlen auf den Draht auffädeln und den Metallring in Sternform damit eng umwickeln. Anfang und Ende des Drahtes dann gut miteinander verbinden.

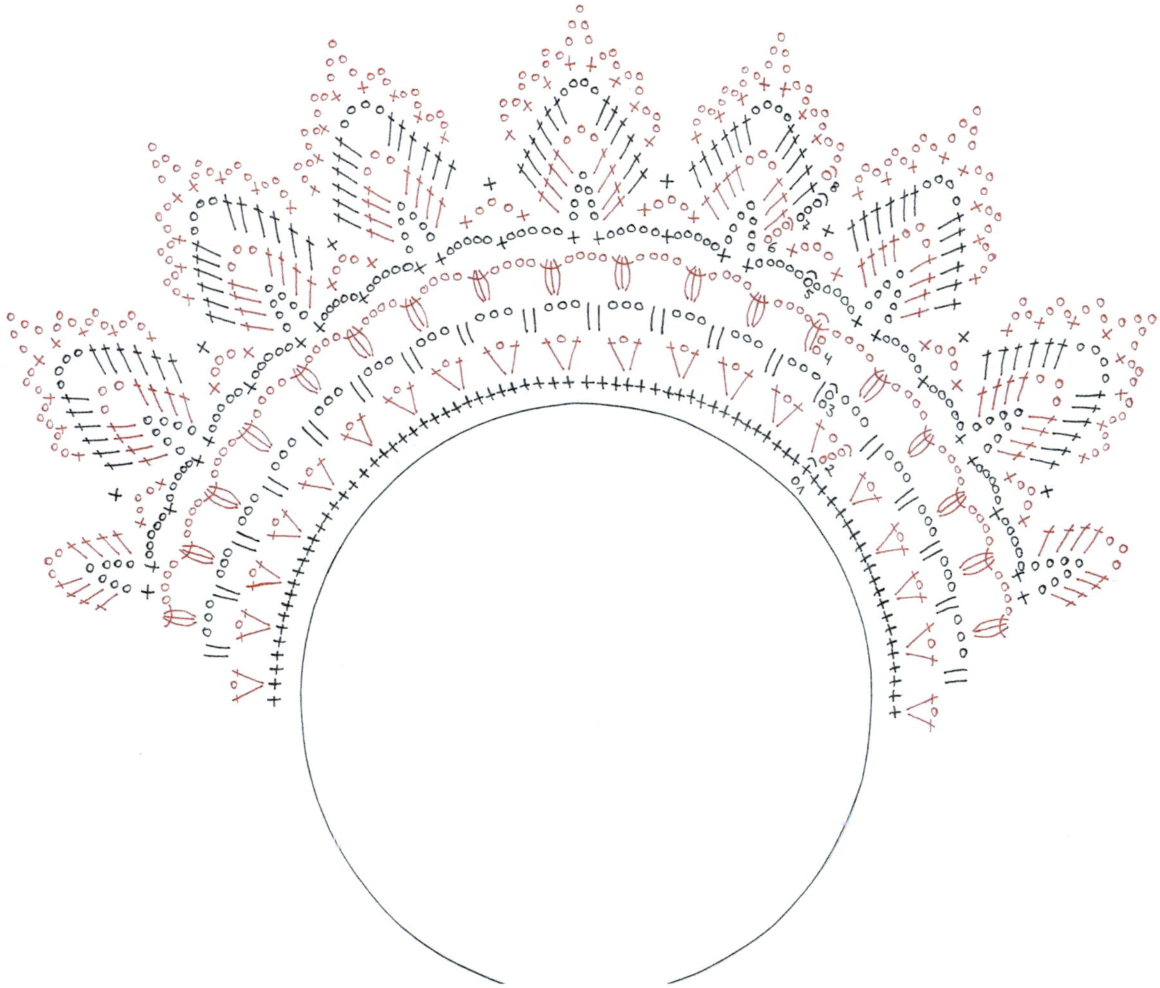

FOLGENDE TECHNIKEN UND MASCHEN WERDEN VERWENDET

∘ Luftmasche

⌒ Kettmasche + Feste Masche

| Halbes Stäbchen † Stäbchen

3 zusammen abgemaschte Stäbchen

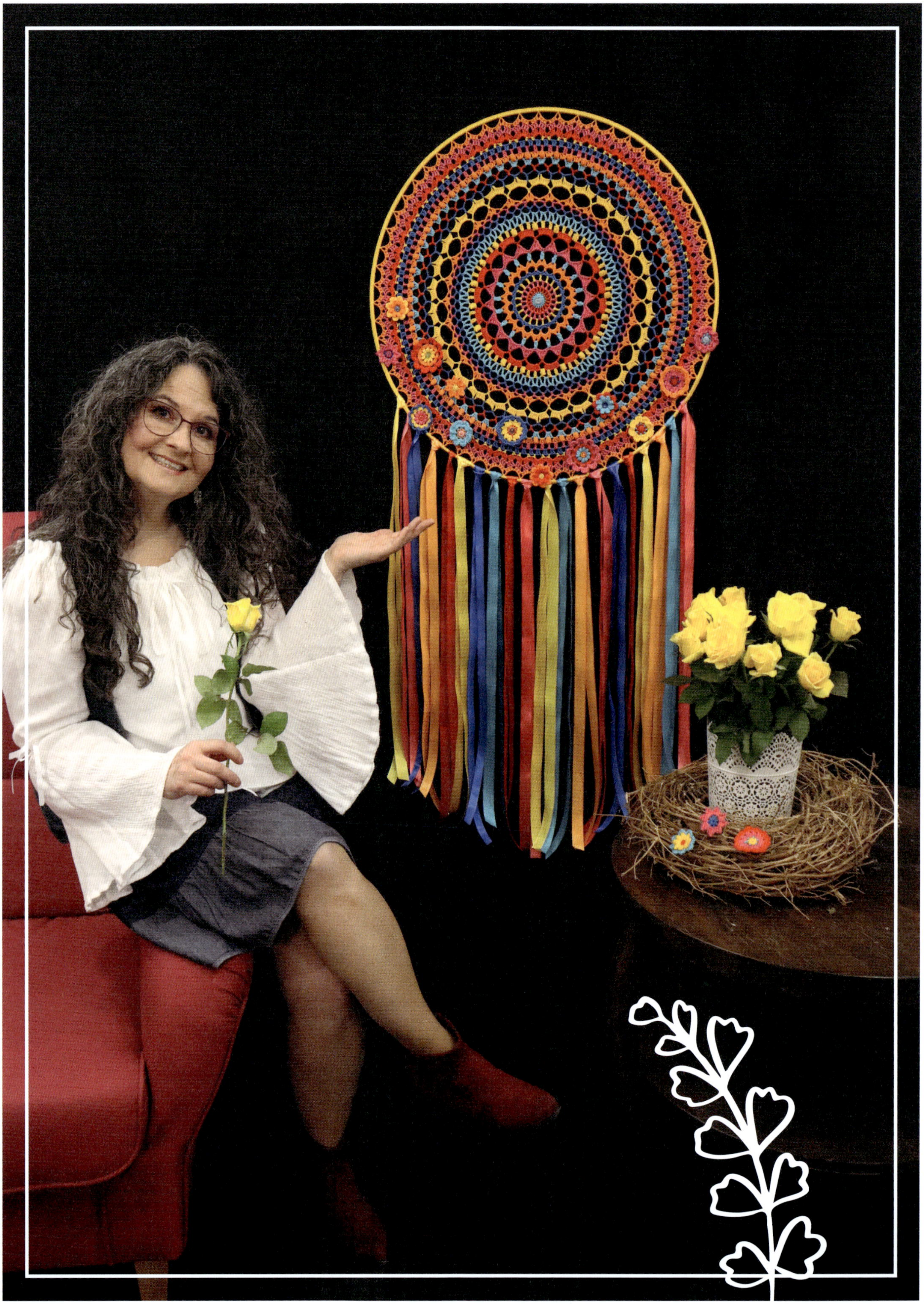

Danke

Ganz herzlich möchte ich mich bei Frau Pekarz bedanken, die mir die Chance gegeben hat, meine Traumfänger und Ringmandalas in einem Buch zu veröffentlichen, und mir viele hilfreiche Tipps gegeben hat. Ich hatte die Gelegenheit, viel Neues dazuzulernen, und darüber bin ich sehr glücklich.

Vielen Dank auch an das Team vom Leopold Stocker Verlag für die angenehme Zusammenarbeit und die liebevolle Gestaltung meines Buches, wodurch jede Seite ein kleines Meisterwerk werden konnte.

Ein großer Dank geht an meine Kolleginnen Tina und Sabine, die mich zu diesem Buch ermutigt haben und mir immer mit Rat und Tat zur Seite gestanden sind.

Ein besonders großes Dankeschön geht auch an meinen Mann, der mich mit meinem großen Traumfänger in Szene gesetzt hat, während der Gestaltung des Buches immer für mich da war, den zeitweisen Belagerungszustand im Esszimmer ertrug und mir für dieses Projekt den Rücken freigehalten hat.

Aus unserem Programm

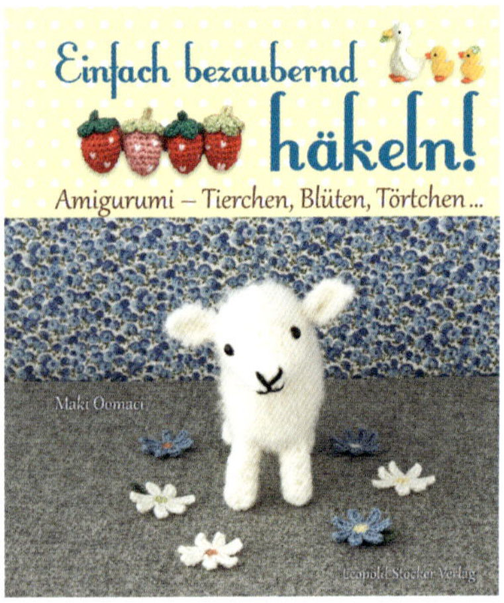

ISBN 978-3-7020-1475-9

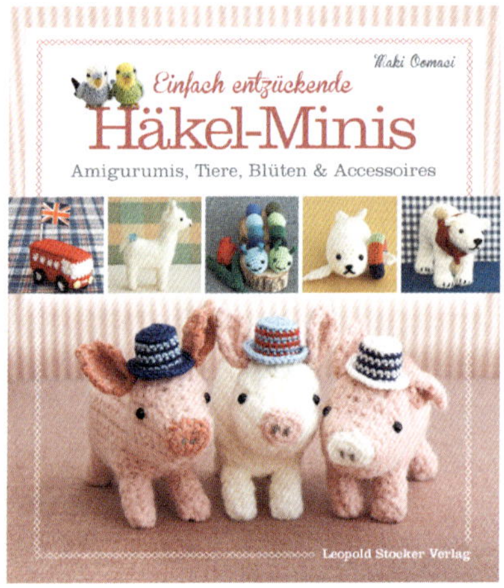

ISBN 978-3-7020-1548-0

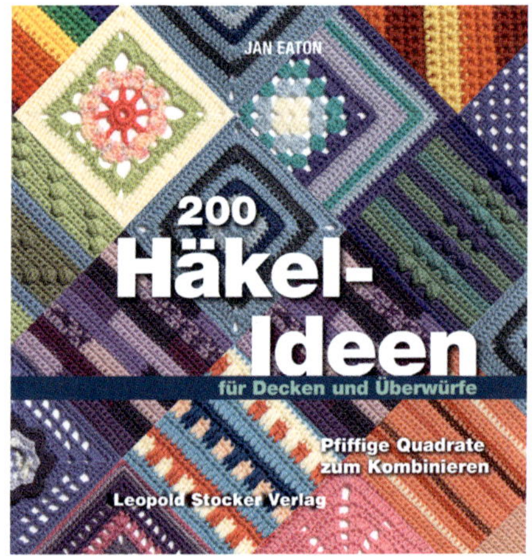

ISBN 978-3-7020-1325-7

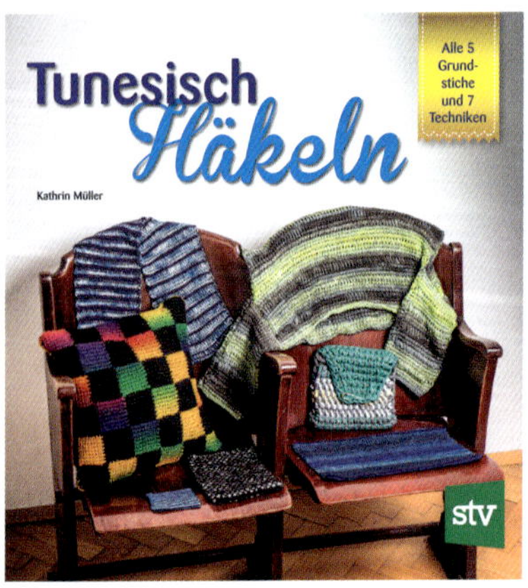

ISBN 978-3-7020-1547-3

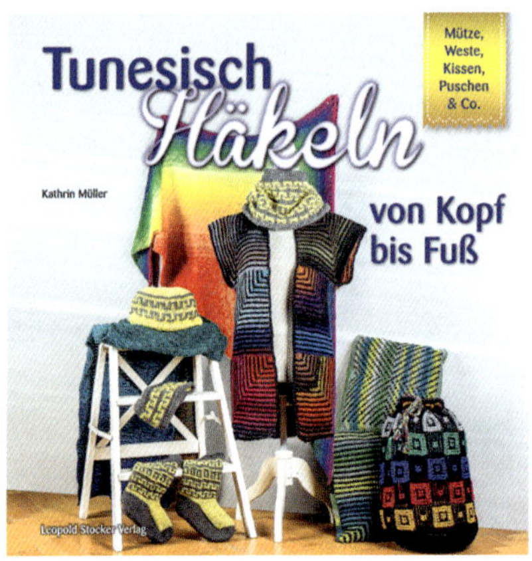

ISBN 978-3-7020-1620-3

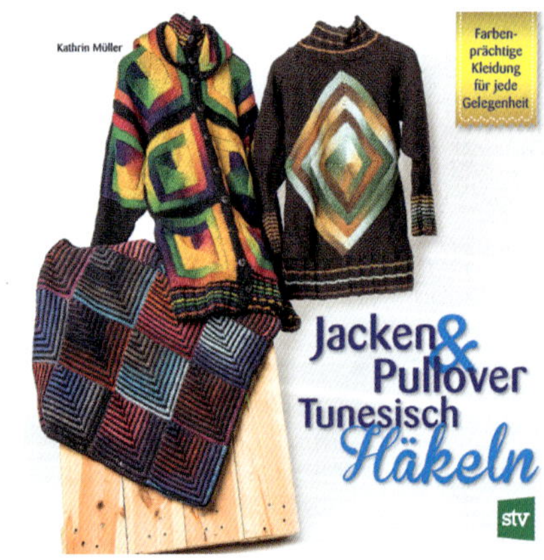

ISBN 978-3-7020-1656-2

Leopold Stocker Verlag

Graz – Stuttgart

www.stocker-verlag.com

Aus unserem Programm

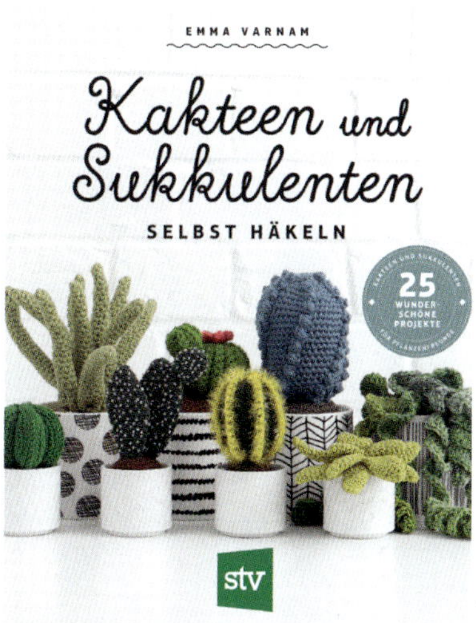

ISBN 978-3-7020-1820-7

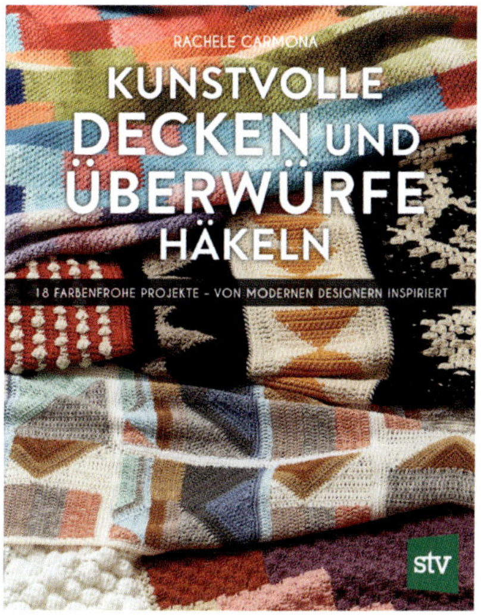

ISBN 978-3-7020-1799-6

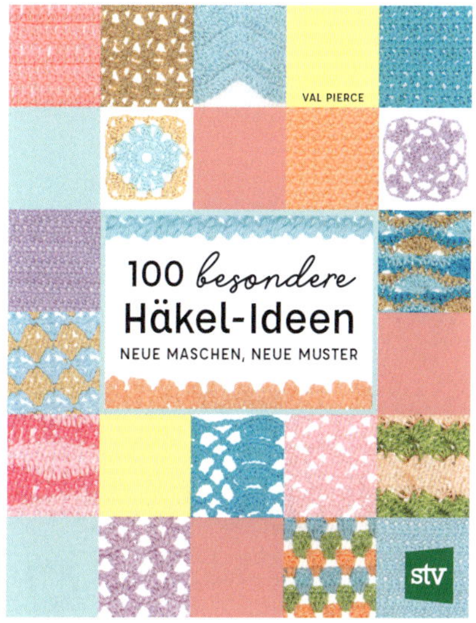

ISBN 978-3-7020-1895-5

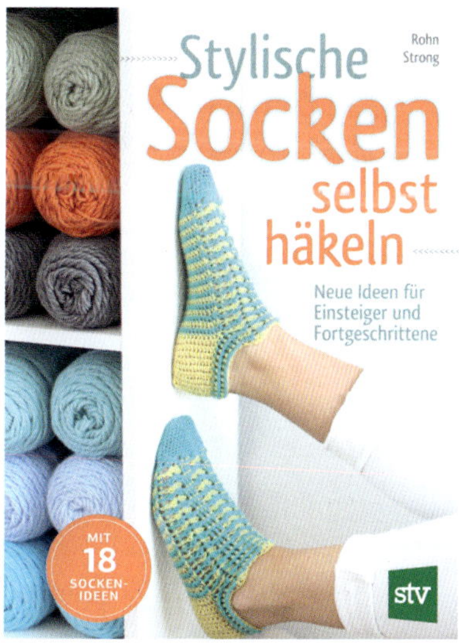

ISBN 978-3-7020-1690-6

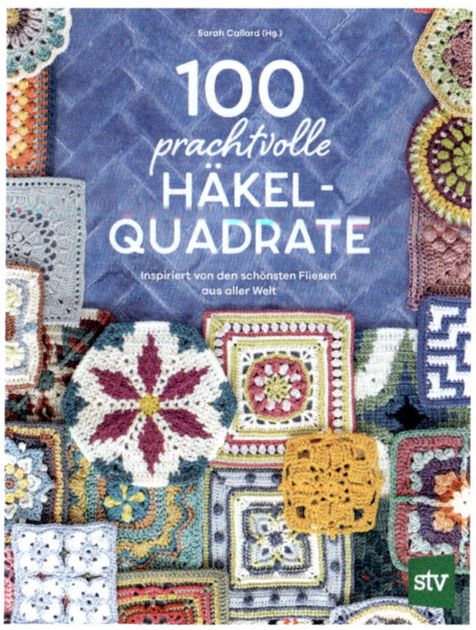

ISBN 978-3-7020-2084-2

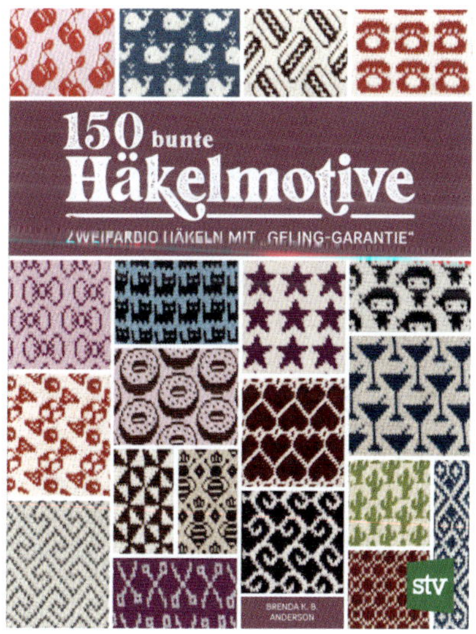

ISBN 978-3-7020-2086-6

Leopold Stocker Verlag
Graz – Stuttgart
www.stocker-verlag.com

Aus unserem Programm

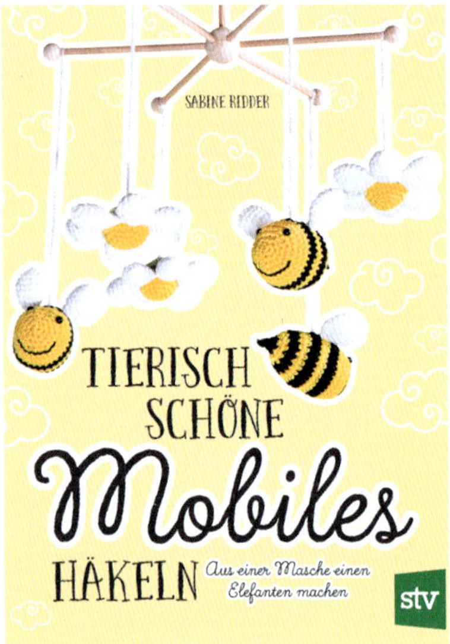

ISBN 978-3-7020-2041-5

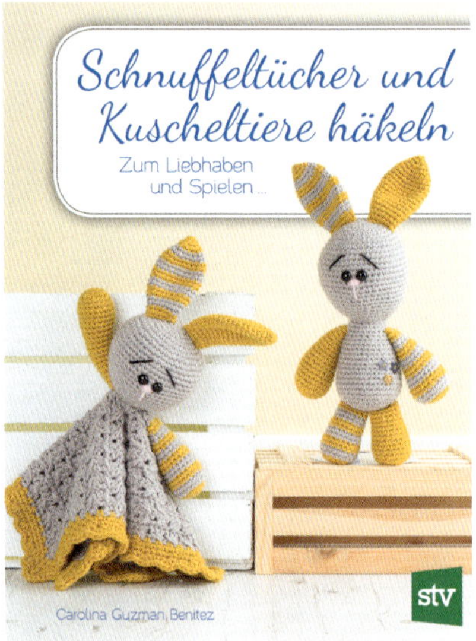

ISBN 978-3-7020-1684-5

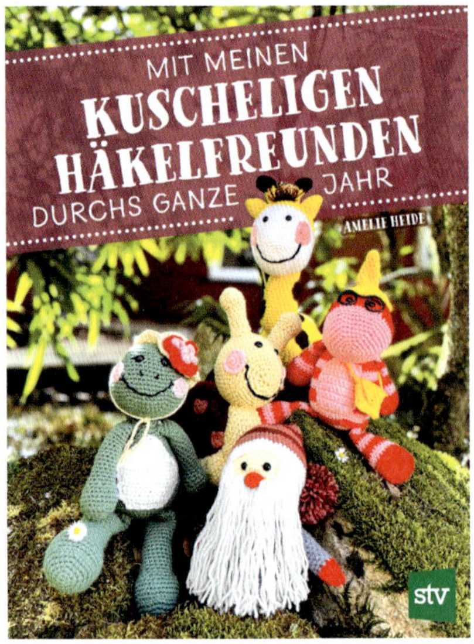

ISBN 978-3-7020-2039-2

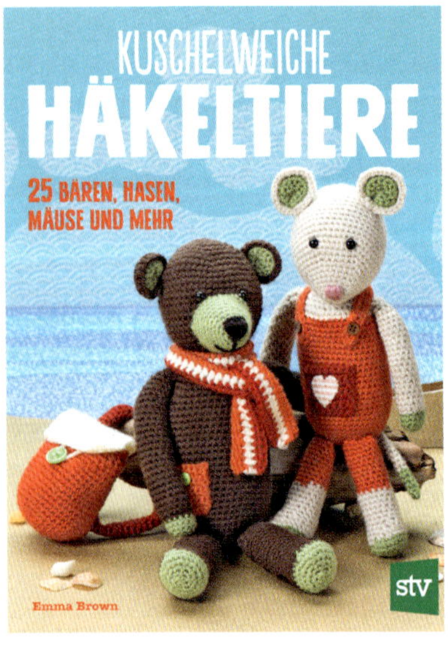

ISBN 978-3-7020-1683-8

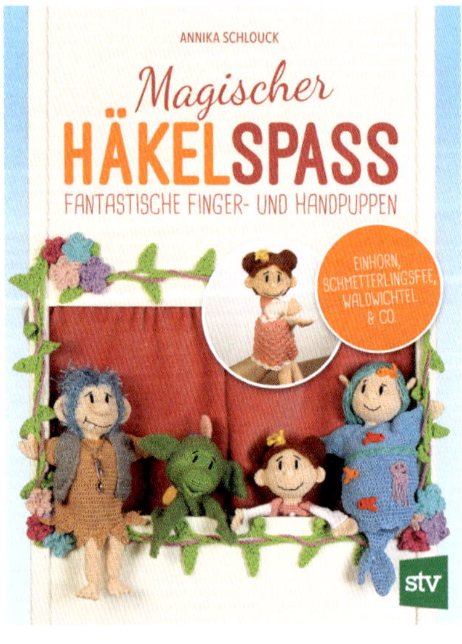

ISBN 978-3-7020-1754-5

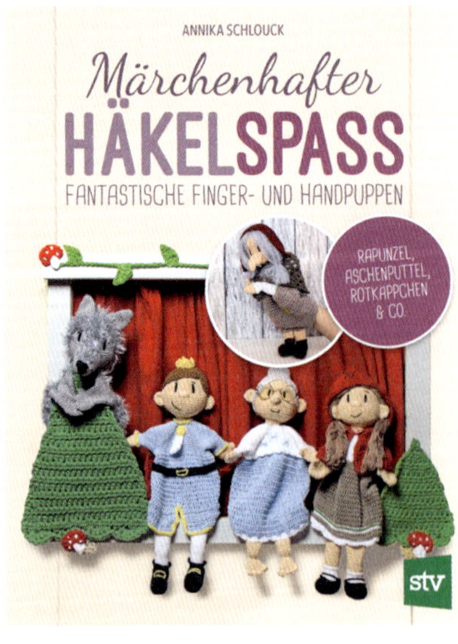

ISBN 978-3-7020-1812-2

Leopold Stocker Verlag
Graz – Stuttgart
www.stocker-verlag.com